蓝海系列

藍海經濟

第1辑

中国海油集团能源经济研究院　组织编写

中国石化出版社

内 容 提 要

本书是由中国海油集团能源经济研究院组织编写的蓝海系列丛书第1辑，矢志深耕“蓝海”，聚焦能源、引领创新、推动变革，打造以论文集为载体的高水平科研学术交流平台。本书围绕“海洋、创新、未来”三重内涵，从专家视点、能源经济、企业管理和理论方法四大版块分析全球海洋能源及相关产业发展趋势，建设世界一流企业的管理理论方法和实践经验，助推我国能源行业及相关企业高质量发展。

本书具有学术性、前瞻性和专业性，可以作为政府部门、能源行业从业者、专家学者及高等院校师生的参考用书。

图书在版编目（CIP）数据

蓝海经济．第1辑 / 中国海油集团能源经济研究院组织编写．— 北京：中国石化出版社，2023.6
（蓝海系列）
ISBN 978-7-5114-7079-9

Ⅰ．①蓝… Ⅱ．①中… Ⅲ．①海洋石油工业－石油经济－研究－中国 Ⅳ．① F426.22

中国国家版本馆 CIP 数据核字（2023）第 082343 号

中国石化出版社出版发行
地址：北京市东城区安定门外大街58号
邮编：100011　电话：（010）57512500
发行部电话：（010）57512575
http：//www. sinopec-press. com
E-mail：press@ sinopec. com
北京科信印刷有限公司印刷
全国各地新华书店经销
*
787×1092毫米　16开本　16印张　326千字
2023年6月第1版　2023年6月第1次印刷
定价：68.00元

藍海經濟

第1辑

目录

专家视点

能源经济

企业管理

理论方法

创新 海洋 未来 “蓝海”

CONTENTS

Professional Insight

Energy Economy

Enterprise Management

Theoretical Methodology

Innovation

Ocean

Future

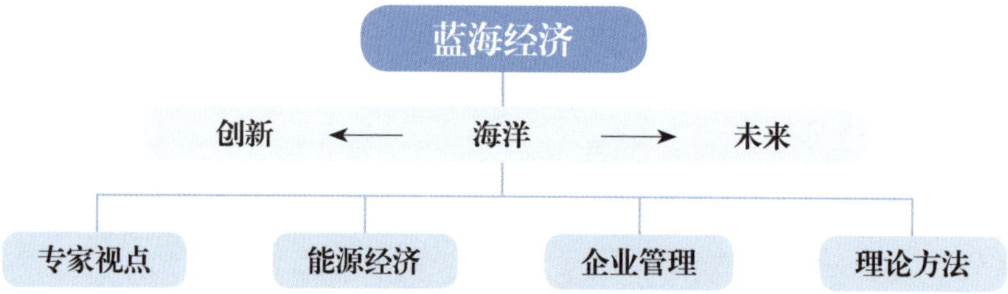

征稿启事

筑梦蓝海，经略能源。中国海油集团能源经济研究院组织编写的蓝海系列丛书《蓝海经济》，矢志深耕“蓝海”，聚焦能源、引领创新、推动变革，打造以论文集为载体的高水平科研学术交流平台。所谓“蓝海”，寓意海洋、创新、未来三个内涵。海洋，从产业层面分析研究海洋能源全产业链；创新，从公司层面纵论战略转型、管理创新和技术创新；未来，侧重于探讨以“三新”（新产业、新业态、新模式）助推行业高质量发展。

《蓝海经济》第2辑现开始征稿，欢迎能源行业和高等院校的专家、学者、研究人员投稿。主要征稿方向：

1. 世界一流企业建设与管理
2. 油气与新能源融合发展
3. 能源经济与绿色金融
4. 创新型企业建设与高水平科技自立自强

投稿字数：5000～10000字

截稿日期：2023年8月15日（第2辑）

投稿邮箱：yinlx@cneei.com.cn/changna@cneei.com.cn

（邮件主题请注明“蓝海经济投稿－作者－单位－联系方式”）

联系人：殷立欣/常娜

电　话：010-84525953/89912355

投稿须知及论文写作规范
请扫二维码

《蓝海经济》编辑部

专家视点

Professional Insight

全球气候治理下的中国能源安全问题

徐玉高*

中国海洋石油集团有限公司

摘要： 本文首先分析了中国能源安全所面临的核心问题，并将其归纳为能源的可及性风险、能源的价格风险、能源的生态环境安全风险和能源安全的体制性风险。之后，讨论了气候治理为我国能源安全带来的挑战，包括油气市场的不确定性增加、化石燃料行业资产搁浅带来的经济安全风险、天然气对外依存度将会进一步增加等。在此基础上，讨论了气候治理可能给中国能源安全带来的新机遇，并提出了一系列全球气候治理下提高中国能源安全的政策建议。

关键词： 能源安全；气候治理；政策建议；价格与供应风险；机遇与挑战

1　能源安全概念及其发展

能源安全一词最早可以追溯到20世纪60年代，但是能源安全在国际组织、政府和学界真正得到重视和深入研究是在70年代两次石油危机之后，1974年成立的国际能源署（IEA）把能源安全定义为“进口国可承受价格下提供不间断的能源供应”。虽然梅森·维尔里奇（Mason Willrich）把能源安全区分为供应安全和需求安全，但是传统的能源安全主要关注的重点仍然是供应的多元化、稳定性和价格承受性。随着能源使用的环境问题逐渐得到认识，莫尔（Maull）将能源安全概念逐渐扩展为能源的经济安全（供应安全）和使用安全（生态安全）。亚太能源研究中心（APERC）把能源安全综合为能源的可得性（Availability）、可及性（Accessibility）、环境可承受能力（Acceptability）和能源价格或成本的可承受能力（Affordability），即4A分析框架。加上20世纪90年代随着气候变化问题和可持续发展概念逐渐从科学界进入国际政治和国家政策领域，能源安全概念从传统的供应安全发展为一个跨领域的概念，气候变化、能源效率、能源公平、可持续性等问题逐渐被纳入研究范畴。索瓦库尔（Sovacool）试图提出分析能源安全的一般性框架，给出了16个维度的分析方法，甚至把文化纳入能源安全的分析范畴。曼茨（Manz）和纳

* 徐玉高，男，博士，教授级高级经济师，主要从事能源政策、财务管理、法律合规、公司治理等管理研究。E-mail：xuyg@cnooc.com.cn

鲁拉（Narula）分别提了的可持续能源安全和气候安全对能源转型的影响，从而更加凸显了能源安全的环境属性[1-3]。基于不同的研究对象和研究问题，上述能源安全概念可以概括为能源供应安全，主要关注能源的来源、通道安全；能源消费安全，重点是能源消费结构、价格承受力、能源公平性；能源使用安全，重点关注能源使用的生态环境影响和经济安全，主要包括能源效率和对宏观经济的影响。本文采用的能源安全定义是指满足中国能源用户环境可持续、经济可承受、稳定可靠的能源供应。这不仅包括境外风险，也包括境内风险，不仅包括传统上的供应中断、储备不足和运输中断等供应链的物理硬风险，也包括监管政策失灵、市场不完善和垄断等因素带来的软风险。

2 中国能源安全的核心问题

21世纪初开始的美国页岩油气革命不仅使美国从一个世界上最大的石油进口国成功实现了能源独立，而且极大地改变了世界能源格局，消费东移和生产西移的结构不平衡特征更加明显。但是从世界能源供需总量来看，到2050年，全球能源技术可采储量是消费总量的两倍[4]，所以能源安全的可获得性维度的重要性在下降。即使在逆全球化的条件下，全球石油贸易和天然贸易在2011—2021年平均年增长率分别达到1.8%和2.5%[5]。所以根据4A分析框架，中国能源安全的核心问题将集中体现在四个方面：

一是能源的可及性风险。主要是运输链中断或者运输能力不足带来的安全问题，在国际层面，我国已建中哈、中缅、中俄、中俄管道二线4条进口原油管道，年进口能力达7000万吨/年，管道天然气进口主要通过中俄东线、中亚和中缅管道，超50%的天然气以液化天然气（LNG）方式和超过80%的原油均要通过海上通道运输，这些航道和过境国家的安全直接关系到我国的能源安全。在国内，我国的石油和天然气管网密度和长度都远远低于发达国家，铁路和公路运输的风险要大于管道运输。在全球气候变化下，极端灾害天气事件频次和强度增加，对能源基础体系安全性和可靠性带来新的挑战。2022年乌克兰危机爆发后，“北溪管道”断流，欧洲大规模进口LNG来替代俄罗斯管道气，全球LNG贸易格局发生重大改变，2022年欧洲LNG进口量大幅增长4600万吨至1.25亿吨，其中来自美国的进口量增长约3000万吨，俄罗斯天然气供应加快向亚洲地区倾斜。

二是能源的价格风险。中国的能源安全问题主要是石油和天然气进口问题，全球能源市场在2014年从短缺市场向富裕市场转变，石油和天然气的价格风险越来越成为中国能源安全的重要课题。2022年，受地缘政治风险溢价影响，油气价格均大幅度走高，全年布伦特（Brent）原油期货均价为99.04美元/桶，WTI均价为94.33美元/桶，同比分别增长39.6%与38.7%，欧洲TTF价格持续走高，曾一度突破90美元/百万英热，同比上涨超过130%，东北亚LNG现货价格一度突破80美元/百万英热，同比上涨超过80%。2022年我国进口原油5.08亿吨，折合为1021万桶/日，进口成本约3539亿美元，油价上涨1美元/桶，将增加成本1021万美元。进口天然气1.09亿吨，进口成本4683亿人民币[6]。此外，减碳成本也将增加化石能源产品价格。

三是能源的生态环境安全风险。中国的环境问题本质上是能源消费问题，化石能源勘探、开发、运输和燃烧过程中产生的颗粒物、二氧化硫、氮氧化物是我国大气污染的主要因素，50%～80%的颗粒物来自燃煤排放，超过80%的二氧化碳排放来自化石燃料利用。中国2060年实现碳中和目标不仅对稳定全球气候做出重大贡献，而且可以通过能源转型减少大气污染排放，是全球目标和自我目标激励相容的政策措施。

四是能源安全的体制性风险。主要是指由于行政性垄断造成市场失灵或政策失灵带来的供应中断风险。比如2005年几乎蔓延全国的油荒和2017年冬天华北部分地区由于煤改气政策一刀切造成气荒等就是体制性风险的典型体现。

3 全球气候治理给中国能源安全带来的新挑战与新机遇

2016年11月4日《巴黎协定》正式生效，为后2020时代国际社会应对气候变化采取一致行动奠定了相对稳定的制度性框架。迄今为止，全球178个缔约方共同签署了该协定并有超过130个国家已经宣布了碳中和目标。《巴黎协定》构建的2020年后的全球气候治理新格局给中国能源安全带来了新的挑战和机遇。2014年6月13日习近平总书记在中央财经领导小组第六次会议上明确提出了“四个革命、一个合作”的重大能源安全新战略思想，这不仅是指导我国能源行业未来发展的根本遵循和行动指南，也是分析能源安全问题的方法论。

3.1 气候治理为我国能源安全带来新挑战

首先，油气市场的不确定性增加。随着全球对碳中和热情的高涨，低碳发展和能源转型将对全球石油和天然气市场发展引入新的不确定性因素，尤其是带来油气投资的不确定性，叠加地缘政治风险，存在短期价格上涨可能性。总体而言，虽然石油需求将在2030年左右达峰，天然气需求可能将在2040年达峰，但是部分时点仍然会造成价格的剧烈波动。此外，无论是采取碳税或是排放权交易手段，结果都可能增加化石燃料的成本，带来价格上涨。

第二，化石燃料行业资产搁浅带来经济安全风险。根据有关机构测算，如果实现在21世纪末2℃的控温目标，全球化石能源超过三分之二的储量将被搁浅，超过33%的石油、50%的天然气和80%的煤炭储量将不能被开发。根据伦敦大学学院的测算，中国有超过31%～40%原油储量和50%天然气储量的资产将会搁浅[7]。能源行业是国民经济的重要组成部分，占GDP比重在5%以上，低碳转型将会削弱或者降低传统化石能源工业产出，减少人员就业，对国家经济安全带来负面影响。

第三，天然气对外依存度将会进一步增加。2022年中国天然气表观消费量3663亿立方米，进口量1526亿立方米，进口依存度达到40%左右[7]。在实现2060年碳中和目标下，中国天然气消费将在2040年左右达峰，预计到2050年中国天然气进口依存度将超过57%[8]。

3.2　气候治理为我国能源安全带来新机遇

首先，推动能源效率提高，使能源消费减量。我国目前能源强度和单位GDP排放强度仍然远高于美、欧、日等发达国家和地区，人均碳排放量也高于全球平均水平，2021年，中国人均碳排放8.05吨/人，世界平均水平4.69吨/人[9]。“双碳”目标将形成倒逼机制，加快供给侧结构性改革，推动产品结构从能源和劳动密集型向技术密集型转变，降低高耗能产业比重，出清无效低效过剩产能，实现产业结构和产业链升级，从而降低我国建设社会主义现代化国家目标的能源需求。

第二，推动能源供给清洁化，能源独立性提升。从能源资源禀赋来看，我国近期的一次能源总体自给率维持在80%以上，但是我国“富煤、缺油、少气”的资源结构决定了我国能源安全在“双碳”目标约束下的结构性矛盾[10]。所以在全球气候治理形势下，中国能源转型策略首先是减煤，其次是控油、提气和提升零碳能源比重，实现“以化石能源为主、逐步发展可再生清洁能源”到“多种能源综合开发”，再到“全面开发和利用可再生能源”的低碳能源发展之路。碳市场建立使得温室气体排放的外部性成本内部化、能源资源价格合理化，从而为各种能源竞争创造了公平竞争环境，有利于低碳天然气和零碳新能源的快速发展，通过构建本地化的以新能源为主的清洁低碳能源体系，可以大幅降低中国能源对外依存度，提升能源独立性水平到95%以上[3,11]。

第三，推动能源技术创新加速，能源工业高质量发展。传统化石能源的高效清洁利用、零碳新能源的开发利用和“负碳技术”都离不开技术的支撑。“双碳”目标将加快推动我国能源系统向低碳化（Decarbonization）、多元化（Diversification）、分布化（Decentralization）和数字化（Digitalization）转型，能源行业将从“资源为王”时代转向“技术为王”时代，创新驱动成为未来能源高质量发展的主要驱动力。以核电、风电、光伏、电力系统运营优化技术、高效储能技术为主体的能源供给系统，以高耗能行业的产品再生技术、废弃物的能源化利用技术为主的工业用能技术，以电动汽车、氢能汽车和无人驾驶为主体的交通新技术，以5G、智能电网、互联网、物联网、储能、绿色供暖等构成的绿色智慧能源系统，以碳捕获、利用与封存（CCUS）为主体的深度脱碳技术等将迎来规模化、商业化发展的新时代[3,8]。

第四，推动能源市场改革深化，能源资源配置优化。目前我国包括油气资源勘探开发、电网建设等领域尚未实现公平准入、依靠市场决定能源价格的机制未真正形成，电力交易市场不完善，国内大循环未真正建立，“弃水、弃光、弃风”现象时有发生，造成资源浪费和能用成本较高[12]。能源管理机构按行业设置条块分割，不利于系统统筹，气候治理和“双碳”目标需要重新优化能源治理体系，深化能源体制机制改革。要加快建设全国用能权、碳排放权交易市场，消除市场扭曲，打破行政性垄断，规制自然垄断，提高资源配置效率，从而推动市场在配置资源中更大范围、更高质量上发挥决定性作用，从总体上降低中国未来经济可持续发展的能源成本。

第五，推动能源国际合作迈向新水平，全球能源市场稳定性提升。目前国际上主要的能源治理机构是成立于1974年协调成员国能源政策、统一石油储备应对石油安全、由经济合作与发展组织（OECD）国家参与的国际能源署和成立于1960年协调产量配额政策、维护石油价格稳定和石油输出国利益的石油输出国组织（OPEC），2016年又发展成为OPEC国家和以俄罗斯为主的非OPEC石油生产国的维也纳联盟（OPEC+）。虽然全球市场的稳定和能源政策目标的协调需要生产国和消费国的沟通合作，但是全球能源治理的结构决定了生产国和消费国的合作仍然存在障碍，在世界政治无序结构下缺乏信任、搭便车现象造成合作困难。目前尚缺乏真正意义上具有国际性且能够兼顾生产国和消费国共同利益的国际机构。虽然国际能源论坛（IEF）包括了生产国和消费国，但是其影响力远远不够[8]。全球气候治理为全球能源治理提供了一个新的平台和协调机制，考虑到温室气体排放和能源消费的高度相关性，中国可以通过发挥气候治理的领导力，积极参与和塑造后疫情时代全球能源治理新秩序。

概言之，在新阶段全球气候治理为推动中国能源行业高质量发展和能源独立提供了新的机遇。习近平总书记在中国共产党第二十次全国代表大会报告中提出，要推动绿色发展，促进人与自然和谐共生。“双碳”目标是我们自己的事情，目标的实现不仅体现了中国负责任大国的形象，进一步强化了中国在全球气候治理的领导地位，也推动构建人类命运共同体的全球共识，为中国全面建成社会主义现代化国家创造和平稳定的国际政治经济环境，而且通过创新驱动，实现绿色发展，推动中国的生态文明建设，实现经济结构产业结构升级，是惠及本国人民和世界人民目标相融的伟大事业。通过构建以清洁能源为主的新型电力体系，构建以国内大循环为主，国内国际双循环相互促进的能源新格局，可以保障中国共产党第二十次全国代表大会报告提出的积极稳妥推进碳达峰碳中和，立足我国能源资源禀赋，坚持先立后破，有计划分步骤实施碳达峰行动，深入推进能源革命，加强煤炭清洁高效利用，加快规划建设新型能源体系，积极参与应对气候变化全球治理。

4 全球气候治理下中国能源安全政策建议

4.1 坚决把“节能优先”作为实现能源安全和“双碳”目标最经济有效的基本能源政策

从发达国家历史经验来看，节能是应对能源安全的重要政策。我国1997年就制定了《节约能源法》并作为一项基本的能源政策长期实施，对我国控制能源过快增长和保障能源安全起到了十分重要的作用。但是我国由于能源消费结构、产业结构、技术水平等原因，节能潜力仍然巨大。对比欧盟2050年实现碳中和目标的50%减排量要通过节能措施完成来看，节能也将成为我国实现能源领域碳中和目标最重要的手段。节能是成本有效的减排措施，是无悔政策，相比能源替代和CCUS是最经济的。要把节能作为“第一能源”纳入国家能源规划，加强顶层设计，建立健全用能预算、能耗监测、用能权交易、节能评价考核闭环能源管理体系。持续优化重点领域能效标准体系，从生产源头降低能源强度。通过在工业、建筑、交通等重点用能领域实施重点节能工程，推动节能技术扩散，比如工业领域能效再倍增计划，到2035年力争实现工业能效比2020年再倍增[8]。通过碳市场和用能市场培育能源服务专业化公司等节能减排产业新业态，在农村城镇化和城市老旧小区改造和工业园建设中建立燃气冷热电综合能源利用系统。在传统节能政策措施的基础上，进一步强化节能，寻求更大范围、更深度、跨领域的节能效用。

4.2 积极参与和引领全球能源治理，提高全球能源市场的稳定性和透明性

2022年，中国继续保持世界石油产量第六大国。加大国内油气勘探力度确保本土能源供应是能源安全的核心任务。我国石油2亿吨产量可以保障在紧急状态下的基本经济安全，国内大循环是我国能源安全的基础。中国能源安全主要矛盾是石油、天然气安全，且主要是价格风险，因此积极参与全球能源治理，维护一个运行有效、安全稳定的国际油气市场是保障中国能源安全的首要战略选项，国际循环是我国能源安全的重要保障[13]。在目前缺乏一个覆盖全球、协调生产国和消费国矛盾的能源治理秩序下，全球气候治理为增进不同利益主体互信，加强信息交流和信息透明，同时应对能源多元化、清洁化发展提供了一个新平台，实际上很多国际气候谈判中的减排、适应、技术转移等议题与能源问题高度契合，可以考虑将能源市场和能源转型问题纳入气候治理框架，与现有的IEA扩展的

伙伴关系，OPEC+、能源宪章组织、新成立的国际可再生能源署等多边机制并行存在，为提高全球能源系统的稳定性提供新的力量。要积极参与其他多边合作组织下的能源治理，比如G20、APEC和上合组织能源工作组等工作，强化中俄、中阿、中国—东盟等双边合作机制，加强与能源生产国和能源消费国之间的沟通合作，利用中国巨大的能源消费市场和战略买家优势，增强在全球能源结构转型中的治理权力。通过向资源国开放国内下游市场和在“一带一路”倡议下，提升向战略通道国家和能源供应国家基础设施和能源项目投资力度，形成利益捆绑的能源合作利益共同体，保障能源通道安全和供应安全。

4.3 完善能源基础设施体系，提升能源安全的战略灵活性

建立完善的战略储备是OECD国家成立IEA、共同提高对国际油气市场波动调剂能力的成功经验。我国原油国家储备起步于2004年，截至2020年已经建成9个储备基地，原油库存已升至相当于净进口100天左右的水平。但是天然气储备能力建设相对滞后，按照规划到2020年底前，供气企业、燃气企业和地方政府要分别完成年销售或消费气量的10%、5%和3天的储气能力建设。但从实际情况看，目前储气能力建设进展整体偏慢，建设标准不完善，储气价值未能充分体现调峰作用，与欧美发达国家15%～20%的储备能力尚有较大差距。应建立国家能源安全分级预警机制，加大天然气储备能力建设，提升国家战略储备和企业商业储备的整体水平。加大能源基础设施落后地区油气管网建设力度，优化建设电网主网架和跨区输电通道，着力解决西部和东部等部分地区能源贫困问题。应提高应对非传统能源安全风险的能力，尤其是应对恐怖袭击、网络袭击和极端天气安全风险，加快油气管网的建设步伐和安全监测体系，构建电网综合防御系统，建设应急反应体系。把煤制油、煤制气技术作为应对极端条件下油气安全风险的后手，作为技术储备而不是规模化应用，持续进行技术研发提高转换效率和安全水平。

4.4 深化绿色复苏国际合作，建设清洁低碳安全高效的现代化能源体系

实现碳中和既是能源革命，也是一场科技革命和经济转型。欧盟在2019年12月推出了绿色能源新政，2020年初欧盟公布的绿色发展投资计划总投资规模预计为1万亿欧元，将在未来10年内陆续实施，主要投资领域包括可再生能源、氢能、建筑物翻新和清洁交通等。2020年6月公布的7年1.1万亿欧元中期预算提案和7500亿欧元欧洲复苏计划都聚焦绿色发展和数字转型[14]。为应对乌克兰危机带来的能源安全长期挑战，2022年5月欧盟委员会提出了“REPowerEU”能源计划，计划未来5年内欧盟将在节约能源、能源供应多样化、加速推进可再生能源三个方面新增加投资2100亿欧元，以期实现“加快清洁能源转型”和“去俄罗斯化”，其中2030年可再生能源占比将从此前的40%提高至

45%[15]。2022年8月美国拜登政府签署的《通胀削减法案》（IRA），计划未来10年将投入约3690亿美元应对气候变化和发展清洁能源领域，法案对于清洁能源行业的财税激励措施长达10年，为美国清洁能源行业提供巨大的发展机遇，将带动超过4.1万亿美元的绿色投资，创造150万～170万个就业岗位[16,17]。IEA更是为世界各国政府制定了一个为期3年的绿色复苏计划，每年投资1万亿美元，可以使全球经济增长在2023年前每年增加1.1个百分点，减少45亿吨能源相关温室气体排放。我国在绿色能源技术和新能源汽车方面已经走到世界前列，比如光伏行业，全球硅料、硅片、电池片、组件四个环节近80%产值由中国企业制造。因此，加强后疫情时代绿色复苏国际合作，不仅为中国拓展了中国与欧盟、美国等国家和地区的合作空间，而且为构建清洁低碳安全高效的现代化能源体系提供了新机遇。

4.5 加强全球天然气市场合作，以气候合作强化能源合作的互惠性

天然气是从目前以化石燃料为主的能源系统向零碳能源体系转型的最主要的过渡能源，在储能技术尚未实现颠覆性突破的条件下，天然气发电与间歇性发电的风光技术形成良好的互补性。即使在激进转型情景下，全球天然气消费到2040年左右才达峰。中国目前的天然气消费量占一次能源总量的比例仅为8.2%，远低于世界24%的平均水平。在“双碳”目标约束下，中国天然气消费2040年达峰进入平台期，消费量大约在5500亿～6000亿立方米，预计到2050年，中国的天然气对外依存度仍然高达55%以上。21世纪初开始的页岩油气革命不仅使美国于2018年重新成为第一大石油生产国，而且目前美国基本实现油气进出平衡。预计到2025年前，美国将成为世界上最大的能源消费国、最大的油气生产国、最大的油气出口国，未来将成为最大的LNG出口国。全球油气格局供需变化将为中美之间能源合作提供巨大的空间，为两国平衡贸易结构提供解决方案。2025年前中国有望超过日本成为世界第一大LNG进口国,全球75%左右的LNG进口来自亚洲，但是LNG尚未完全商品化形成有影响力的国际定价机制，目前上海、新加坡和日本的东京正在争夺亚洲LNG交易中心的位置。我国的国际石油交易中心建设提供了宝贵的经验，2018年12月，成立短短8个月的以人民币计价的中国原油期货在上海国际能源交易中心（以下简称INE）成交量已经超过了迪拜商品交易所（DME）的石油交易量，使之成为世界第3大石油交易所。要以中国的巨大能源购买量转化为能源市场上的话语权和交易规则塑造力的“能源权力”，建设亚洲LNG交易中心，为中国式现代化国家建设提供低成本、安全、清洁的低碳能源，推动人民币国际化步伐的加快。

4.6 坚持系统观念，统筹能源安全和全球气候治理贡献

要处理好保障国家能源安全和实现“双碳”目标引领全球气候治理体系辩证关系。

要坚持把为实现中国式现代化和中华民族伟大复兴的中国梦提供清洁低碳、安全高效的低成本能源供应作为目标，把实现“双碳”目标作为条件。以成本有效方式完成中国从以化石燃料为主导的高碳能源系统向以清洁能源为主导的低碳能源系统的平稳转型。在空间上，“双碳”目标是国家层面的目标，不是一个地区、一个行业，尤其不是一个企业的目标，在实践中要坚决制止每一个行业和地区独立地制定碳中和目标的一刀切行为。在时间上，要避免一哄而上不切实际地提出提前于国家承诺时点的目标，要提升国家治理能力，减少能源安全的体制性风险，将中国能源安全体系建设打造成全球气候治理的样板、人类命运共同体的示范。

参考文献

[1] Jakstas T. What does energy security mean? [M]//M. Tvaronavičienė, B. Ślusarczyk. Energy Transformation Towards Sustainability. Elsevier, 2019.

[2] 李齐．中国能源安全现状与矛盾转变 [J]．国际石油经济，2018，26(04)：18-26.

[3] 黄维和，韩景宽，王玉生，等．我国能源安全战略与对策探讨 [J]．中国工程科学，2021，23(01)：112-117.

[4] BP. BP Energy outlook 2017 edition [R/OL]. https://www.bp.com/content/dam/bp/business-sites/en/global/corporate/pdfs/energy-economics/energy-outlook/bp-energy-outlook-2017.pdf.

[5] BP. BP Statistical review of world energy [R/OL]. https://www.bp.com/content/dam/bp/business-sites/en/global/corporate/pdfs/energy-economics/statistical-review/bp-stats-review-2022-full-report.pdf.

[6] 海关总署．2022年12月进口主要商品量值表（人民币值）[EB/OL]. [2023-01-18]. http://www.customs.gov.cn/customs/302249/zfxxgk/2799825/302274/302277/302276/4807029/index.html.

[7] 中国石油和化学工业联合会：2022年度中国石油和化学工业经济运行新闻发布会 [EB/OL]. [2023-02-16]. https://mp.weixin.qq.com/s/p5VSIKnA29liaS-NOsmaXQ.

[8] 翟永平，王文．迈向绿色发展之路 [M]．北京：人民出版社，2021.

[9] Hannah Ritchie, Max Roser, Pablo Rosado. CO_2 and Greenhouse Gas Emissions [EB/OL]. https://ourworldindata.org/co2-and-greenhouse-gas-emissions.

[10] 殷雄．能源安全：复杂多变形势下的中国政策选择 [J]．能源，2020(01)：90-93.

[11] 王利宁，彭天铎，向征艰，等．碳中和目标下中国能源转型路径分析 [J]．国际石油经济，2021，29(01)：2-8.

[12] 刘建国，朱跃中．近中期中国能源安全面临的新形势新挑战及建议 [J]．国际石油经济，2021，29(02)：16-22.

[13] 徐玉高，杨玉峰．中国石油安全战略构想 [J]．中国能源，2004(08)：4–11.

[14] 翁东辉．聚焦绿色发展和数字转型，欧盟绿色复苏迎难而上 [N/OL]．经济日报，[2020–06–18]．https://baijiahao.baidu.com/s?id=1669791759243070122&wfr=spider&for=pc.

[15] 康逸．欧盟计划增资2100亿欧元摆脱对俄能源依赖 [N/OL]．新华社，[2022–05–19]．http://www.xinhuanet.com/2022–05/19/c_1128664763.htm.

[16] UL Solutions (2022). U.S. Inflation Reduction Act: Impacts on Renewable Energy [EB/OL]. [2022–09–14]. Retrieved from https://www.ul.com/news/us–inflation–reduction–act–impacts–renewable–energy.

[17] 福卡智库．通胀削减法案通过 新能源产业迎来新变局 [EB/OL]．澎湃号，[2022–11–25]．https://www.thepaper.cn/newsDetail_forward_20892396?commTag=true.

Security of China's Energy under Global Climate Governance

Yugao XU

China National Offshore Oil Corporation

Abstract: This paper first analyzes and categorizes the key issues confronting China's energy security as energy accessibility risk, energy price risk, energy ecological and environmental security risk, and institutional risk of energy security. The paper then discusses the challenges that climate governance poses to China's energy security, such as increased market uncertainty in the oil and gas industry, economic security risks posed by stranded assets in the fossil fuel industry, and increased foreign reliance on natural gas. On this basis, the paper discusses the new opportunities that climate governance may bring to China's energy security and makes policy recommendations to improve China's energy security under global climate governance.

Keywords: Energy security; Climate governance; Policy recommendations; Price and supply risks; Opportunities and challenges

油气增储上产保障国家能源安全的思考

郭海涛*

中国石油大学（北京）

摘要：在能源问题日趋复杂化的新形势下，受对外依存度高企的影响，中国能源安全面临的首要问题还是供应短缺的风险。在供应侧发挥国产油气的压舱石作用，坚持油气增储上产行动计划是应对风险的重要举措。油气资源进口风险主要来自资源供给国和运输通道，而且形势日益复杂多样，油气行业增储上产可以提高中国能源自主可控性、缓解外来经济压力和促进能源结构的低碳化。过去三年中，中国油气增储上产已经取得了颇为明显的成效，但仍面临体制机制、投入要求高和技术难度大、经济政策支持不完善、主要油气企业内部区块投入不平衡等问题的影响。建议继续推进油气体制改革，从政策上为社会资本参与增储上产扫清障碍；合理考虑资源品位，支持低品位油气资源开发；鼓励主要油气企业加强油气勘探开发投入，以机制改革推动矿权内部流动。

关键词：能源安全；油气增储上产；矿权转让

0 引言

进入21世纪的第二个十年以来，各种意外冲突不断，国际政治经济形势动荡不定，能源问题作为各方博弈的焦点呈现政治化、工具化与武器化的倾向，围绕国际能源市场的主导权、资源供应以及贸易等的竞争持续加剧。从历史角度看，20世纪两次石油危机后，并未发生过针对能源资源进口国的大规模制裁，但是随着国际能源市场和地缘政治格局的转变，由于油气对外依存度高，中国存在来自海外油气供给潜在风险加大的可能。因此，中国的油气供给应坚持底线思维，坚持国内增储上产行动计划，在供应侧发挥国产油气的压舱石作用。

1 新形势下提升能源安全保障具有紧迫性

2022年中国进口煤炭高达2.9亿吨，对外依存度超过7%，进口原油5.08亿吨，对外

* 郭海涛，男，博士，副教授，主要从事产业经济学、能源经济与战略研究。E-mail：ghtbsh@vip.sina.com

依存度高达71.2%，在世界大国中排在前列，进口天然气1526亿立方米，对外依存度达到40.2%。受此影响，中国能源安全需要应对的主要还是供应短缺的风险。随着中国经济社会的不断发展，在资源来源、运输通道等方面都不同程度存在油气进口中断的可能，这也是需要提前应对的最为严重的突发性油气供应潜在风险。

1.1 外部风险

1.1.1 资源来源国出现中断风险

影响资源国顺畅供应的因素有很多，包括进口国与资源国之间产生直接冲突带来的主动停供以及资源国自身原因导致的被动停供。政治冲突、极端气候等影响，都构成了对油气进口国的潜在风险，这些方面的例证已经有很多。直接影响的例子如20世纪70年代的第一次石油危机中，中东国家直接停止向发达国家的石油供给。间接的例子如委内瑞拉因为国内政治不稳定而出口原油数量大幅下降对油气进口国造成供给中断风险。近期极端气候影响的例子如2022年中东地区最大的燃料加注和石油产品贸易枢纽——阿联酋的富查伊拉港（Port of Fujairah）曾因出现大雨而导致原油存储设施一度无法正常运转。

1.1.2 运输通道意外受阻

通常以霍尔木兹海峡、马六甲海峡为首的几个主要海峡地理节点会受到油气运输安全的特别关注，但事实上，油气国际运输通道受阻并不局限于海峡，形势也非常多样，包括诸如管道运输受阻、邮轮堵塞或军事封锁海峡、金融制裁限制正常的运输等。例如，在运输管道方面，2021年11月18日，白俄罗斯临时停止“友谊”输油管道运行三天，欧洲原油供应受到影响；在海峡通道方面，2021年3月中国台湾长荣海运集团（Evergreen）的集装箱货轮“长赐号”（Ever Given）的搁浅堵塞了有世界“能源颈动脉”之称的苏伊士运河，国际社会始终担心受到制裁的伊朗会封锁霍尔木兹海峡截断油路等。在金融制裁方面，俄罗斯高度依赖七国集团和欧洲国家的石油运输保险，欧盟禁止保险公司为运送俄罗斯石油的船只提供保险，变相截断了俄油外运的通道。

1.1.3 油气投资不足抑制供给增长

近年来，受碳中和要求等的影响，国际资本对于投资领域的绿色性要求越来越高，抑制油气投资者投资积极性的趋势性变化正在形成。2020年以来，国际石油领域已经连续三年投资总额低于2019年，形成了能源价格高位运行的基础对进口国形成了输入型通货膨胀的风险。

1.1.4 以非能源措施影响油气进口供应链

随着“气候变化”在全球范围内日益受到重视，“碳排放权”等问题已成为欧美等发达国家限制发展中国家消费油气等化石能源的重要手段，在石油生产、运输、消费等各领域，存在通过碳排放、碳关税、限制投资、绿色金融等手段对发展中国家在全球布局的油气生产经营设置各种障碍的可能，进而影响到油气进口的安全。

1.2 内部动力

1.2.1 提升能源供给侧保障力度

习近平总书记在党的二十大报告中强调，“深入推进能源革命”“确保能源安全”。2022年2月俄乌冲突爆发导致全球能源安全问题凸显，保障能源安全成为世界各国的首要目标。中国未来必须为保障能源安全投入更多，将更加注重增强能源进口渠道多元化、来源地分散化，这些行动虽然有助于分散和抵御各种潜在安全风险，但由于偏离市场的最优配置会提高国内的能源成本，而且实施起来也有一定的难度。因此，国内的油气增储上产计划，可以直接提升能源供给侧保障力度，缓解潜在外来风险，成为国家政策重点关注和支持领域。

1.2.2 缓解外来经济压力

受对外依存度高企的影响，一方面，国际能源价格的波动会很容易传导到国内的物价中，通过成本引发经济波动；另一方面，作为一种对外净支出，新创造的国民财富有相当一部分会进入能源卖家的利润，国内无论在居民收入、企业利润还是政府税收等方面都会产生较大损失。尤其是当国际原油价格出现大幅上涨时，伴随着中国能源进口量的增长，进口金额会以更快的速度增长。在原油价格上涨的2017年、2018年、2021年和2022年，中国原油进口金额同比增速都高达40%以上，即使2021年和2022年原油进口量已经下降，但受价格高涨的影响，进口金额仍大幅上升，绝对增量高达千亿美元以上。而通过国内的增储上产，可以一定程度上形成对进口油气的替代，油气的经济价值则留在国内重新分配，国家层面的自主性会大大增强，有助于提升能源安全保障程度。

1.2.3 促进能源结构的低碳化

受国际能源市场变局的影响，2022年，中国能源结构向低碳化转型的步伐也被迫放缓，但实现“双碳”目标的既定计划没有发生变化。据国家统计局的数据，2022年，中国能源消费总量54.1亿吨标准煤，同比增长2.9%，煤炭消费量增长4.3%，原油消费量下降3.1%，天然气消费量下降1.2%，煤炭消费量占能源消费总量的56.2%，比2021年上升0.3个百分点，能源结构的低碳化明显受到抑制。从碳排放系数来看，石油和天然气在碳排放方面都显著优于煤炭。煤炭、原油、天然气的碳排放系数分别为：0.7476吨碳/吨标准煤、0.5854吨碳/吨标准煤、0.4479吨碳/吨标准煤，煤炭分别比原油和天然气高出28%和67%。目前通常的看法是，天然气在碳达峰阶段是推动经济社会清洁低碳发展的主体能源，碳中和阶段是支撑可再生能源跃升发展的最佳伙伴。油气增储上产行动将有力地推动这一格局的形成，促进能源结构的低碳化，有助于国家应对全球气候变化。

2 中国油气增储上产的成效和面临的困难

2.1 增储上产的成效

从历史来看，中国原油、天然气产量长期保持上涨趋势，位居世界前列。根据《bp世界能源统计年鉴》，自1965年以来，除个别年份有微幅下降外，中国原油产量在2010年首次突破2亿吨，达到2.03亿吨，2015年进一步达到2.15亿吨。天然气产量自2000年的不到300亿立方米，一路增加到了2022年的2178亿立方米，连续六年产量增幅在100亿立方米以上。但2016年是一个重大转折点——中国原油产量1.99亿吨，下降了近1500万吨，降幅高达7.3%，不仅是2010年以来首次低于2亿吨，而且是唯一一次超过千万吨的产量降幅。此后，2017年我国原油产量1.92亿吨，同比下降4.1%；2018年原油产量1.89亿吨，同比再下降1.3%。连续三年大幅下降发生的背景是世界石油供给宽松、国际油价持续低迷。2014年开始，国际油价断崖式下跌，相对较低水平的油价，中国原油生产成本高，自产经济效益不如进口，油气生产企业被迫加速从偏重保供转向抵御效益衰减，主动调减产量。另一方面，一些传统老油田存在石油产量下滑的惯性。面对原油产量下降和油气对外依存度上升的复杂局面，2018年7月，习近平总书记作出了关于今后若干年要加大国内油气勘探开发力度，保障我国能源安全的重要批示。国家能源局迅速贯彻落实，从2019年开始正式实施油气行业增储上产“七年行动计划”。由此，油气发展获得了上至国家、下至地方的全力支持，促进国内石油行业发展迎来了新一轮提速。2019年，我国原油产量恢复增长至1.91亿吨，同比增长1.2%，下跌趋势得以扭转，2022年实现了重返2亿吨，四年产量增幅近1600万吨，天然气产量超过2178亿立方米，四年增长近600亿立方米，应该说促增产政策效果得到充分体现。

2.2 面临的主要困难和障碍

2.2.1 体制机制问题仍在制约着增储的发展

为解决油气领域长期存在的“圈而不探、探而不采”的局面，国家不断推进上游体制改革，落实油气区块的退出和流转机制。但是，随着退出机制的实施，大量区块退出的同时出现了重新投放不足的现象，国家虽加大了新矿权区块投放力度，但总体是退多进少。《自然资源部关于推进矿产资源管理改革若干事项的意见（试行）》（自然资规〔2019〕7号，简称7号文）于2020年5月1日起正式执行，今年4月30日即将到期。该文件全面放开中国油气勘探开采准入条件，提升资源接续保障能力，实行更加严格的区块退出机制，加大区块退出力度，提高区块勘探领域的竞争程度，在中国油气行业历史上具有一定的里程碑意义，因为这意味着石油天然气勘探开发将更大程度上向外资和民企敞开大门，该政策展示出的开放取向获得社会各界高度肯定。但在文件的实际执行过程中，显然并没有达到预期目标。区块出让投放与区块退出不匹配，据不完全统计，截至2021年底，全国累计退出勘查区块面积超过120×10^4平方公里，而累计投放区块面积不足其1/5，导致大量退出区块闲置而勘探作业区块不足的尴尬局面[1]。2017年，《矿产资源权益金制度改革方案》(国发〔2017〕29号)、《矿业权出让收益征收管理暂行办法》(财综〔2017〕35号)的相继出台调整了矿业权出让收益征收方式维护了国家权益，但却造成了不考虑企业自行出资勘探贡献、不考虑出资人承担的高风险投入、提前高额征收矿业权收益[2]，导致矿企不探矿不增储不缴纳的局面，对于尚未开发矿山，费用前置提高了矿权人前期投资成本，矿业权人的探矿和采矿积极性不高，7号文未能收到开放进入的预期效果，2018年之后矿业投资出现回升，但仍未恢复到2013年前后的历史高值水平。

出现这种局面，其中既有重新投放程序复杂的原因，也有区块地质勘查资料的获取与流转存在一定障碍的原因。在重新投放中，除了部分试点区块外，其他区域的油气探矿权市场主体仅限于中国石油、中国石化、中国海油和延长石油，主体高度单一、市场活力严重不足。以国有企业为主的勘查管理体制越来越难以适应油气资源品位低质化、技术水平要求高、投入难度加大的复杂局面。在政府新推出的油气竞争性出让区块中，这些区块大多来自油气企业退出的区块，相关地质资料偏少且难以获取，企业取得探矿权后难以通过先期地质资料进行前期研究，提高了企业的勘探开发投入风险，一定程度上也浪费了退出企业的前期投入，制约了资源的发现和储量的增加。

2.2.2 油气资源勘探开发要求的投入和技术越来越高

资源赋存条件对于勘探开发的投入和技术要求差别很大，油气资源的品位高低和开发难度直接决定着勘探开发的经济效益和企业的投资积极性。中国油气资源条件呈现几个方面的趋势。一是新增油气资源勘探开发技术难度提高。中国深层、深水领域拥有巨大的油气发展潜力，但是工程技术难度大，地质赋存规律与开发生产规律科学认知程度低，所需技术装备尚在发展，是成本高企、投资巨大的领域[3]。二是新增油气资源品位逐渐下降，开发难度较大。海上油气田，特别是深水天然气的开发相比于陆地，难度更大，投入更高，投资收益率更低。现阶段中国鼓励对海上油气田资源的开发，但享受的税收优惠政策仅有对深水油气田因意外事故或者自然灾害等原因遭受重大损失的资源税减征30%、弃置费免交企业所得税、进口国内不能生产或性能不能满足要求并直接用于勘探开发的设备、仪器、零附件、专用工具免征进口关税等，大量新增深层、超深层气储量开发缺少必要的经济支持政策，从而很难在更大程度上提高油气企业开发积极性，不利于海上油气田，特别是深水天然气的开发。致密砂岩气的开发正处于发展阶段，关键技术研发以及生产设备购置也处于上升时期，现阶段国家的财税支持力度尚不足以支持中国致密砂岩气关键技术的突破和良性发展。三是已开发油气资源日益劣质化。已开发老油田普遍进入开发中后期的高含水和高采出程度的“双高”阶段，稳产难度大，增产难度更大。现行政策对老油田资源挖潜和提高采收率等也缺乏必要的经济支持，不利于推进老油田挖潜和可持续发展。

2.2.3 国内主要石油企业内部存在区块勘探开发投入不足的问题

经过多年开发，三大油公司，尤其是中国石油和中国石化内部存在东西部、新老油田剩余油气资源明显的差异，有的油气田技术实力强但后备资源不足，有的则形势恰好相反，对于油气区块也存在局部的“圈而不探、探而不采”的问题，导致勘探投入不足，油气资源没有得到有效利用，难以满足国家对油气勘探的要求。

3 促进油气增储上产的建议

尽管过去的几年中，中国油气企业增储上产取得了显著成效，但是，仍有必要进一步推动油气矿权转让的市场化，给予更多的经济政策支持，引导更多社会资金进入油气勘探开发领域，争取更多的油气资源发现和产量增加。

一是继续推进油气体制改革，从政策上为社会资本参与增储上产扫清障碍。应考虑改变过去一次性征收出让收益的方式，调整为油气生产销售收入按年收取，切实降低企业负担，调整“价高者得”的出让模式，综合考察勘查主体的技术水平及优势，以吸引更多社会资本增加油气增储投资，保障国家能源安全。推进油气勘探开发的市场化发展，促进区块在社会范围内的流转，可以考虑适当放宽油气地质勘查资质条件、扩大市场主体范围；根据资源条件、勘查程度、开发条件等情况采取招标、拍卖等不同的出让方式；开放探矿权二级市场，允许探矿权流转，吸引更多社会资本投入到增储上产行动中扩大探矿力量。

二是合理考虑资源品位，完善财税政策，支持低品位油气资源开发。要实现增储上产，利用好国家创新体系建设和科技体制改革的有利时机，加强在理论技术、装备研发和科技自主创新能力建设，加大复杂油气藏、低品位资源高效勘探开发和提高采收率等理论技术攻关。降低区块出让收益标准，继续增加对非常规资源分级开发补贴和老油气田的税收优惠，取消深层、深水、非常规油气资源开发的特别收益金等，为企业增储上产提供更大的激励。通过风险勘探基金、科研项目支持等方式，加大对深层、深水、非常规领域的风险勘探支持力度。

三是鼓励主要油气企业加强油气勘探开发投入，以机制改革推动矿权内部流动。国有大型油气企业首先应按照国家部署，组织资源，加强油气勘探投入，推进油气储量保持高位增长，夯实能源保障的资源基础；其次，应遵循分级、分类、分阶段的基本思路，开展油气矿权流转顶层设计，同时从目标设计和问题导向两个角度共同解决影响油气矿权管理、勘探开发业务的瓶颈以及管理体制、运行机制等方面存在的实际问题，形成制度办法[4]，倒逼内部承接单位创新体制机制，打破内部资源分割局面，统筹油气田板块的矿权、储量、技术、人力、设备等方面的力量，提升效率实现增储上产与提升经济效益同步而行。

参考文献

［1］潘继平．中国油气勘探开发新进展与前景展望［J］．石油科技论坛，2023，42(01)：23–31+40.

［2］刘占国．雨仁研究 | 矿业权出让收益改革：仍然渺茫［EB/OL］．［2023–03–14］．https://mp.weixin.qq.com/.

［3］贾承造．全国油气勘探开发形势与发展前景［J］．中国石油石化，2022(20)：14–17.

［4］唐国强，徐东，张宝生．国有大型油气企业矿权流转机制及建议［J］．天然气工业，2019，39(06)：147–155.

Analysis of Ensuring National Energy Security by Increasing Oil and Natural Gas Reserves

Haitao GUO

China University of Petroleum, Beijing

Abstract: In the new situation where energy issues are becoming increasingly complex, China's energy security is still primarily threatened by the risk of supply shortages due to its high external dependence. To address this risk, it is important to play a leading role in domestic oil and gas production on the supply side and adhere to the action plan of increasing oil and gas reserves and production. The risks of importing oil and gas resources mainly come from the resource-supplying countries and transportation channels, and the forms are becoming increasingly complex and diverse. Increasing oil and gas reserves and production can improve China's energy independence and controllability, alleviate external economic pressure, and promote the low-carbonization of the energy structure. In the past three years, China's efforts to increase oil and gas reserves and production have achieved significant results, but they still face the impact of problems such as institutional mechanisms, high investment requirements and technical difficulties, inadequate economic policy support, and uneven investment in internal blocks of major oil and gas enterprises. It is recommended to continue to promote oil and gas system reform, clear obstacles for social capital to participate in increasing reserves and production through policies, reasonably consider resource grades, support the development of low-grade oil and gas resources, encourage major oil and gas enterprises to increase investment in exploration and development, and promote internal flow of mining rights through mechanism reform.

Keywords: Energy security; Oil and gas reserves and production; Mining rights transfer

关于国家实验室的治理结构及组织模式的思考

雷家骕*

清华大学中国企业成长与经济安全研究中心

摘要： 建设国家实验室是中国实现科技自立自强的重要举措。本文以构建科学的国家实验室治理结构为目标，从宏观治理结构、微观治理结构、科研团队组织等方面着手，针对国家实验室的顶层设计、财政支持、建设绩效、团队组织模式等，提出了相关对策与建议。

关键词： 国家实验室；治理结构；团队组织模式；体制机制创新

1 问题的提出

1.1 建设国家实验室是实现科技自立自强的重要举措

创新是经济高质量发展的第一动力。党的十六大后中央提出“依靠创新驱动发展”以来，我国已在推动重要领域原始创新、推动学科发展、解决重大战略性科技问题等方面取得了显著进展。现阶段，谋求“科技自立自强”已成为我国科技发展的必由之路。2021年12月24日第十三届全国人大常务委员会第32次会议第二次修订的《科学技术进步法》第一章第四条规定，“国家构建和强化以国家实验室、国家科学技术研究开发机构、高水平研究型大学、科技领军企业为重要组成部分的国家战略科技力量，在关键领域和重点方向上发挥战略支撑引领作用和重大原始创新效能，服务国家重大战略需要”。我们必须加快建设国家实验室，全面加强基础科学和应用科学研究，为创新驱动发展营造长久的“策源力”。

1.2 建设好国家实验室的基础是为之构建科学的治理结构

早期发达国家如美、英、德、法、日等国有建设国家实验室的丰富实践[1,4]。但我国建设国家实验室尚处于探索阶段。在我国，国家实验室的使命定位是作为国家战略科技力量的引领者；目标定位应是为“科技自立自强”及“经济社会全面发展两步走”提供

* 雷家骕，男，博士，教授，主要从事创新创业、企业成长、国家经济安全等研究。E-mail：leijs@sem.tsinghua.edu.cn

强劲的科技支撑；职能定位应是在战略性科学研究中发挥基础性关键性作用；生态定位应是在国家及区域创新生态体系中居于核心位置。国家实验室应为业界实施“科学驱动的创新”提供更多新的科学发现和工程技术知识，包括重大商用级技术。为做到这些，首先应建设好国家实验室。从国际经验和我国以往实践看，要建好国家实验室，最为重要的是应为国家实验室构建有效的治理结构及合理的组织体系[2,5]。

1.3 应将实验室组织模式构建置于同治理结构同等重要的位置

治理结构与组织模式共同决定着国家实验室的基本框架，进而决定着国家实验室的决策结构、创新链、资源配置、信息流的效率。20世纪50年代初我们建立中国科学院，50年代中后期建立数家国防科技研究院，改革开放以来建立新型科研机构，一个共同的经验是大型高水平科研机构的“组织模式”与“治理结构”构建同等重要。相应地，现阶段我们建设国家实验室，也必须将国家实验室的组织模式构建置于同治理结构同等重要的位置。就此而言，既应充分借鉴我们自己历史上的相关经验，也应借鉴早期发达国家的相关经验[3,6,7]。以期通过组织模式的构建与治理结构的构建齐头并进，促使已挂牌及将挂牌的国家实验室迅速形成较高水平的科研能力。

2 科学地构建国家实验室的宏观治理结构

宏观治理结构构建，要解决的是国家层面怎样对国家实验室进行导向、领导及管理之类的问题。建设国家实验室的目的是“构建以国家实验室为引领的国家战略科技力量”，目标是满足国家重大战略性科技需求。相应地，构建国家实验室的宏观治理结构，必须“自上而下”进行顶层设计。国家实验室的宏观治理结构，宜采取“特定实验室依法组建和运行，中央层面设立议事机构、主管部门和咨询机构；议事机构负责总体布局规划，主管部门负责落实总体布局建设，咨询机构提供决策支持；同时应对国家实验室实行分类管理和评价”的总体架构。

2.1 积极明确国家实验室宏观治理的顶层设计

（1）有必要为国家实验室的组建和运行专门立法。“十四五”规划提出要“以国家战略性需求为导向推进创新体系优化组合，加快构建以国家实验室为引领的战略科技力量”。2021年版《科学技术进步法》规定“国家根据科学技术进步和社会主义市场经济的需要，改革和完善科学技术体制，建立科学技术与经济有效结合的机制”。但现阶段组建国家实验室，我们还缺少类似日本《特定国立研究开发法人特定措施法》之类的专门法[8]。现阶段作为权宜之策，可先由国务院制定《国家实验室管理条例》。借助该“条例”，既可为各家实验室规范内部管理提供依据，也可为政府从宏观层面管理国家实验室事务提供依据。总之，国家实验室的建设、运行及发展，必须有法可依。

（2）中央层面应有相应议事机构、工作机构及咨询机构。建设国家实验室是新时期我国构建战略科技力量和完善国家创新体系的重大举措，故在中央层面应有专门议事机构和主管部门。前些年国家科技部设立了专管国家实验室事务的司局，2023年党中央设立了中央科技委员会。随着紧锣密鼓建设若干家国家实验室，科技界诸多人士呼吁在中央层面设立议事机构“国家实验室建设与发展委员会”，负责对“国家实验室总体布局规划、特定实验室设立、总体发展战略等”进行审议并做出决策。相应地，可将国家科技部专管实验室事务的司局作为具体办事机构，负责落实国家实验室建设与发展委员会的决策和规划。为做好国家实验室的布局规划及建设，还有必要设立“国家实验室建设咨询委员会”，其主要职能应是调研、编制、论证国家实验室的总体布局规划和发展战略；对特定国家实验室的设立进行审核及论证；为“国家实验室建设与发展委员会”提供决策依据。“国家实验室建设咨询委员会”应由学科领域专家、经管专家、科技管理专家、产业专家等组成。相应地可将科技部专管实验室事务的司局作为秘书机构。在讲究科学决策的背景下，应明确一个原则，即凡未经“国家实验室建设咨询委员会”论证的规划、战略、机构设立建议或申请，“国家实验室建设与发展委员会”皆不宜先行做出决策。

2.2 应对国家实验室实行分类管理

不同类型国家实验室在国家创新体系中担当的角色、承担的功能是有差异的，故在宏观治理层面，应对国家实验室采取“分类管理”办法。

（1）一些实验室的作用是“引领（科技）发展”，相应可将这类实验室界定为“引领型国家实验室”。具体功能应是在可能发生新科技革命和产业革命的战略必争领域，实现新的科学发现，占据科技制高点；开辟新的产业发展方向，成为新兴科技及产业发展的开拓者。这类国家实验室应有高度的开放性和国际化。

（2）一些实验室的作用是“突破（科技及产业）瓶颈”，相应可将这类实验室界定为“突破型国家实验室”。具体功能应是在重大关键核心技术受制于国外的领域，突破科技成果供给短缺的瓶颈性制约，以期解决“卡脖子技术”难题；赶超国际先进技术水平，支撑既有产业转型升级，助推产业国际竞争力提升。这类国家实验室应明确技术路线图，围绕技术路线图布局并推进科技攻关；相应地，应有一定的保密性。

（3）一些实验室的作用是“提供科研公共平台”，可将这类实验室界定为“平台型国家实验室”。功能应是依托国家重大科技基础设施，以开放共享的机制，支撑全国各层类研发力量开展跨学科、跨领域、跨部门、跨产业的研究开发，进而助推全社会创新能力的提升。这类国家实验室的大科学装置应向全社会开放共享，并应建立一套规范化、标准化的建设和运行的管理制度[9,10]。

2.3 明确不同类型国家实验室的能力建设及产出要求

不同类型国家实验室的功能及所承担任务不同，能力建设要求也应各异。

（1）引领型国家实验室建设，必须选择国内特定领域科研水平最高的团队。其学术带头人应具有形成重大国际影响的成果，或居于国际第一方阵，或有望进入国际领先行列。实验室科研团队的形成，应依托学术带头人及其核心团队，整合全国同领域的优势科研力量。相应地，有必要从中国科学院相关研究所和双一流高校整建制地拉出科研团队，作为建设这类国家实验室的基干力量。引领型国家实验室的作用是“引领发展”，故其科研产出应具有“为解决重大科学问题开辟新的研究方向，为新兴产业提供源头科学知识或技术供给，引领科技发展和产业发展方向”的特征。

（2）突破型国家实验室建设，必须围绕特定领域特定科技方向组建科研团队。相应地，必须选择特定领域特定科技方向上关键技术国内领先、善于把握科技发展方向、善于组织技术攻关，应用科学研究和技术攻关都能“扛得起”的科学家及工程师；依托他们聚集并整合全国同领域骨干研究力量，以及技术攻关所需的科研、技术、工程和产业化人才。有必要从1998年前后转制的原产业部属院所（现称为“科技型央企”）整建制拉出高水平团队，作为建设这类国家实验室的基干力量。突破型国家实验室的作用是“突破瓶颈”，故其科研产出应具有“突破重大关键核心技术，提供系统解决方案或产品设计，有助于我国打破发达国家技术垄断和技术壁垒，有效促进相关技术领域跨越式发展”的特征。

（3）平台型国家实验室建设，必须紧紧围绕建设高水平高效率科研公共平台。科研及运行团队必须由国际知名科学家领衔，组建高水平多学科跨专业科研及技术团队。建设阶段必须有国际水平的设计团队和国内一流的施工团队，领军者必须具备国内一流的技术研发与工程组织能力，必须购置国际先进的重大科技基础设施。运营阶段必须有专业化的技术支撑和运维团队，以满足重大科技设施稳定运行及开放服务的需求。平台型国家实验室的作用是“提供大型科研平台”，故其服务应具有“重大科技基础设施先进，开放共享、运行高效，科技服务让用户满意，得到服务的客户形成了新的科学发现或重大技术突破”的特征。

2.4 积极探索国家财政支持的新模式

国家实验室干的是国家急需的事，国家财政给予经费拨付是必须的。且在社会主义市场经济体制下，国家财政的经费支持方式需要创新。

（1）将稳定的经费支持与项目经费支持结合。国家财政首先应给予国家实验室稳定的运行经费支持，包括实验室的建设费、维护费、人头费、办公费、设备设施运行费等，以确保国家实验室稳定而有序地运行。在此基础上，可在核定每个实验室“年度经费总额”的基础上，将国家下达科研任务与实验室有计划有步骤地“自主申报科研项目”二者结合，按任务及项目实际需求向实验室下拨科研经费。项目完成后，由专业机构进行经费使用合法性审计及合理性评价。

（2）将自由探索经费支持和应急经费支持结合。在国家按需求向实验室下达科研任务和实验室有计划申报科研项目的同时，也应鼓励实验室人员基于国际科技发展前沿趋势设计“自由探索项目”。在经同行专家评估认为“符合国际前沿趋势和我国需求”的前提下，国家也应对这类科研项目以经费支持。同时，项目申报时或国家任务下达时的“经费预算”毕竟是“预算”，而科研工作具有很大程度的探索性及不确定性，预算经费不够实际支出的情况也会发生。为保证这种情况下相关科研活动不至于中断，国家财政对这类项目也应建立“应急经费支持的拨款制度和办法”。

（3）建立企业和自然人捐款及地方投入减税制度。国家实验室服务于国家重大科技需求，支撑国家战略实施。故为加快其建设和发展进程，国家也应以“税收优惠”等方式鼓励企业、自然人、地方政府及其他社会力量向国家实验室捐款。如捐款者是自然人，国家税收部门应相应减少对捐款者个税收缴的“税额”。如捐款者是企业，国家应对这类企业减少所得税收缴的“税基”。如地方政府向实验室投入资金，中央财政应相应增加对地方的“转移支付”或减少他们的“税收上交部分”。对其他社会力量向国家实验室捐款，国家也应建立相应的税收优惠政策。

3　科学规范国家实验室的微观治理结构

国家实验室宜采取“党委领导下/理事会指导下的主任负责制，同时充分发挥学术委员会在科研决策上的主导作用，充分发挥理事会对实验室创新生态构建的协调作用，充分发挥咨询委对实验室运行及发展的咨询作用”的微观治理结构。

3.1　明确实施党委领导/理事会指导下的实验室主任负责制

（1）充分发挥党委在国家实验室的领导作用。基于国家实验室的特殊使命，国家实验室宜实行党委领导下/理事会指导下的主任负责制。实验室党委书记宜由属地党委书记兼任，以便及时解决实验室的重大问题；同时有必要设立“懂科技”的专职党委副书记，并由属地党委派出，具体负责实验室党务工作。同时考虑到实验室理事会基本由属地政府负责人及委办局负责人，以及参与实验室培育的高校负责人、企业科技负责人、相关院士等组成，这些理事会成员对实验室发展会起到重要的助推作用，故有必要将部分理事会成员纳入实验室党委班子之中。

国家实验室的主体工作是科研活动，实验室党委的领导作用应主要体现为，一是实验室重大事务决策应由党委集体讨论而决定；二是应确保科研人员中党员在科研攻关中发挥模范带头作用；三是应确保实验室各类管理工作及业务运行不违纪不犯法（相应履行纪检和监察职能）；四是应确保实验室与国外机构或人员交流合作中，重视维护国家安全利益（相应履行国家安全工作小组职能）。理事会应主要对实验室建设与发展起指导作用。主要体现为审议实验室发展规划、发展目标、年度工作计划和年度总结报告，审议实验室经费预算和经费使用情况；进而在审议基础上对实验室下个年度工作提出“指导性建议”。

（2）合理界定管理团队的科研行政管理职权。在党委领导下的实验室主任负责制下，必须明确界定实验室管理团队的科研行政管理职能。以实验室主任为代表的管理团队至少应有以下职权：一是科研活动的管理权；二是对实验室人员的聘任权、激励权、晋升权、辞退权；三是实验室财务管理中的决策权、资金使用的管理权；四是实验室重大科技设施购置、建设的决策权和使用中的管理权，以及所淘汰设施设备的处置权；五是实验室后勤保障的决策权及运行管理权；六是实验室与国内外高校院所、院士、团队合作的决策权及具体合作事务的管理权。

相应地，一是国家实验室主任必须由“战略科学家”担任，并承担实验室法定代表人职责，副主任必须由有管理能力的科学家担任；二是实验室主任、副主任共同管理实验室建设和运行事务，对实验室的能力建设和科研成果产出共同负责；三是鉴于国家实验室不少事务涉及信息安全问题，实验室主任、副主任的“选聘”应在有限范围内实施；四是考虑到国家实验室的“攻关”属性，副主任中应有基础科学背景的科学家和工程背景的科学家；五是考虑到重大科研活动的周期较长，实验室主任每届任期以8年为宜。除非出现“重大个人失误”，否则，任期内不宜对主任、副主任进行调整。

3.2 充分发挥学术委员会在科研决策上的主导作用

国家实验室的主体工作是科研活动，基本使命是作为国家战略科技力量的引领者，基本职能是在战略性科学研究中发挥基础性关键性作用。故国家实验室的科研方向选择、科研项目设计等方面决策的恰当与否至关重要，直接决定着国家实验室能否恰当地承载使命、履行职能，故必须充分发挥学术委员会对科研决策的主导作用，即凡重大科研事务决策，皆应由实验室学术委员会经过充分研讨、思想碰撞、共同商议而做出。

（1）学术委员会必须由真正的科学家组成。一是作为学术委员会成员的科学家，必须是特定实验室所聚焦科技领域的一流科学家，且必须有高度的责任感和家国情怀。二是每个成员皆应有结合国家重大战略需求和国际科技发展趋势，凝练关键科学问题和核心技术问题的能力；要能够为实验室的科研规划、学科布局、项目构思等提供有价值的思路；要有能力对实验室各研究单元的工作进行客观评估和指导。三是学术委员会必须规范运行，要“真的开会、真的研讨”，开会之前委员们要预先做好“功课”。学术委员会应采取“聘任制”和“任期制”。考虑到当今诸多科技领域发展迅速，学术委员会的任期最好短于管理团队的任期（8年），以5年为妥。这也便于实验室管理团队在任期间组织学术委员会的换届。

（2）不同类型国家实验室的学术委员会构成应有所差异。一是应将实验室主任纳入其中，以便管理团队准确理解并实施学术委员会的科研决策。二是在“引领型国家实验室”的学术委员会中，应以基础科学家和应用科学家为主，但也必须有工程科学家。在“突破型国家实验室”的学术委员会中，应以应用科学家和工程科学家为主，但也必须有基础科学家。在“平台型国家实验室”的学术委员会中，则应有用户单位科学家参与。

3.3 充分发挥咨询委员会“对内、对上”的咨询作用

（1）充分发挥咨询委员会对实验室运行及发展的咨询作用。每个国家实验室的发展咨询委员会，要对所在实验室起到具体的咨询作用，诸如对实验室的科学研究、技术开发、成果转化、内部管理、与所在地合作、国际交流等方面工作的咨询。咨询委应定期组织调研和研讨，编写咨询报告，为实验室提供有价值的建议。

（2）充分发挥咨询委员会对国家层面评价的咨询作用。每个国家实验室的发展咨询委员会，还应为中央层面的“国家实验室建设与发展委员会”提供“旁观者”角度的信息。咨询委员们应了解所在实验室的发展规划、目标实现、年度工作计划等的落实情况，实验室经费预算和经费使用情况等方面信息，以便及时回答中央层面“国家实验室建设与发展委员会”的询问。

（3）要将各个国家实验室的咨询委员会做实。要使每个国家实验室的发展咨询委员会真正起到前述咨询作用，必须将该委员会做得更“实”一些。一是必须由愿意为国家实验室花精力、负责任的成员组成，且必须是真正的科学家、工程师、企业家和管理专家。二是国家实验室应设立具体对接部门，负责与该委员会成员联系，为他们提供调研、研讨、临时办公条件等方面的方便。

4 科学合理设计国家实验室的科研团队组织模式

国家实验室不可能也不必要揽尽人才，其科研团队组织，只能是“开放型、小核心、大网络、集中与分散相结合”的模式。

4.1 以开放包容的态度组建国家实验室的科研团队

“开放型”应是国家实验室组建科研团队的基本要求。一个现实背景是，我国现有科研力量主要分布在四级六类科研机构之中，包括中国科学院所属院所、国家实验室、国家部委属科研机构、行业性科研机构、省市科研机构，以及高校、企业科研机构。一流科研人员分散在各类科研机构之中，国家实验室不可能“以常规编制”揽尽特定学科领域所有一流科研人员。但未来国家实验室的科学研究、技术攻关、重大装备研制又会需要这些一流科研人员的共同努力，故国家实验室应以“开放包容”的态度，以“不求我有、但求我用”的机制，敢于并善于随时将实验室外部的多专业一流科研人员纳入自己特定的科研项目及活动之中。

4.2 以“小核心、大网络”的架构来组织科研团队

“小核心”指国家实验室必须有精干的“在编科研团队”。“大网络”是指针对特定学科领域，国家实验室有必要通过“战略合作协议”方式，与该领域“非在编一流科研人员”建立“长期稳定的合作关系”；针对特定科研项目，发挥市场机制的基础性作用，国家实验室有必要通过“合同”的方式，与该领域“非在编一流科研人员”建立“项目级的合作关系”，包括与多层类科研机构建立“接力研发”的市场化合作关系。特别是，2021年版《科学技术进步法》第五章（科学技术研究开发机构）第四十八条规定，“国家在事关国家安全和经济社会发展全局的重大科技创新领域建设国家实验室，建立健全以国家实验室为引领、全国重点实验室为支撑的实验室体系，完善稳定支持机制”。相应地，国家实验室以“小核心、大网络”的架构来组织科研团队，其中尤应重视将分布在其他类型科研机构相应领域中的“国家重点实验室”纳入国家实验室的团队之中。

4.3 以“集中与分散结合”来统领、统管科研团队

国家实验室的科研人员来自四面八方，越是高水平“牛人”越是会多处任职兼职。这就导致国家实验室的在编科研人员必然是一部分人常驻实验室，更多的常驻在此前任职的单位，进而形成“小团队集中（在实验室内部）、大团队分散（在实验室外部）”的格局。基于这种情况，凡是通过国家实验室认领或申请的重大科研项目，实验室应统一

管理项目实施进度、经费分配、成果权属等。特别是科研成果的知识产权，其所有权应归属实验室与特定团队所在单位“共同所有”，即形成“共有知识产权”。就此而言，有必要借鉴比利时微电子研究中心（IMEC）“产业联合项目”（IAP）的知识产权管理办法。

参考文献

[1] 孟潇，董洁. 日本产业技术综合研究所的发展运行经验及对新型科研机构的启示 [J]. 科技智囊，2020(08)：66–70.

[2] 卞松保，柳卸林. 国家实验室的模式、分类和比较——基于美国、德国和中国的创新发展实践研究 [J]. 管理学报，2011，8(04)：567–576.

[3] 芮雯奕. 德国《科学自由法》对我国新型科研院所建设的启示 [J]. 科技管理研究，2015，35(19)：84–87.

[4] 刘静. 美国国防部资助的实验室体系架构 [J]. 国防科技，2019，40(03)：41–45.

[5] 林振亮，陈锡强，张祥宇，李莎，黄江康. 美国国家实验室使命及管理运行模式对广东省实验室建设的启示 [J]. 科技管理研究，2020，40(19)：48–56.

[6] 梁栋国. 日本国防科研机构体系及对我国国防科研机构的启示 [J]. 国防技术基础，2007(04)：38–40.

[7] 朱焕焕. 日本国有科研机构独立法人化改革经验对中国的启示 [J]. 全球科技经济瞭望，2021，36(05)：42–47.

[8] 顾海兵，李讯. 日本国立研究机构及其借鉴 [J]. 科学中国人，2005(01)：40–42.

[9] 顾海兵，李讯. 法国国立研究机构及其借鉴 [J]. 科学中国人，2004(12)：67–69.

[10] 方圣楠，黄开胜，江永亨，杨树国. 美国国家实验室发展特点分析及其对国家创新体系的支撑 [J]. 实验技术与管理，2021，38(06)：1–6.

Thinking about the Governance Structure and Organization Model of National Laboratory

Jiasu LEI

Center for Enterprise Growth and National Economic Security Research, Tsinghua University

Abstract: The construction of national laboratory is an important measure for China to achieve scientific and technological self–reliance. Aiming at building a scientific governance structure of national laboratories, this paper starts from macro governance structure, micro governance structure and scientific research team organization, and puts forward relevant countermeasures and suggestions for the top–level design, financial support, construction performance and team organization mode of national laboratories.

Keywords: National laboratory; Governance structure; Team organization model; Institutional innovation

能源经济

Energy Economy

新形势下中国天然气发电前景及发展建议

刘卫华*，李劼，吴以涵，秦锋

中海石油气电集团有限责任公司

摘要： 随着碳达峰、碳中和目标提出，我国新型电力系统加快建设，能源安全保供和低碳发展面临新形势。党的二十大报告提出要加快规划建设新型能源体系，对能源转型发展提出更高要求。天然气发电具有灵活、高效、清洁、低碳等优势，可显著提高系统储调能力，是新型能源体系建设过程中不可或缺的灵活性资源。本文基于我国能源绿色低碳转型新要求，分析天然气发电面临的发展机遇和风险挑战，对比主要储调资源的技术经济性特点，定量测算2025—2060年天然气发电的发展空间，提出天然气发电在新型电力系统中的战略定位，最后对推动天然气发电产业高质量可持续发展提出相关建议。

关键词： 天然气发电；灵活性资源；碳达峰碳中和；新型电力系统；电力安全

0 引言

20世纪70年代，受天然气探明储量增加、燃气轮机技术进步及环保压力不断提升等因素影响，天然气发电受到广泛关注并得以快速发展[1]。从全球来看，天然气发电量不断提升，占总发电量比重也持续增长。2000—2020年，全球天然气发电量年均增长4.2%，占总发电量比重由17%稳步提升至23%。截至2021年年底，全球天然气年发电量达到6.5万亿千瓦时，占总发电量的23%[2]，是全球范围内稳定经济增长、保障电力供应的主要电源之一。分地区来看，美国、欧盟、俄罗斯、日本等是全球天然气发电发展较好的经济体。其中，2021年美国天然气发电量为1.7万亿千瓦时，位居全球榜首，约占全球天然气发电总量的26%；俄罗斯天然气发电量为4968亿千瓦时，位居全球第二位；日本天然气发电量为3261亿千瓦时，位居全球第三位。在发达国家能源绿色低碳转型过程中，天然气及天然气发电都发挥了重要的过渡和支撑作用，不仅实现对高碳化石能源的替代，还有效推动了风、光等新能源大规模发展[3]。

我国天然气发电建设始于20世纪60年代，但总体呈现装机规模小、发电量占比低、年利用小时数不高的特点。截至2021年底，我国天然气发电装机容量为10859万千瓦，

* 刘卫华，男，硕士，高级工程师，主要从事天然气及发电管理工作。E-mail:liuwh@cnooc.com.cn

占全国电力总装机的比重为4.6%；发电量为2834亿千瓦时，占全国总发电量的比重为3.4%；年利用小时数2688小时，不到煤电年利用小时数的60%[4]。从天然气消费结构来看，虽然发电用气量逐年增长，但在总用气量中的占比长期处于20%以下，2021年天然气发电用气量约664亿立方米，占天然气总消费量的比重为18%[5]，远低于全球40%左右的平均水平。从发电类型来看，我国天然气发电以热电联产机组为主、调峰机组为辅，分布式利用较少，大型集中式燃气发电装机容量占到全国燃气装机容量的90%以上。从区域布局来看，我国天然气发电主要集中在珠三角、长三角和京津地区[6]，四川、重庆等西南天然气资源富集地区也有较好的发展势头。虽然近些年我国天然气发电发展取得积极进展，但气源供应难以充分保障、燃料成本较高、燃气轮机等核心技术存在"卡脖子"现象等问题仍较为突出。

当前，我国已步入能源低碳转型发展的新阶段，碳达峰、碳中和成为全社会共同努力的目标。党的二十大报告提出"深入推进能源革命""加快规划建设新型能源体系"，对未来能源系统进行了全新擘画，对能源转型发展提出了更高期望。能源活动是二氧化碳的主要排放源，能源消费产生的二氧化碳排放量约占总排放量的80%以上，电力在能源消费产生的二氧化碳排放中的占比约为40%[7]。电力行业是碳减排的关键领域，要把促进新能源和清洁能源发展放在更加突出的位置，加快构建新能源占比逐渐提高的新型电力系统。截至2022年底，全国非化石能源发电装机容量12.7亿千瓦，同比增长13.8%，占总装机比重上升至49.6%；非化石能源发电量同比增长8.7%，占总发电量比重增加至36.2%[8]。面对能源绿色低碳转型趋势、安全保供复杂形势以及市场化交易要求，天然气发电作为一种清洁、高效、灵活的能源转换和利用方式，发展机遇和风险挑战并存，需明确天然气发电在未来能源系统中的战略定位，系统谋划发展路径。

1　新形势下天然气发电面临的机遇和挑战

1.1　发展机遇

1.1.1　部分地区电力保供需要天然气发电作支撑电源

"十三五"以来，在经济高质量发展、能源绿色低碳转型以及新冠疫情、极端天气等突发事件影响下，我国电力供需两侧时空矛盾越发突出，近两年"两湖一江"、广东、云南、四川等多地出现时段性、季节性用电紧张。"十四五"及未来一段时期，我国总体仍处于工业化中后期、城镇化快速推进阶段，高端装备制造、新能源新材料、数字经济等新兴蓬勃发展，人民对美好生活的向往不断实现，终端能源消费电气化水平持续提升，将带动全社会电力需求保持较快增长，电力负荷尖峰化特征也将越发明显，电力保供难度进一步加大[9]。预计到2025年，全社会用电量将达到10万亿千瓦时左右，到2030年将达到11.4万亿千瓦时左右。考虑风、光、水、核等非化石能源发电建设节奏，“十四五”“十五五”全国用电高峰时段存在一定电力缺口。统筹考虑绿色低碳转型和能源安全保障，因地制宜发展一定规模的气电将是近中期提高电力供应能力的有效选择，有利于推动全社会安全降碳。特别是对于华东、华中、华南等电力消费大省，以及青海、川渝等可再生能源输送大省，电力安全保供和系统稳定运行面临较大挑战，合理发展气电对于满足控煤降碳目标、提升电力安全保障水平、提供电力电量支撑具有重要意义。

1.1.2　新能源大规模发展需要天然气发电作调峰电源

从供应侧看，当前我国可再生能源发展实现新突破，装机总量历史性超过全国煤电装机，进入大规模高质量跃升发展新阶段。电力供应将加快由传统化石能源发电向风电、光伏、水电等新能源和可再生能源转变，发电出力随机性进一步增强。从需求侧看，随着三产和居民用电比重逐步提升，用电负荷对气温变化更加敏感，高温、严寒等极端天气将导致用电负荷骤升。2022年8月，四川出现极端高温干旱天气，高温热浪平均强度、影响范围和持续时间达到1961年有完整气象观测记录以来最强[10]，拉动降温负荷快速攀升，全省最高用电负荷跃升至6500万千瓦，同比增长25%。供需两侧波动性叠加，导致电力供需实时平衡难度加剧，为保障电力系统安全稳定运行，亟需加强灵活调节能力建设。与发达国家相比，我国电力系统灵活性资源建设相对滞后，截至2021年底，全国抽水蓄能和天然气发电等灵活调节电源装机占比仅6%，远低于西班牙、德国、美国的31%、19%和47%[11]。天然气发电调峰技术成熟、响应能力较为优越，能够实现与新能源融合发展，有望成为近中期电力系统调峰的关键力量。据统计，仅部分公开目标的地区，“十四五”天然气发电新增装机容量接近6600万千瓦（表1），高于之前行业普遍预测的5000万千瓦规模，反映出在能源低碳转型过渡阶段，地方对天然气发电抱有较高的期望。

表1　部分地区“十四五”天然气发电规模目标

Table 1　Regional planning goals of natural gas-fired generation

地方	2020年底气电装机容量/万千瓦	“十四五”气电新增装机容量/万千瓦	文件来源
广东	2838	3600	《广东省能源发展“十四五”规划》
山东	8	800	《山东省电力发展“十四五”规划》
浙江	1262	700	《浙江省能源发展“十四五”规划》
四川	128	600	《四川省“十四五”电力发展规划》
重庆	168	500	《重庆市能源发展“十四五”规划》

续表

地方	2020年底气电装机容量/万千瓦	"十四五"气电新增装机容量/万千瓦	文件来源
青海	0	300	《青海省"十四五"能源发展规划》
天津	382	135	《天津市电力发展"十四五"规划》
上海	765	160	《上海市"十四五"能源发展规划》

1.1.3 气电相比其他储调资源具有相对优势

灵活性储调资源既包括灵活性改造的燃煤发电、天然气发电等传统火电机组，也包括抽水蓄能电站和电化学储能等储能技术[12]。

和煤电相比，气电与煤电都是传统火力发电，在电力系统中发挥支撑和调节的作用。煤电机组灵活性改造后可提升一定的调节能力，最小技术出力从50%的设计值降低至30%左右，但是调峰范围、爬坡和启停速度均不及天然气发电，且深度调峰对煤电机组的运行安全性、环保性、经济性也会产生负面影响[13]。而气电可快速启停和爬坡，更适用于负荷快速调节的场景。

与抽水蓄能相比，抽蓄电站技术成熟、运行灵活、反应快速，但受到站址资源、建设周期和建设成本等约束，发展潜力和开发条件受限，只能作为部分地区的优质调峰电源。而气电投资成本相对较低、建设周期较短且占地面积小，适用场景更多元化。

与新型储能相比，以电化学储能为代表的新型储能，响应速度快、调节能力强，但当前仍处于从项目示范向商业化发展的过渡阶段，短期内在经济性、市场机制、安全风险等方面还存在诸多约束。特别是，新型储能不是有源电源，是耗能的能量转换型设备，无法提供稳定的电力输出，目前只能解决小时级的储调需求，还不具备长周期、跨季节的调节能力，存在较大局限性。而气电是可靠的支撑电源，可适用于日内、跨日、跨月、跨季节等多种应用场景。

综上，天然气发电转换效率高、运行灵活、启停速度快，在多种应用场景下能够发挥重要的电力顶峰和调峰作用，是近中期我国加强电力系统灵活调节能力建设的重要支撑。

1.1.4 气电减污降碳与煤电相比更胜一筹

作为两种最成熟的火力发电形式，煤电和气电都发挥着重要的电力安全保供作用，但囿于资源禀赋差异，长期以来我国火力发电中煤电占据主导地位。随着"双碳"工作持续推进，能源清洁低碳转型加速，煤炭消费控制进一步增强，气电作为相对低碳的"中位能源"优势也将逐步显现。与煤电相比，气电更加高效、低碳、环保（表2～表4）。从发电效率来看，煤电中最先进的超超临界机组发电效率基本上能够接近50%，而气电发电效率早已超过这个数值，目前世界上最先进的H级燃气–蒸汽联合循环机组发电效率可以达到62%～64%。从二氧化碳排放来看，天然气由1个碳和4个氢组成，气电的度电碳排放强度相对较低，目前百万千瓦级燃煤机组碳排放强度约为700～800克/千瓦时（g/kWh），而H级联合循环机组的碳排放强度仅312g/kWh，只有百万千瓦级燃煤机组的40%左右[18]。从环保性来看，与煤电相比，气电在颗粒物、二氧化硫、重金属等污染物排放方面的环保优势非常明显，例如气电在颗粒物、二氧化硫这两项上实际可做到近零排放。

表2　主要储调资源技术经济性比较[14-17]

Table 2　Technical and economic features of main flexible resources

储调类型		灵活性改造制造的煤电	抽水蓄能	电化学储能	天然气发电
调峰范围		30%～100%	-100%～100%	-100%～100%	0%～100% （考虑启停调峰）
启动	停机-满载	6～8h	120～150s	15～20ms	十几分钟～3.5h
	空载-满载	1.5h	30～35s	10～15ms	几分钟～1h
爬坡速率/（额定容量/分钟）		3%～6%	50%～100%	50%～100%	10%～15%
调节时间尺度		日内、长周期	日内、多日	分钟级、日内	日内、长周期
投资成本/（元/千瓦）		改造：300～700 新建：3317～4394	5500～6000	1500～2000	2097～2266
度电成本/（元/千瓦时）		0.3～0.5	0.7～1.0	0.8～1.2	0.4～0.8

表3　燃煤发电与燃气发电碳排放指标比较

Table 3　Carbon emission of coal-and natural gas-fired generation

类别	平均低位发热量	单位热值含碳量	碳氧化率	二氧化碳排放系数	发电煤耗/气耗	单位度电排放量
原煤/煤电	20908kJ/kg	26.4/TJ	0.94	1.9kgCO_2/kg	300g/kWh	798g/kWh
天然气/气电	37620kJ/m^3	15.3/TJ	0.99	2.2kgCO_2/m^3	0.2m^3/kWh	411g/kWh

表4　燃煤发电与燃气发电环保性能比较

Table 4　Environmental performance of coal-and natural gas-fired generation

排放物	单位	普通燃煤机组	超低排放燃煤机组	燃气机组排放限值	燃气机组实际排放
烟尘	mg/Nm^3	14.9	3.6	5	3.1
SO_2	mg/Nm^3	84.7	16.8	35	0
NO_x	mg/Nm^3	80.6	31.8	50	32.2

1.1.5　气电可为未来掺氢等新型低碳技术提供应用空间

在全球低碳转型背景下，氢能作为零碳能源受到广泛关注，被认为是应对气候变化的远期技术选择之一。随着风电、光伏大规模发展，未来可再生能源制氢将成为提升新能源消纳水平和保障电力供需动态平衡的重要手段。天然气和氢能都属于清洁、高效、环保的气态能源，运输、储存和使用过程具有类似性，一些场景下还能混输混用、互为补充，这为燃气轮机掺氢、纯氢燃烧提供了可能。目前，GE、西门子、国家电投等企业已着手开展燃气轮机“掺氢”“纯氢”发电研究，不仅可根本性解决气电碳排放问题，还为燃气轮机提供了新的用武之地。同时，煤电、气电等传统火电是能源领域碳排放的主要来源，也是控碳减碳的重要领域。碳捕集、利用和封存技术（CCUS）被视为化石能源利用的关键脱碳技术，目前整体处于示范阶段，主要应用在燃煤电厂，远期也将成为燃气电厂碳减排的重要途径。

1.2 风险挑战

1.2.1 天然气价格、进口设备成本等因素对气电经济性影响较大

一直以来，燃料成本高都是制约天然气发电发展的重要因素。天然气发电成本与发电利用小时数和燃料成本密切相关。当前，我国天然气发电年利用小时数约在2600小时，且气电作为调峰电源参与电力系统运行，年发电利用小时数可能进一步降低。按照当前年利用小时数测算，我国气电发电成本中燃料成本占比高达70%以上，高气价可能成为制约气电发展的长期因素。2022年以来，乌克兰危机等地缘政治冲突重塑全球能源供需格局，气源供应不确定性进一步加剧，我国能源安全问题日益突出。我国油气对外依存度较高，国际油气市场变化也将给我国气电发展带来更多潜在风险。此外，全球重型燃气轮机技术基本被美国GE、日本三菱、德国西门子等厂家垄断，我国重型燃气轮机核心设计、控制、热端部件制造及维修技术等仍需依赖进口。由于在技术层面缺少话语权，导致整机检修维护高度依赖原厂商，维修周期、时间以及费用不可控，也会给燃气电厂生产经营带来很大挑战。

1.2.2 应对气候变化大环境下气电发展存在制约

天然气虽然较为清洁，但仍是“含碳”的化石能源，被视为实现碳中和的过渡性能源。在能源低碳零碳转型要求下，远期天然气消费需求必然呈现逐步下降趋势，天然气发电发展也将面临淘汰退出的风险。而自去年乌克兰危机以来，能源安全引发高度关注，欧洲多国加快可再生能源的发展步伐，增强能源自主供给能力，坚定逐步摆脱对进口天然气依赖的信心，碳中和大势不可逆转。全球天然气需求快速增长的时代或将提前结束，国际能源署（IEA）、bp等机构对2050年全球天然气需求的预测值较之前大幅降低，将进一步对全球及我国天然气发电产业发展造成不利影响。

1.2.3 新型电力系统背景下各类储调技术快速发展

大力提升灵活调节能力是当前建设新型电力系统的重要任务。从全球范围来看，天然气发电和抽水蓄能是目前成熟度最高、应用范围最广的灵活性储调资源。但随着国家鼓励发展煤电灵活性改造及新型储能政策相继出台，各类储调技术迭代进步。煤电仍是我国电力保供的主体电源，通过鼓励灵活性改造，将形成较大的电力灵活性资源，将挤

压气电作为灵活性电源的发展空间。同时，电化学储能、氢储能、电动汽车车网互动（V2G）等新型储能技术快速发展，逐步实现商业化应用，将进一步与调峰气电形成较大竞争。未来，能源系统与信息系统深度融合，各类储调技术的应用场景将更加丰富、智能，气电的调峰电源地位在远期将受到较大冲击。

2 天然气发电发展空间和战略定位

2.1 “双碳”目标下全国天然气发电的发展空间

综合考虑电力需求增长态势、非化石能源发展趋势和碳达峰碳中和目标要求，建立基于电力电量平衡分析的气电空间测算模型。结合技术进步、供应模式和路线选择，设置三组情景（表5），对2025—2060年气电发展规模进行分时段分析预测。

表5 “双碳”目标下气电发展空间的情景设置

Table 5 Development scenarios of natural gas-fired generation for carbon peak and carbon neutrality

情景设定	情景1	情景2	情景3
电力部门碳中和时间	·2055—2060年期间	·2055—2060年期间	·2050—2055年期间
煤电	·2025年13亿千瓦，2030年达峰约13.5亿千瓦 ·2060年保留3亿千瓦	·2025年13.5亿千瓦，2030年达峰约14亿千瓦 ·2060年保留6亿千瓦	·2025达峰约13亿千瓦 ·2060年保留1.5亿千瓦
气电	·近期支撑电源，远期调峰 ·2040年达峰	·以调峰电源为主 ·2035年达峰	·近期调峰，远期应急备用 ·2035年达峰
水电	·根据可开发资源，稳步发展 ·2050年达峰5.1亿千瓦，之后保持规模不变		·大力发展 ·2055年达峰6亿千瓦
核电	·沿海潜力2.3亿千瓦 ·2045年左右开始发展内陆核电，2060年达3.7亿千瓦		·沿海潜力3.3亿千瓦 ·2060年达4.5亿千瓦
新能源	·风电、光伏发电大力发展，根据电力电量平衡结果测算规模		
储能技术	·积极发展 ·抽水蓄能、新型储能、氢储能规模分别为2亿千瓦、5.5亿千瓦、2亿千瓦		·大力发展 ·规模分别为2.5亿千瓦、8亿千瓦、2.5亿千瓦
CCUS技术	·2045年左右示范推广 ·先煤电、后气电和生物质 ·2060年所有火电+CCUS	·2045年左右示范推广 ·先煤电、后生物质 ·气电+CCUS，最终全部退出	·2040年左右示范推广 ·先煤电、后气电和生物质 ·2060年所有火电+CCUS

情景1（既定政策情景）中，电力系统在2055—2060年实现碳中和，近中期保持一定煤电发展规模，远期适度发展内陆核电，气电具有较大发展空间，近期承担部分支撑电源作用，远期主要承担调峰电源功能。情景2（煤电竞争情景）中，电力系统同样在2055—2060年实现碳中和，但近中期煤电保持更积极的发展态势，峰值规模更大且远期退役步伐较慢，气电发展空间受到一定限制，在电力系统中主要发挥调峰电源的作用。

情景3（加快转型情景）中，电力系统提前到2050—2055年实现碳中和，近中期严格控制煤电发展规模，积极安全有序推动沿海核电、内陆核电协调发展，风电、光伏发电等新能源规模更快速增长，气电发展受碳排放约束较大，达峰规模较低且时间较早，在电力系统中起到调峰和应急备用电源的作用。

不同情景下，天然气发电规模都呈现“近中期稳步上升，远期逐步退出”的发展趋势，装机容量峰值为2.5亿～3.5亿千瓦（图1），发电量峰值为0.5万亿～1.0万亿千瓦时（图2）。但由于其他类型电源和储调资源建设节奏不同，三种情景下天然气发电的发展节奏和作用定位存在一定差异。

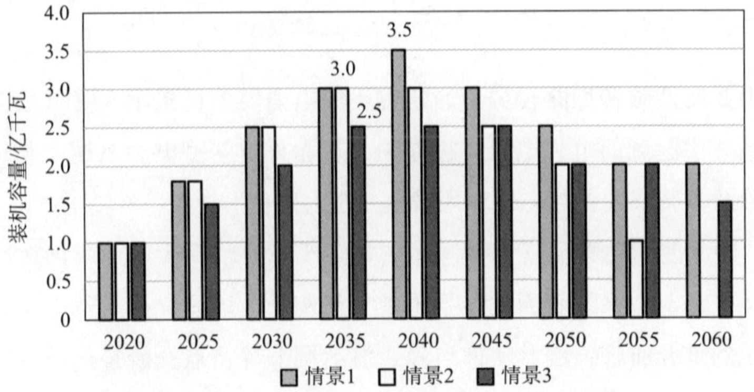

图1　2020—2060年全国天然气发电装机容量变化趋势

Figure 1　Installed capacity trend of natural gas-fired power plants in China from 2020 to 2060

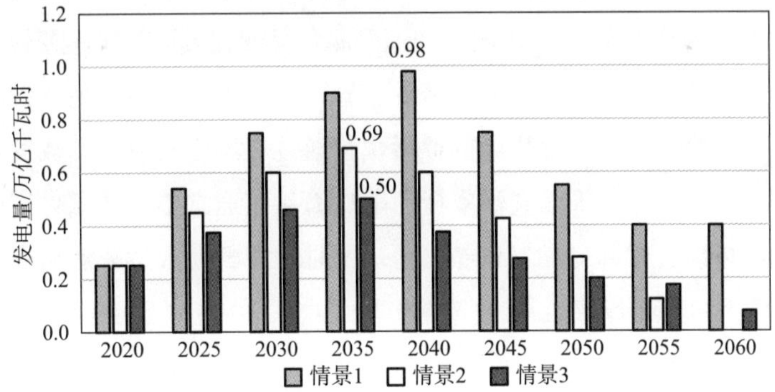

图2　2020—2060年全国天然气发电量变化趋势

Figure 2　Generation trend of natural gas-fired power plants in China from 2020 to 2060

情景1中，气电装机规模峰值约为3.5亿千瓦且于2040年较晚达峰，发电量峰值约为1万亿千瓦时，气电年利用小时数先升后降，近中期达到3000小时左右的较高水平，远期降低至2000小时左右。该情景下，近中期气电不仅发挥调峰电源的作用，还承担一定的电力电量支撑作用，远期将以调峰为主。

情景2中，气电装机规模峰值约为3.0亿千瓦且于2035—2040年达峰，发电量峰值出现在2035年左右，约为0.7万亿千瓦时，之后逐步退出电力系统，并到2060年完全退出。该情景下，气电年利用小时数呈现逐步下降趋势，在电力系统中主要用作调峰电源。

情景3中，气电装机规模峰值约为2.5亿千瓦且于2035年较早达峰，发电量峰值出现在2035年前后，约为0.5万亿千瓦时，年利用小时数逐年下降，并在碳中和阶段快速下降，远期降至1000小时以下。该情景下，气电在电力系统中的定位由以调峰为主向调峰和应急备用并重转变，远期气电在正常情况下的运行时间较短，主要在电力供应紧张时段启用，起到平衡尖峰负荷的作用。

2.2 天然气发电在新型电力系统中的战略定位

通过电力系统低碳转型路径分析，研究不同电力转型情景下天然气发电的发展空间以及在电力系统中起到的电力电量支撑作用，从而得出新型电力系统中天然气发电的战略定位，可总结为调节性、补充性和区域性“三大定位”。

2.2.1 “调节性”战略定位

天然气发电在电力系统和天然气系统中“双调峰”地位突出。气电是连接电力系统和天然气系统的重要纽带，因其快速启停、灵活调节等特点，既是电力系统的主要调峰电源，也是天然气系统的重要调节手段。在电力系统中，气电既可在用电高峰/新能源小发时发挥顶峰作用，也可在用电低谷/新能源大发时降低出力促进新能源消纳。特别是受“晚峰无光”“极热无风”等新能源特性影响，电力系统净负荷可能在早晚高峰、午间和深夜等时段出现“陡升陡降”，气电将在快速跟踪负荷变化方面发挥重要作用。在天然气系统中，天然气消费需求存在较大的季节性差异，冬季为传统用气高峰，而全年天然气供应相对稳定，可充分利用气电出力的灵活性，通过夏季增发或冬季减发等措施保障天然气系统供需平衡。同时，天然气供应特别是LNG供应通常签订“照付不议”的长协合同，天然气发电可以替代部分储气设施，通过及时调整出力水平来消纳或补充天然气库存，保障天然气系统安全稳定运行。

2.2.2 “补充性”战略定位

天然气发电作为电力系统“补充电源”的定位越发明确。受气源、气价、装备制造、运营维护等因素制约，未来气电大规模发展的可能性较低。但是，随着全球能源低碳零碳转型进程加快，国际“退煤”热潮和舆论压力将严重制约我国煤电发展。气电作为最清洁的化石能源发电，度电碳排放量仅为煤电的1/2，在国际社会具有较高的认可度，“双碳”背景下气电发展受到的国际舆论阻力较小。为保障电力安全供应、满足电力电量平衡，需要发展一定规模的气电来替代煤电。近中期，气电发展的主要竞争者是煤电，因其在调节性、灵活性、环保性等方面的优势，可作为煤电的“补充电源”获取一定发展空间。此外，气电作为传统火电的一种，是典型的同步交流电源，不仅能够提供电量，还具有电压、频率、功角等支撑作用，对于维护电力系统暂态稳定具有重要作用。

2.2.3 “区域性”战略定位

天然气发电在东西部承担的电力电量支撑作用差异显著。我国天然气发电具有明显的区域属性，满足东西部地区不同的电力系统发展需求。东部地区，以京津冀、长三角和珠三角为例，受大气污染防治和碳排放约束影响，新增煤电受到较大限制。但这些地区经济较为发达、电价承受度较高，可发展相应规模的气电来替代部分新增煤电，从而满足当地经济社会发展对能源电力的需求。西部地区，以青海等地为例，随着风电、光伏等大型新能源基地发展和跨区跨省特高压输电通道建设，亟需配套调峰电源来保证新能源消纳和“西电东送”战略顺利实施。《2030年前碳达峰行动方案》提出，大力推动天然气与多种能源融合发展，因地制宜建设天然气调峰电站。天然气发电在西部地区将主要作为调峰和支撑性电源，配合实现新能源大规模高质量发展。

3 天然气发电政策建议

3.1 坚定发展信心，推动天然气发电产业融合发展

在“双碳”目标背景下，天然气发电因其高效、灵活、清洁、低碳等优势，将在我国能源低碳转型中发挥重要作用。建议天然气发电企业坚定气电发展信心，抢抓未来5～10年天然气发电发展的关键机遇期。一是加强与广东、江苏、浙江、山东等气电预期较高的省份对接合作，优先在电力供需紧张、调峰需求急迫且电力市场较为成熟的地区布局天然气发电项目。二是充分发挥天然气资源优势，不断优化气电联动协同经营机制，根据天然气市场和电力市场实际运行情况，动态、灵活调整自有燃气电厂用气量，实现自有燃气电厂与天然气生产销售高效协同，引导燃气电厂签订天然气长期销售合同，提高天然气发电的市场竞争力。三是充分发挥气电调峰优势，提高争取新能源建设指标和优先并网资格的竞争力，积极探索燃气发电与新能源深度融合发展新模式，配套建设天然气调峰发电项目，积极规划建设天然气分布式能源项目，打造园区型“源网荷储”一体化、多能互补综合能源示范项目。

3.2 完善全国统一电力市场建设，实现天然气发电多元价值

在新型电力系统中，天然气发电不仅能提供电量支撑，还将发挥顶峰、调峰、调频、备用等多种作用。为挖掘气电更多功能价值，推动产业健康可持续发展，需进一步完善

市场和价格机制，鼓励气电通过市场化交易实现多元价值。一是推动两部制电价机制或容量市场建设，持续深化天然气发电上网电价市场化改革，电量电价由按燃料成本、发电气耗率、其他变动成本等核定逐步过渡到通过市场化方式形成，容量电价由“固定成本+合理收益”的核定方式逐步过渡到通过竞争性配置方式确定或由容量市场形成。二是推进现货市场和辅助服务市场建设，扩大电力现货市场范围，建立由现货市场实现调峰功能的市场模式；丰富辅助服务交易品种，完善调频、备用、快速爬坡等辅助服务市场机制，充分体现气电的灵活调节价值。三是完善气电价格联动机制，科学制定气电价格联动调整标准和计算公式，密切跟踪燃气电厂签订的天然气合同价格，适当增加气电价格联动的调整频次，进一步理顺一、二次能源价格传导机制。

3.3 优化能源央企碳排放强度考核机制，提升电力保供能力

“双碳”目标提出后，国资委对央企提出统一的碳减排目标，要求“十四五”时期央企万元产值综合能耗比2020年下降15%、万元产值二氧化碳排放比2020年下降18%。但这些指标是对所有央企提的，不同行业、不同地区具有差异性。建议国家在碳排放考核时，统筹能源安全和减排降碳，科学、分类制定能源企业的碳排放考核指标，考虑不将新建支撑性、保障性火电项目纳入央企总体碳排放考核，对新增项目的能耗和碳排放进行单独考核，凸显其在保障国家能源安全和产业链供应链安全中的重要作用，加大新建项目产品/产值能效、能耗、碳排放强度等指标考核力度。此外，建议国家将电力有效容量纳入综合考核体系，引导中央企业加强自身电力顶峰能力建设，更好地发挥电力保供的主力军作用。

3.4 提升我国燃气轮机装备制造水平，增强产业链自主可控能力

加快发展燃气轮机是落实能源技术革命、推动能源装备制造升级的重要任务，也是进一步提升我国工业基础和能源装备制造水平的重要抓手。一方面，加快推进燃气轮机自主创新能力提升，集中力量构建产学研用核心攻关团队，尽快解决燃气轮机研究、设计、试验等基础设施投资少、水平低、重复多、规模小等问题，加快形成研发、设计、制造、试验、维修和应用相结合的产业协同攻关体系，推动重型燃气轮机国家科技重大专项和卡脖子工程。另一方面，围绕新型电力系统建设需要推进燃气轮机创新发展，推动非常规燃料燃烧技术研究，开展掺氢燃气轮机设计、制造、试验及稳定低排放燃烧技术研究；研发分布式能源系列燃机，突破中小型驱动燃机设计和制造技术，推动中小型燃机示范应用；突破重型燃机自主设计、燃烧室等关键零部件及控制系统、寿命评估及运维检修服务等关键瓶颈技术，开展运维检修服务创新示范及工程验证。

参考文献

[1] Paul Breeze. Gas–Turbine Power Generation [M]. New York: Academic Press, 2016: 1–7.

[2] BP. Statistical Review of World Energy 2022 [DB/OL]. https://www.bp.com/en/global/corporate/energy–economics/statistical–review–of–world–energy.html.

[3] Lena Hörnlein. The value of gas–fired power plants in markets with high shares of renewable energy: A real options application [J]. Energy Economics, 2019, 81: 1078–1098.

[4] 中国电力企业联合会. 中国电力行业年度发展报告2022 [M]. 北京：中国建材工业出版社，2022.

[5] 国家能源局石油天然气司，国务院发展研究中心资源与环境政策研究所，自然资源部油气资源战略研究中心. 中国天然气发展报告 2022 [M]. 北京：石油工业出版社，2022.

[6] 赵岩. 新时期我国天然气发电存在的问题及运营建议 [J]. 中国电力企业管理，2020，22：54–57.

[7] 辛保安. 加快建设新型电力系统助力实现“双碳”目标 [N]. 经济日报，2021–7–23(01).

[8] 中国电力企业联合会. 2023年度全国电力供需形势分析预测报告 [N/OL]. [2023–01–19]. https://www.cec.org.cn/detail/index.html?3–317477.

[9] 谭显东，刘俊，徐志成，等. “双碳”目标下“十四五”电力供需形势 [J]. 中国电力，2021，54(05)：1–6.

[10] 周业荣，毛玉鑫，胡杨，等. 2022年夏季极端天气对四川电力影响与启示 [J/OL]. 水力发电学报. [2023–01–03]. https://kns.cnki.net/kcms/detail//11.2241.TV.20221230.1522.003.html.

[11] 舒印彪，张智刚，郭剑波，等. 新能源消纳关键因素分析及解决措施研究 [J]. 中国电机工程学报，2017，37(1)：1–8.

[12] 杨昆，张琳，董博，等. 新型电力系统调节能力提升及政策研究 [J]. 中国电力企业管理，2022，34：39–42.

[13] 袁家海，等. 中国电力系统灵活性的多元提升路径研究 [R/OL]. https://www.greenpeace–carbon–tracker.com/carbon–neutrality–articles/3?classification=%E7%A0%94%E7%A9%B6%E6%8A%A5%E5%91%8A.

[14] Miguel Angel Gonzalez–Salazar, Trevor Kirsten, Lubos Prchlik. Review of the operational flexibility and emissions of gas– and coal–fired power plants in a future with growing renewables [J]. Renewable and Sustainable Energy Reviews, 2018, 82, Part 1: 1497–1513.

[15] 中国电力圆桌项目课题组. 电力系统灵活性提升：技术路径、经济性与政策建议 [R/OL]. [2022–07]. http://www.nrdc.cn/information/informationinfo?id=307&cook=2.

［16］陈启鑫，房曦晨，郭鸿业，等．储能参与电力市场机制：现状与展望［J］．电力系统自动化，2021：45(16)：14–28.

［17］徐若晨，张江涛，刘明义，等．电化学储能及抽水蓄能全生命周期度电成本分析［J］．电工电能新技术，2021，40(12)：10–18.

［18］GE燃气发电集团．2022中国气电白皮书《加速燃气轮机发电增长 迈向零碳未来》［R/OL］．https://www.ge.com/content/dam/gepower-new/global/en_US/downloads/gas-new-site/future-of-energy/accelerating-chinas-energy-transition-mandarin.pdf.

Development Prospect and Suggestions for Natural Gas-Fired Generation in China under New Circumstances

Weihua LIU, Jie LI, Yihan WU, Feng QIN

CNOOC Gas and Power Group Co. Ltd.

Abstract: With the carbon peaking and carbon neutralization goals, the construction of new power system is accelerated, and energy security and low-carbon development is facing a new situation. The report of the 20th National Congress of the CPC proposed to speed up the planning and construction of a new energy system, and put forward higher requirements for energy transformation and development. Natural gas-fired generation has the advantages of flexibility, high efficiency, clean and low carbon, which can significantly improve the storage and regulation ability and an indispensable flexible resource of a new energy system. Based on the green and low carbon energy transition in China, this paper analyzes the development opportunities and risks faced by natural gas-fired generation, compares the technical and economic characteristics of the main flexible resources, quantifies the development scales of natural gas-fired generation from 2025 to 2060, and proposes the strategic positioning of natural gas-fired generation in the new electric power system. Finally, some suggestions are put forward to promote the high-quality and sustainable development of natural gas-fired generation industry in China.

Keywords: Natural gas-fired generation; Flexible resources; Carbon peaking and carbon neutralization; New power system; Electric power security

2023年化肥市场面临挑战及相关建议

王殿铭*，田广武

中国海油集团能源经济研究院

摘要： 在地缘冲突等多重因素的影响下，2022年全球化肥价格飙升至历史高位。我国通过限制氮肥出口、扩大钾肥进口等方式整体保障了国内化肥稳定供应，化肥价格低于外盘价格，未出现“肥慌”，保障了国内粮食实现小幅增产。2023年全球化肥供需仍相对紧张，国内化肥供应虽然整体相对充裕，但仍存在一定隐忧：国内氮肥面临跌价风险，而钾肥供应安全不确定性较大。建议调整尿素出口政策，适度放开氮肥出口；保障俄罗斯和白俄罗斯钾肥进口资源稳定，继续扩大钾肥进口渠道；持续推进化肥减量增效。

关键词： 尿素；钾肥；供应

1 2022年全球化肥供应相对紧张，我国多措并举保障化肥供应安全

1.1 全球化肥价格高企抑制需求

化肥供应对全球粮食安全具有重大意义，农作物施用化肥可增加产量40%～60%[1]。2022年全球化肥价格高企抑制需求。自疫情暴发以来，化肥市场一直处于紧张状态，乌克兰危机进一步助推紧张局势。2022年全球化肥价格一度飙升至历史高位，尿素全年均价574美元/吨，同比增长21%；氯化钾全年均价为782美元/吨，同比大幅增长103%。高价格抑制了部分化肥需求，消费者推迟、减少甚至取消了化肥施用，部分农民减少了化肥敏感型作物（谷物等）的种植面积，同时扩大了化肥敏感度较低的作物（豆类等）的种植面积。国际谷物理事会预计2022/2023销售年度全球谷物面积将减少1080万公顷，而大豆种植面积预计将扩大680万公顷。与此同时，部分农民还降低了化肥施用率，例如优先使用氮肥而不是磷肥（P_2O_5）和钾肥（K_2O），或跳过二次化肥施用过程。据国际肥料组织（IFA）统计，2022年全球化肥消费量萎缩到1.88亿吨养分当量（$N+P_2O_5+K_2O$），回到2018年的水平，全球化肥消费量下降5%，其中钾肥降幅最大，达到7%，磷肥消费量下降5%，氮肥消费量下降4%[2]。

* 王殿铭，男，博士，高级工程师，主要从事炼化市场研究分析工作。E-mail: wangdm28@cneei.com.cn

化肥使用减少将会导致下一季作物单产大幅下降，从而导致粮食产量下降。IFA报告显示2022年氮肥施用减少将导致全球玉米产量下降2.3%，水稻产量下降2.3%，小麦产量下降3.4%。

1.2 俄罗斯和白俄罗斯两国钾肥产量、出口量大幅下降

俄罗斯和白俄罗斯是全球重要的钾肥生产国和供应国。乌克兰危机前全球钾肥年产量约5000万吨，其中俄罗斯和白俄罗斯合计贡献了超40%的钾肥产量。乌克兰危机后，西方国家对俄罗斯和白俄罗斯的制裁加剧全球钾肥市场的动荡,俄罗斯和白俄罗斯两国钾肥产量、出口量大幅下降。虽然美国和欧盟已经做出澄清，制裁不应中断粮食和化肥产品流向全球市场，然而在实践中物流和金融障碍以及制裁行为仍然存在。据公开资料显示，2022年巴西从俄罗斯和白俄罗斯的氯化钾进口量比去年同期下滑了24%，市场占比从50%下滑到35%。俄罗斯、白俄罗斯两国占美国氯化钾进口量数额由去年同期的19%下滑到13%，在东南亚市场的份额也由去年的42%大幅削减到20%。2022年俄罗斯和白俄罗斯钾肥产量有较大幅度下降，俄罗斯氯化钾下降23%，白俄罗斯氯化钾下降51%。受此影响2022年全球钾肥仅有4500万吨左右，同比大幅下跌14%。

1.3 2022年我国化肥整体供应稳定

2022年我国通过限制氮肥出口、扩大钾肥进口等方式整体保障了国内化肥稳定供应，有力保障了我国粮食稳产增产。统计局数据显示2022年全国粮食总产量68653万吨，同比增长0.54%。

我国是全球主要氮肥及磷肥出口国，国内尿素产量约10%出口，2021年尿素出口量约530万吨。我国也是磷肥净出口国，2021年出口量约1016万吨，占总产量的40%。出口法检政策限制了化肥出口，2021年10月15日起，中国正式实施《海关总署关于调整必须实施检验的进出口商品目录的公告》（海关总署公告2021年第81号），对化肥出口实行法检，要求在产地接受更为严格检查，极大限制了出口[3]。法检政策保障国内氮肥、磷肥供应相对充裕，价格处于相对合理区间。2022年尿素出口量283.1万吨，同比下降51.9%；磷肥（磷酸一铵及磷酸二铵）出口量降至559万吨，同比下降44.3%。2022年我国尿素均价2776元/吨，远低于欧洲尿素均价（人民币计）3848元/吨，价格同比增长12%，增幅低于欧洲尿素26%的增幅。2022年我国磷酸一铵均价3444元/吨，低于欧洲磷酸一铵均价（人民币计）5566元/吨（图1，图2）。

努力获取多方资源，保障钾肥供应安全。我国钾肥需大量进口，对外依存度高达

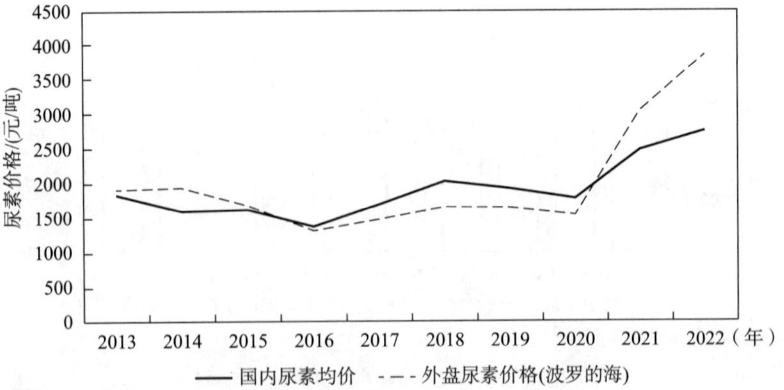

数据来源：Wind

图1　2022年我国尿素价格低于欧洲

Figure 1　The price of urea in China is lower than that in Europe in 2022

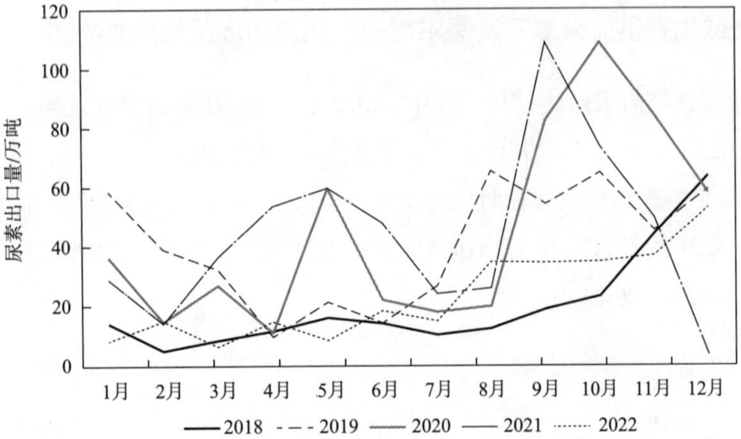

数据来源：中国海关总署

图2　法检政策实施后我国尿素出口量下降情况

Figure 2　The decline of China's urea exports

50%以上。俄罗斯、加拿大和白俄罗斯为国内钾肥的主要资源国，2021年我国进口占比分别为30%、27%和23%，合计占80%。2022年在全球钾肥贸易格局动荡情况下依然保持进口量增长，进口量793万吨，同比增长4.8%。首先，加拿大进口货源稳中有升，2022年自加拿大进口钾肥246万吨，同比增长28万吨；其次，稳定边贸和开拓中欧班列进口业务，俄罗斯、白俄罗斯两国进口资源相对稳定。2022年我国自俄罗斯、白俄罗斯两国进口钾肥量分别为170万吨及191万吨，分别较2021年同期下跌55万吨及上涨16万吨；最后，充分拓展钾肥进口来源，2022年自老挝进口钾肥61万吨，同比增长19万吨，自以色列进口钾肥78万吨，同比增长19万吨（图3）。

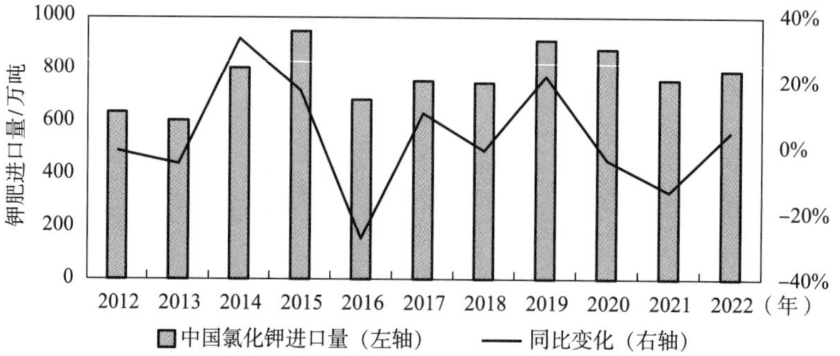

数据来源：中国海关总署

图3 2012—2022年中国钾肥进口结构

Figure 3 China's potash fertilizer import structure in 2012—2022

2 2023年全球化肥延续紧张态势，我国化肥市场仍存隐忧

2.1 全球化肥供应恢复不及需求增速，化肥市场延续紧张态势

2023年全球化肥需求预计将有所回升，2022年高企的肥料价格导致部分农民将化肥采购推迟到2023年，拉丁美洲和南亚需求复苏为全球化肥需求回升主要拉动力。IFA预测2023年全球肥料整体需求增速将回升至3%，达到1.94亿吨养分当量，同比增加590万吨，全球化肥消费量将回升至2019年水平。其中氮肥、磷肥、钾肥需求增速分别为2.2%，4.4%及4.2%（图4）。

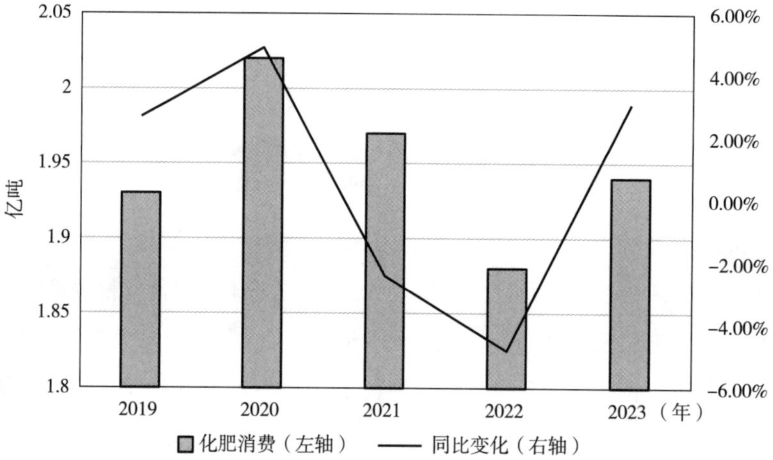

数据来源：IFA

图4 2023年化肥年全球化肥需求止跌回升

Figure 4 China's potash fertilizer import will maintain growth in 2022

受限于天然气供应，欧洲尿素装置开工率仍相对偏低，且俄罗斯等国化肥出口能力仍然受限，2023年全球化肥供应恢复不及需求增速，IFA预测2023年全球氮肥供应能力

将下降1.2%，磷肥、钾肥分别增长1.7%及3.9%。预计2023年全球化肥市场仍延续相对紧张态势。

2.2 国内氮肥面临跌价风险，钾肥供应安全不确定性仍然较大

2023年国内化肥供应整体相对充裕。我国是氮肥、磷肥净出口国，供不应求风险较小。钾肥供应环境略优于2022年初：2023年初我国钾肥主要港口库存254万吨，较上年同期小幅增长；另外自2023年1月1日起我国进口钾肥关税税率自1%下调至零，有利于进口企业降低成本，增加钾肥进口量；同时2023年我国在老挝也将有新钾肥产能投产，增加了国内钾肥的供应稳定性。然而2023年国内化肥市场仍存在一定隐忧：国内氮肥面临跌价风险、而钾肥安全供应仍有较大的不确定性。

我国尿素供应市场相对过剩，但稳定生产运行存在风险。近两年我国尿素企业保持较高开工率，尿素生产高企，但受法检政策影响，出口检验环节效率大幅下降，导致尿素出口大幅减少。近两年我国尿素企业保持较高开工率，2022年尿素产量为5652万吨，同比增长197万吨，但受法检政策影响同期尿素出口大幅减少247万吨，尿素全产业链总库存高企。我国尿素销售渠道流通层次较多，化肥从生产企业到农户往往需要经过多道经销商、零售商，大量尿素以隐性库存形式囤积在各流通环节，保守预计超百万吨，一旦市场出现波动，则易发生集中抛售，引发价格大幅下跌，进而影响尿素生产企业稳定运行，影响产业链健康发展。国际市场方面，根据联合国世界粮食计划署的有关消息，由于气候、新冠疫情叠加乌克兰危机等因素影响，前所未有的粮食危机正在全世界蔓延，2022年全球主要粮食产量同比或将下降2%～3%，尤其是非洲部分国家粮食供应情况严峻，在国内尿素供应得到充分保障的前提下，如果持续严控化肥出口，可能会被美国等西方国家以此做文章，形成舆论压力，对我国国际声誉造成负面影响。

我国钾肥供应不确定仍然较大。我国钾肥对外依存度高。我国钾肥产能占全球12%、储量占10%，但需求量约占到全球27%。近年来我国钾肥对外依存度一直在50%以上。另外我国钾肥进口来源过于集中，我国钾肥主要进口国为加拿大、俄罗斯和白俄罗斯，三国进口量占到我国钾肥总进口量的76%。乌克兰危机后虽然我国钾肥进口量总体稳定，但不可避免受到影响，因贸易结算方式受限和海运进口渠道受阻等因素，我国自俄罗斯进口钾肥有所减量。因此，虽然整体看我国2023年钾肥整体供应形势要好于2022年，但高对外依存度及过于集中的进口来源国仍为我国钾肥供应带来较大不确定性（图5）。

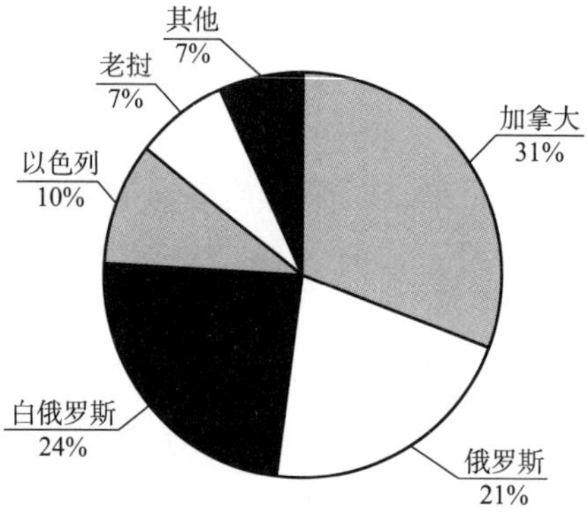

数据来源：中国海关总署

图5 2022年中国钾肥进口结构

Figure 5 China's potash fertilizer import structure in 2022

3 相关建议

一是调整尿素出口政策。我国出口一定量的尿素，有助于缓解全球化肥供应和粮食生产的危机，扩大我国影响，彰显大国担当。同时，放开出口可缓解尿素生产企业的压力，也可实现较好的经济效益，助力经济增长。长期看，尿素行业仍属于高污染高能耗行业，建议可通过增加出口关税、增收碳税/环保保证金等方式来调节市场、约束行业健康有序发展。

二是努力保证俄罗斯和白俄罗斯进口资源稳定。俄罗斯和白俄罗斯钾肥对我国钾肥供应有不可替代的作用。建议继续开拓中欧班列进口业务，给予回运中欧班列充足舱位和运力，支持从白俄罗斯进口钾肥；同时扩大中俄边贸进口规模，探索人民币结算，增加贸易支付的独立性。

三是继续扩大钾肥进口渠道。进一步加强与德钾、以钾等其他国际钾肥供应商合作，积极拓宽进口渠道，鼓励国内企业争取老挝等海外钾肥资源，保障我国钾肥多元化供应。

四是持续推进化肥减量增效。引导和鼓励农民应用缓释肥料、水溶肥料、生物肥料等高效、新型肥料，大力推广秸秆还田技术，依托新型农业经营主体和社会化服务组织开展耕地质量提升和化肥减量增效服务。

参考文献

[1] 周振. 全球化肥形势出现新变化 我国粮食安全有隐忧[J]. 中国经贸导刊，2021(16)：53-55.

[2] IFA. 短期肥料展望（2022-2023）[R/OL]. [2002-12-07]. https://www.fertilizer.org/resource/public-

summary-short-term-fertilizer-outlook-2022-2023/.

[3] 程坦．出口管制是把双刃剑［J］．中国石油和化工产业观察，2021(12)：33-34.

Challenges to Fertilizer Market in 2023 and Relevant Suggestions

Dianming WANG, Guangwu TIAN
CNOOC Energy Economics Institute

Abstract: The global fertilizer price soared to a historical high level in 2022 under the influence of multiple factors. China has ensured the stable supply of domestic fertilizer by restricting the export of nitrogen fertilizer and expanding the import of potassium fertilizer. The price of fertilizer in China is lower than the overseas, it has ensured that domestic grain production has increased slightly. In 2023, the global fertilizer market is still relatively tight. Although the domestic fertilizer supply is generally abundant, there are still some hidden worries: domestic nitrogen fertilizer faces the risk of price decline, while the supply of potassium fertilizer is still uncertain. It is recommended to appropriately release domestic urea exports on the basis of ensuring supply; Ensure the stability of potash fertilizer import resources in Russia and Belarus, and continue to expand potash fertilizer import channels; Continue to promote the reduction of fertilizer use.

Keyword: Urea; Potash; Supply

碳中和视角下全球主要能源展望报告的比较研究

李博抒*，郭姝君，孙海萍

中国海油集团能源经济研究院

摘要：世界能源展望报告因其详实的数据支撑、科学的模型体系、丰富的情景预测、深度的趋势研判而备受业内热议，并成为制定能源规划和能源政策的重要依据。通过全面阅研30份世界能源展望报告，梳理了相关研究在展望内容、模型构建及情景设置方面的特点；对比研究了五份代表性报告的主要结果，总结了2050年世界能源发展的趋势与规律，并提出了对未来能源转型的启示与建议。

关键词：碳中和；世界能源；能源展望；比较研究

0 引言

20世纪70年代爆发的两次世界石油危机对发达经济体造成了剧烈冲击。因能源安全受威胁，与能源系统相关的监测、预警和分析开始成为西方国家关注的重要议题，当时主要采用预测思路，除了预测本国能源供需外，还出现了最早的全球性预测。作为能源系统研究的新兴领域，能源市场预测由此起步，其主要目的是提前发现特定系统未来运行可能出现的问题及成因，为防范和化解危机提供依据。

20世纪90年代以来，气候危机成为一项跨越国界的全球性挑战。化石燃料大量使用是导致全球变暖的最主要诱因，占全球温室气体排放的75%以上，占所有二氧化碳排放的近90%。因此，能源领域是实现《巴黎协定》将全球温升限制在“远低于2℃，最好是1.5℃”目标的“主战场”。然而，截至2022年底，各国根据自身情况提出的国家自主贡献目标（Nationally Determined Contributions, NDCs）仍无法满足应对气候变化的温控需要。联合国环境规划署研究发现，实施目前的气候承诺及计划，只能将本世纪末温度上升降低到2.4～2.6℃[1]。在此背景下，可持续发展目标与气候行动加速倒逼对能源预测研究的构件也提出了新的要求，从最初的能源供应和能源价格两个维度扩展至能源转型、技术进步、社会经济走势、地缘政治博弈等多个维度。受制于复杂因素的综合影响，能

* 李博抒，男，博士，工程师，主要从事能源–环境–经济集成建模、气候政策与低碳技术预见、行业转型和企业绿色管理等研究。E-mail: libsh17@cnooc.com.cn。

源预测结果的偏差往往较大，且很难体现不确定性。经过不断纠偏、优化和创新，过去的能源预测逐渐发展成能源中长期趋势展望研究，通过设计不同情景来展示诸多未来可能性，在差异中寻找共同，为应对能源变革提供预见与对策。

如今，全球二十余家机构定期会发布自己的“世界能源展望”报告，不仅是政府部门、国际组织、能源企业、研究机构最为关注的行业热点之一，也逐渐成为能源决策和规划制定的重要依据。2022年以来，面对疫情延宕反复、乌克兰危机加剧、经济复苏曲折、极端天气频发等多重超预期因素的连续冲击，全球发展环境的严峻性、复杂性上升，各机构的全球能源展望报告出现了一些新变化。碳中和愿景下世界能源转型的深度和广度将如何演进？各能源品种将走向何方？各家报告有哪些不同看法和立场？上述都是值得系统研究的重要问题。本文将聚焦最新的全球主流能源展望报告，解析不同机构开展能源展望的特点，对展望情景划分聚类，横向比较归纳展望结果异同，洞察世界能源发展的未来趋势，为科学把握未来能源市场的转型趋势提供参考。

1 能源展望报告概述

1.1 报告主要特点

当前，全球发布能源展望报告的机构主要有五类（表1）：一是国际组织，包括国际能源署（International Energy Agency, IEA）、国际可再生能源署（International Renewable Energy Agency, IRENA）、石油输出国组织（Organization of the Petroleum Exporting Countries, OPEC）、天然气输出国论坛（Gas Exporting Countries Forum, GECF）、世界能源理事会（World Energy Council, WEC）、联合国政府间气候变化专门委员会（Intergovernmental Panel on Climate Change, IPCC）、央行与监管机构绿色金融网络（Central Banks and Supervisors Network for Greening the Financial System, NGFS）等；二是政府机构，最有代表性的是美国能源信息署（U.S. Energy Information Administration, EIA）；三是能源公司，如英国石油公司（bp）、美孚石油（Exxon Mobil）、壳牌石油（Shell）、道达尔（Total）、挪威国家石油公司（Equinor）、西班牙石油公司（CEPSA）、中国石油（CNPC）、国家电网下属国网能源研究院（SGERI）、全球能源互联网发展合作组织（GEIDCO）等。中国海油集团能源经济研究院（CNOOC EEI）目前正在开展世界和中国能源中长期展望相关的研究工作，初步成果已于2023年初发布，计划在2023年底正式对外公开。四是研究院所，如日本能源经济研究所（Institute of Energy Economics, Japan, IEEJ）、俄罗斯科学院能源研究所（Energy Research Institute of the Russian Academy of Sciences, ERI RAS）、国务院发展研究中心（Development Research Center of the State Council, DRC）、中国社会科学

院世界经济与政治研究所（The Institute of World Economics and Politics, IWEP）、清华大学气候变化与可持续发展研究院（Institute of Climate Change and Sustainable Development, ICCSD）等；五是国际咨询和能源服务公司，如彭博新能源财经（Bloomberg New Energy Finance, BNEF）、麦肯锡（Mckinsey）、挪威船级社（Det Norske Veritas, DNV）、伍德麦肯兹（Wood Mackenzie）、睿咨得（Rystad）、IHS Markit、EnerData等。

表1　不同机构世界能源展望报告的主要特点

Table 1　Key features of different world energy outlook reports

类别	机构	发布周期	最远展望年	预测内容											
				能源供给	能源消费	能源服务需求	减排技术	能源投资	能源贸易	碳排放	人口	GDP	分能源品种	分区域	分终端部门
国际组织	IEA	每年	2050	√	√	√	√	√	√	√	√	√	√	√	√
	IRENA	每年	2050	√	√	×	√	√	×	√	√	√	√	×	√
	OPEC	每年	2045	√	√	×	×	√	√	√	√	√	√	√	√
	GECF	每年	2050	√	√	×	√	√	√	√	√	√	√	√	√
	WEC	3年	2060	√	√	√	√	√	×	√	√	√	√	√	√
	IPCC	5～8年	2100	√	√	×	√	×	×	√	×	×	√	×	√
	NGFS	每年	2050	√	√	×	√	√	×	√	√	√	√	×	√
政府机构	EIA	每年（个别年份例外）	2050	√	√	×	×	×	√	√	√	√	√	√	√
能源公司	bp	每年	2050	√	√	×	√	√	√	√	√	√	√	√	√
	Exxon Mobil	每年（个别年份例外）	2050	√	√	×	√	×	×	√	√	√	√	√	√
	Shell	不定期	2100	√	√	√	√	×	×	×	√	√	√	√	√
	Total	每年	2050	√	√	×	√	√	×	√	√	√	√	√	√
	Equinor	每年	2050	√	√	×	√	×	×	√	√	√	√	√	√
	CEPSA	不定期	2030	√	√	×	√	×	×	√	√	√	√	√	√
	CNOOC	每年	2060	√	√	√	√	×	√	√	√	√	√	√	√
	CNPC	每年	2060	√	√	×	√	×	×	√	√	√	√	√	√
	SGERI	每年	2060	√	√	×	√	×	×	√	√	√	√	√	√
	GEIDCO	每年	2060	√	√	×	√	×	×	√	√	√	√	√	√
研究院所	IEEJ	每年	2050	√	√	×	√	×	√	√	√	√	√	√	√
	ERI RAS	2～3年	2040	√	√	×	√	√	√	√	√	√	√	√	×
	DRC	一期	2050	√	√	×	√	×	×	×	√	√	√	√	√
	IWEP	每年（个别年份例外）	2050	√	√	×	√	×	×	×	√	√	√	√	√
	ICCSD	一期	2050	√	√	×	√	√	×	√	√	√	√	√	√
国际咨询或能源服务公司	Mckinsey	每年	2050	√	√	√	√	√	×	√	√	√	√	√	√
	BNEF	每年	2050	√	√	×	√	√	×	√	√	√	√	√	√
	DNV	每年	2050	√	√	√	√	√	×	√	√	√	√	√	√
	Wood Mackenzie	每年	2050	√	√	×	√	√	×	√	√	√	√	√	√
	Rystad	每年	2100	√	√	√	√	√	×	√	√	√	√	√	√
	IHS Markit	每年	2050	√	√	×	√	×	×	√	√	√	√	√	√
	EnerData	每年	2050	√	√	×	√	√	×	√	√	√	√	√	√

注：能源服务是指某种特定生产过程的最终产出，包括有形的工业产品（如工业部门的粗钢、水泥、化工品），无形的服务（如商业部门中的制冷、制热服务，交通部门中的客货运周转量）。能源技术是利用能源和资源产出能源服务的各种工艺设备。

各类型机构开展世界能源展望研究的目标不尽相同。对国际组织来说，基于能源展望研究形成的信息和数据可为各成员提供有价值的洞见，彰显组织的独特价值和优势。对政府机构来说，能源展望研究既是本国制定能源规划与政策的必要前提，也是国际社会更为全面了解本国能源发展走向的有效途径。对能源企业而言，不同的能源展望报告体现了各自对能源转型的态度，为战略规划制定提供参考依据，也是提升企业影响力、输出企业价值判断的重要载体。对研究院所而言，定期发布能源展望报告，有助于积累本单位在能源、经济和环境交互作用领域具有引领性的学术成果及能源系统复杂建模能力。对咨询公司而言，全球能源展望报告通常是其产品线中的标志性品牌，致力于为客户提供未来几十年能源产业变化的关键信息。

能源展望考察的时间跨度通常很长。按时间尺度，一般可将能源研究分为短期、中期、长期三种。其中，短期为月度、季度、年度预测，比较看重结果的准确性；5～10年尺度通常认为属于中期，要兼顾准确性与趋势性，体现策略的灵活性与战略的明确性。10年以上是长期展望，最关键的是趋势判断要正确。当前主流能源展望报告大多跨越30～40年，个别甚至预测至2100年。这是因为，一是长时间跨度能吻合几乎所有能源基础设施的全生命周期，有助于跟踪能源基础设施使用、淘汰或替代过程对能耗与碳排放的长期影响。二是许多国家已宣布的实现净零排放时间普遍在2050—2100年之间，将最远展望年与此同步，比较符合能源低碳转型的发展预期，能源趋势也相对清晰，更具指导意义。但研究所用预测模型的参数估计具有较大不确定性往往是影响长时间跨度研究准确性的重要制约因素，任何一个参数调整都可能使得预测结果与实际情况产生偏差。为此，能源展望报告通常设置多种展望情景，来展示不同的可能性。

成熟的能源展望报告背后基本都已建立起比较完备的能源系统预测模型体系。比较有代表的能源展望模型包括国际能源署（IEA）的世界能源模型（World Energy Model, WEM）、美国能源信息署（EIA）的世界能源预测综合模型（World Energy Projection System, WEPS）、俄罗斯科学院能源研究所（ERI RAS）的超级能源研究综合模型（Super Complex for Active Navigation in Energy Research, SCANER）等。按照建模思想，可将这类模型进一步分为自顶向下（Top-Down, TD）模型和自底向上（Bottom-Up, BU）模型。TD模型是一类能够反映经济活动各要素及相互联系的经济模型。它以经济发展对行业部门的影响为切入点，能够分析宏观经济变动对能源供需和环境污染的影响。BU模型则可搭建清晰的能源技术系统，通过模拟技术变化核算其对环境和能源的综合效应。它与自顶向下模型最大的差异是对技术进行全面分解，蕴含了大量的技术信息（表2）。

表2　自顶向下与自底向上模型的主要差异[2]

Table 2　Key differences between top-down and bottom-up models

分类	产生背景	方法	参数	技术特征
自顶向下模型	经济学	模拟、一般均衡	能源需求一般由模型内生	无清晰的技术实体，通过调整要素间的关系来间接表征，可能低估技术进步的影响；利用能源价格和弹性来表现价格在经济活动中的作用，很好刻画经济主体的相互反馈关系
自底向上模型	工程技术	演化或优化、局部均衡	能源需求、部门经济、GDP变化等为外生变量	用能源消耗、排放、成本、产出等参数直接且比较详细地描述技术特征，但因缺少宏观经济模块，难以体现政策、技术变革对经济的影响

自顶向下与自底向上模型各有所长，因此，还存在将两类模型结合起来取长补短的思路，由此形成的模型系统被称为混合模型（Hybrid Model），这也是近年来能源展望模型发展的主要趋势。这种集成模型能够模拟能源系统从生产到终端消费过程，还能分析不同能源和环境目标约束下各行业能源价格和宏观经济指标变化，从而极大地拓宽了研究视域，有助于更为全面地展示能源、经济和环境之间的交互作用及能源系统准确仿真。

1.2　情景设置

能源展望报告中情景设置的主要考虑因素包括气候和环境目标、能源政策规划、技术替代速度、国际竞合策略等。总体来说，各机构设置的展望情景可归纳为以下四种（表3），它们从“慢”到“快”、由“弱”到“强”地展示了未来几十年全球能源发展与二氧化碳控排的可能情况。

一是“转型遇阻”情景，即通常不考虑任何碳排放约束，或采取极有限的节能降碳措施，各行业外部环境保持与基准年一致甚至恶化，目的是展示能源转型面对的困难和分歧。

二是“惯性发展”情景，虽然不设置特定的碳排放约束，但认为当前能源系统的整体转型轨迹（行业服务需求、技术发展、结构变化等）将继续呈低速惯性向好延续。

三是“减排承诺”情景，将近年来显著加强的国家自主减排承诺和能源转型行动纳入考量，但侧重评估已经出现的新替代技术和政策措施，不去额外设置未知减排措施。

四是“红线倒逼”情景，通常将《巴黎协定》提出的1.5℃、2℃温控目标视为全球二氧化碳排放约束的“红线”，并设置为能源展望模型的约束性条件，即认为未来能源发展路径不得突破上述底线目标。除了历届联合国气候变化框架公约（United Nations Framework Convention on Climate Change, UNFCCC）规定的目标外，有些展望情景还会考虑2015年联合国提出的可持续发展目标（Sustainable Development Goals, SDGs）或其他环境污染控制类目标。这类情景最主要的特点是基于目标去反推世界能源发展的未来图景。

表3 不同机构世界能源展望报告的情景设置

Table 3 Scenarios in different world energy outlook reports

情景分类	机构	最新报告	展望情景
转型遇阻	IRENA	世界能源转型展望2022	基准（BES）
	WEC	世界能源情景2019	硬摇滚（HR）
	CNPC	世界与中国能源展望2022	深度博弈
	OPEC	世界石油展望2022	放任（LF）
	Mckinsey	全球能源展望2022	势头减弱（FM）
	IHS Markit	能源与气候情景2021	冲突（Discord）
	EnerData	全球能源与气候展望2050（2022版）	基准（EnerBase）
惯性发展	IEA	世界能源展望2022	既定政策（STEPS）
	NGFS	气候情景2022	当前政策（CPS）
	EIA	国际能源展望2021	参考（REF）
	IEEJ	展望2023	参考（RE）
	SGERI	全球能源分析与展望2021	基准（REF）
	OPEC	世界石油展望2022	参考（LF）
	GECF	全球天然气展望2022	参考（RCS）
	NGFS	气候情景2022	现有政策（CP）
	CNOOC	2060能源展望	一切照旧（BAU）
	CEPSA	能源展望2030	基准（BC）
	ERI RAS	全球和俄罗斯能源展望2019	保守（CS）
	Mckinsey	全球能源展望2022	现有轨迹（CT）
	IHS Markit	能源与气候情景2021	变化（Inflection）
减排承诺	IEA	世界能源展望2022	承诺目标（APS）
	IRENA	世界能源转型展望2022	能源规划（PES）
	bp	世界能源展望2023	新动力（NW）
	Equinor	能源展望2022	墙（Walls）
	Shell	能源转型情景2021	孤岛（Islands）
	WEC	世界能源情景2019	现代爵士乐（MJ）
	OPEC	世界石油展望2022	先进技术（AT）
	EIA	国际能源展望2021	高经济增长（HEG）
	EIA	国际能源展望2021	低经济增长（LEG）

续表

情景分类	机构	最新报告	展望情景
减排承诺	EIA	国际能源展望2021	高油价（HOP）
	EIA	国际能源展望2021	低油价（LOP）
	IEEJ	展望2023	先进技术（AT）
	SGERI	全球能源分析与展望2021	净零承诺（NZC）
	CNPC	世界与中国能源展望2022	承诺减排
	DRC	全球能源转型背景下的中国能源革命	推荐情景
	IWEP	世界能源中国展望2020	现行政策
	GECF	全球天然气展望2022	加速能源脱碳（AEDS，对应SDGs）
	NGFS	气候情景2022	国家自主减排承诺（NDCs）
	Exxon Mobil	能源展望2022	展望（Outlook）
	Total	能源展望2022	动力（Momentum）
	CEPSA	能源展望2030	假设（HC）
	ERI RAS	全球和俄罗斯能源展望2019	创新（IS）
	ERI RAS	全球和俄罗斯能源展望2019	能源转型（ET）
	ICCSD	中国长期低碳发展战略与转型路径研究	政策
	ICCSD	中国长期低碳发展战略与转型路径研究	强化政策
	Mckinsey	全球能源展望2022	继续加速（FA）
	DNV	能源转型展望2022	能源转型（ETO）
	Wood Mackenzie	能源转型展望2022	能源转型（ETO）
	Rystad	能源情景2022	2.5℃温控（2.5 DG）
	IHS Markit	能源与气候情景2021	融合（Convergence）
	EnerData	全球能源与气候展望2050（2022版）	蓝色（EnerBlue）
红线倒逼	IEA	世界能源展望2022	净零排放（NZE，对应1.5℃）
	IRENA	世界能源转型展望2022	1.5 ℃
	bp	世界能源展望2023	快速转型（ACC，对应2℃）
	bp	世界能源展望2023	净零（NZ，对应1.5℃）
	Equinor	能源展望2022	桥（Bridges，对应1.5℃）
	Shell	能源转型情景2021	波浪（Waves，对应2℃）
	Shell	能源转型情景2021	天空1.5（Sky 1.5，对应1.5℃）
	GEIDCO	全球碳中和之路	碳中和

续表

情景分类	机构	最新报告	展望情景
红线倒逼	SGERI	全球能源分析与展望2021	2℃
	CNOOC	2060能源展望	温和转型（CNS，对应2℃）
	CNOOC	2060能源展望	深度转型（CND，对应2℃）
	CNPC	世界与中国能源展望2022	全面合作
	WEC	世界能源情景2019	未完成的交响乐（US）
	GECF	全球天然气展望2022	能源可持续（ESS，对应SDGs目标）
	IPCC	全球温升1.5 ℃报告	P1（介于1.5~2℃）
	IPCC	全球温升1.5 ℃报告	P2（介于1.5~2℃）
	IPCC	全球温升1.5 ℃报告	P3（介于1.5~2℃）
	IPCC	全球温升1.5 ℃报告	P4（对应1.5℃）
	NGFS	气候情景2022	不一致的转型（DT）
	NGFS	气候情景2022	分化的净零排放（DNZ）
	NGFS	气候情景2022	低于2℃（B2）
	Total	能源展望2022	破裂（Rupture）
	ICCSD	中国长期低碳发展战略与转型路径研究	2℃
	ICCSD	中国长期低碳发展战略与转型路径研究	1.5℃
	Mckinsey	全球能源展望2022	承诺达成（AC）
	Mckinsey	全球能源展望2022	1.5℃路径（1.5P）
	DNV	能源转型展望2022	净零（PNZ）
	Wood Mackenzie	能源转型展望2022	1.5℃净零（AET-1.5）
	Rystad	能源情景2022	2 ℃温控（2 DG）
	Rystad	能源情景2022	1.5℃温控（1.5 DG）
	IHS Markit	能源与气候情景2021	高比例CCS（high CCS，对应1.5℃）
	IHS Markit	能源与气候情景2021	多技术应对（MTM，对应1.5℃）
	EnerData	全球能源与气候展望2050（2022版）	绿色（EnerGreen）

注：作者根据资料整理。

本文依托中国海油集团能源经济研究院“能源展望比较研究”数据库，从中重点选择对比五份最新世界能源展望报告：国际能源署《世界能源展望2022》、美国能源信息署《国际能源展望2021》、中国海油《2060能源展望》、日本能源经济研究所《展望2023》、BNEF《新能源市场长期展望2022》。这五份报告来自五大类不同发布机构，已尽可能涵盖上述情景设置分类，代表了能源展望研究领域的较高水平。

表4　本文重点对比研究的5份世界能源展望报告

Table 4　Comparing 5 world energy outlook reports in this paper

机构类型	机构	最新报告	情景名称	说明	特点
国际组织	IEA	世界能源展望2022[3]	既定政策（STEPS）	描述了在维持现有政策环境下能源系统的发展轨迹，但不包括气候雄心目标或经济体整体的目标。	国际能源署的系列展望报告通常被认为代表着世界能源问题分析与预测的高水平，为动态反映全球能源市场变化对能源安全、气候目标和经济发展的影响提供了重要参考。
			承诺目标（APS）	假设政府宣布的各项目标都按时足额实现，包括长期净零排放目标和能源普及目标。	
			净零排放（NZE）	将全球平均升温稳定在1.5℃，于2050年实现净零排放。	
政府机构	EIA	国际能源展望2021[4]	参考（REF）	体现当前能源和技术发展形势，并将截至2021年一季度以前的能源政策和气法规纳入考量。假设2020—2050年，OECD国家和非OECD国家的GDP年均增速分别为1.7%和3.6%。2020—2050年国际油价将从41美元/桶增至95美元/桶。	美国能源信息署是世界范围内以政府名义定期发布能源展望报告的代表性机构，通过提供有关能源政策的信息并进行能源预测和分析，提升决策理性和市场成效。
			高经济增长（HEG）	相较于REF情景，分别调高了GDP增速至2.2%、4.6%。	
			低经济增长（LEG）	相较于REF情景，分别调低了GDP增速至1.2%、2.6%。	
			高油价（HOP）	相较于REF情景，调高2050年国际油价至176美元/桶。	
			低油价（LOP）	相较于REF情景，调低2050年国际油价至45美元/桶。	
能源公司	CNOOC	2060能源展望[5]	一切照旧（BAU）	以能源系统与经济系统历史发展及所呈现的未来趋势为依据，不对全球达成净零碳排放的时间作具体设定。	中国海油作为中国最大的海上油气生产商，也是全球最大的独立油气勘探及生产企业之一。将于2023年首次对外发布具有海洋油气特色的能源展望报告。本文考察的中国海油《2060能源展望》报告为2023年初内部发布，预计2023年底正式对外发布。
			温和转型（CNS）	作为中等程度的碳减排情景，考虑各国发展实际与全球已公布的净零承诺，假设技术进步、产业调整力度位于中等水平，全球在2070年后实现碳中和。	
			深度转型（CND）	作为最理想的碳减排情景，假设技术进步、产业调整力度最大，国家间分享成熟技术经验，不平等性逐渐消除。假定全球2050年前后实现碳中和。	
研究院所	IEEJ	展望2023[6]	参考（RE）	将继续延续当前能源和环境政策环境。	日本能源经济研究所是亚洲及太平洋地区重要的能源研究单位，除每年定期发布能源展望报告外，也是日本和亚洲能源相关问题研究领域一流的智囊机构。
			先进技术（AT）	最大限度地引进新兴能源环境技术，既确保能源供应，又加强应对气候变化。	
咨询公司	BNEF	新能源市场长期展望2022[7]	经济转型（ETS）	考虑了一些现有政策，但市场变化主要由商业可用技术部署及扩散的经济性来推动。	彭博新能源财经作为能源领域全球知名的行业媒体与咨询机构，定期发布的新能源市场长期展望报告为能源公司、金融机构及政策制定者提供能源转型的决策参考。
			净零（NZE）	采用与《巴黎协定》相一致的路径，到2050年实现净零，并将全球温升幅度控制在1.77℃以内。	

2 主要结果对比、重点结果分析

世界能源展望报告的情景设置侧重点各异、核算模型方法有别，因此，本文选取2020—2050年为研究的主要周期，重点对比碳中和愿景下“减排承诺”和“红线倒逼”各情景的一次能源需求总量、分品种能源消费结构、终端部门用能情况、二氧化碳排放等各报告中关键性结果。

2.1 一次能源需求总量

在绝大多数对比情景下，随着经济发展和人口增加，全球一次能源需求保持增长，但2035年左右增速放缓（图1）。2020年，世界一次能源需求量为571～642艾焦（EJ），到2050年，上升到532～1127 EJ。其中，EIA的估计最为激进，在其高经济增长（HEG）情景下，2050能源需求量将突破1127 EJ，相比2020年增长77.7%。气候目标对能耗上涨具有明显抑制作用，在4个红线倒逼情景（CNOOC的CNS、CND情景，IEA的NZE情景，BNEF的NZE情景），一次能源需求相比其他“减排承诺”情景均要低，到2050年分别增至720 EJ、677 EJ、532 EJ和558 EJ。

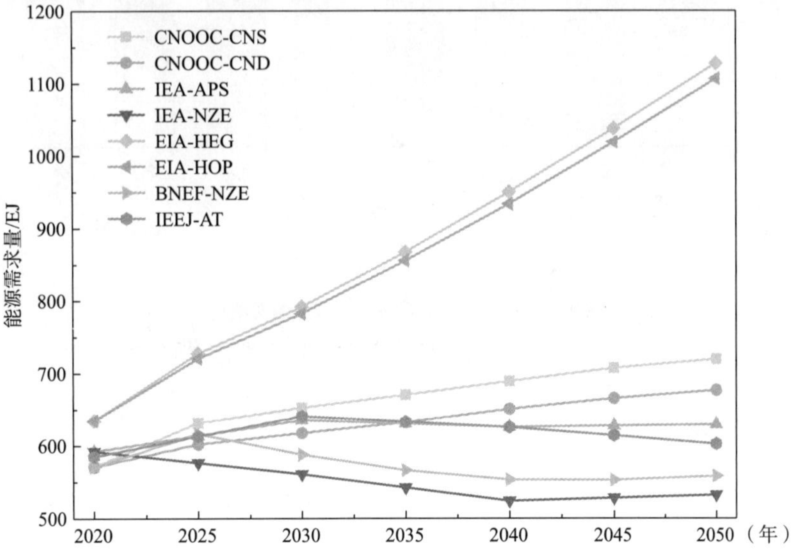

图1 2020—2050年全球能源需求总量

Figure 1 Global energy demand in 2020—2050

2.2 分品种能源结构

化石能源比重下降是全球能源转型的普遍趋势。具体来看，IEA对非化石能源比重的预测结果最为积极，到2050年，这一比例将从2020年的20.9%上涨到82%，上涨近4倍（图2），这可能主要得益于可再生能源设备大规模生产装配及利用。规模效应与技术进步共同作用，有效降低了成本，促进风、光为代表的可再生能源的更大规模利用，从而形成一个正向反馈的良性循环，这也是能源转型的必经阶段。与可再生能源高比例替代相对应，化石能源占比下降明显，从2020年各情景的平均80%降至56.5%。其中煤炭占比14.2%、石油22.1%、天然气20.2%。

从化石能源消费的绝对量来看，最激进的各“红线倒逼”情景下，煤炭、石油和天然气达峰时间分别为2020—2025年、2025—2030年和2030—2035年，峰值区间为152～180 EJ。

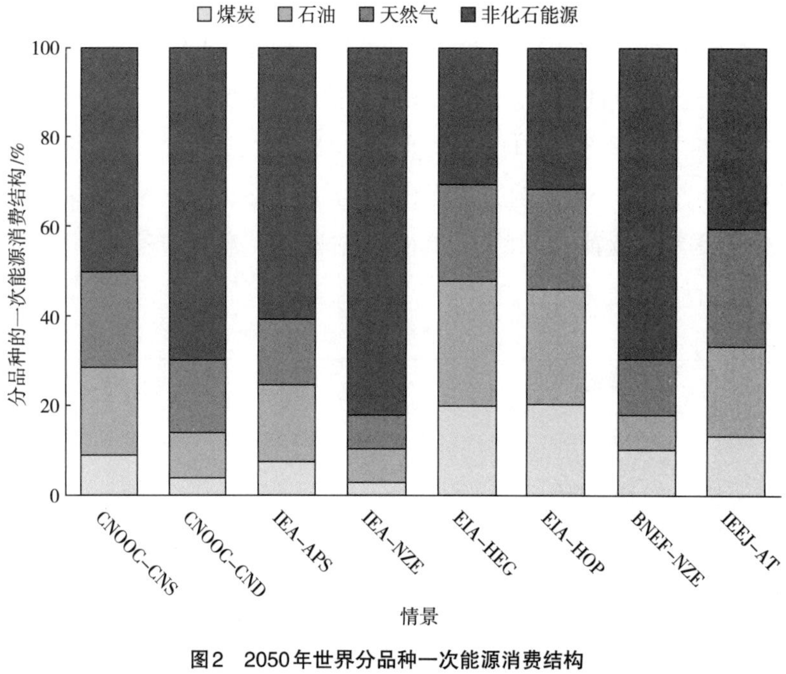

图2　2050年世界分品种一次能源消费结构

Figure 2　Primary energy consumption by fuel in 2050

2.3　终端部门用能

世界终端能源需求总量保持增长，到2050年，终端用能规模为317～831 EJ。工业是第一大用能部门，在各情景中，工业能耗占比为33.1%～58.3%。交通、建筑位居第二、三位（图3）。

终端用能增速在2040年开始放缓，一是由于发展中国家逐渐完成工业化、城市化进程，预计钢铁、水泥等高耗能产品的消费量增速将下降。二是随着节能减排观念普及，人们在生产上更加重视循环经济发展，生活上更多选择绿色消费模式，驱使各终端用能趋于缓和，并向清洁化、电气化方向转变。

终端能源电气化水平持续提升。可再生能源快速发展离不开终端部门加快电气化。

2050年电力在终端消费的比例从现在的20%左右最高增长到54.3%。分部门来看，得益于热泵广泛使用，建筑业的能源需求至少50%通过电力满足；交通则是电气化率增长最多的行业（图4）。

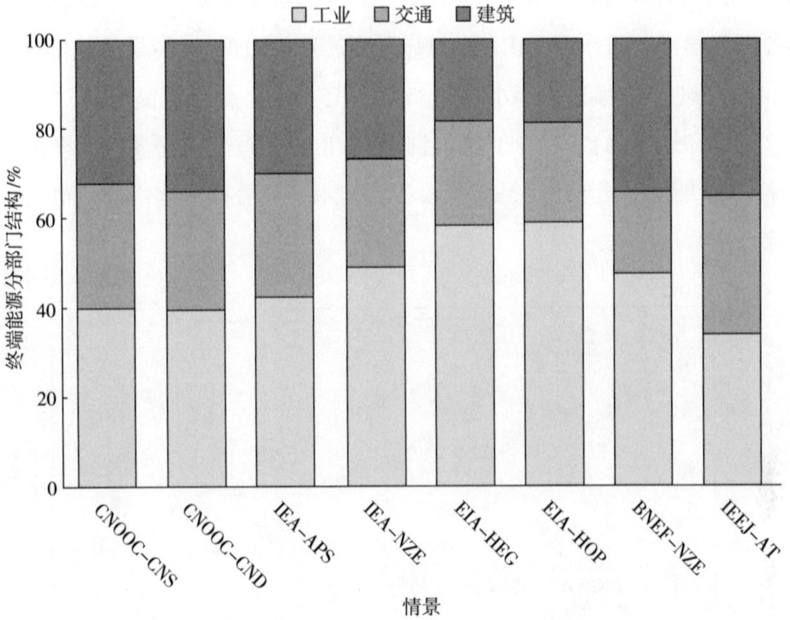

图3　2050年世界终端能源分部门结构

Figure 3　Final energy consumption by sectors in 2050

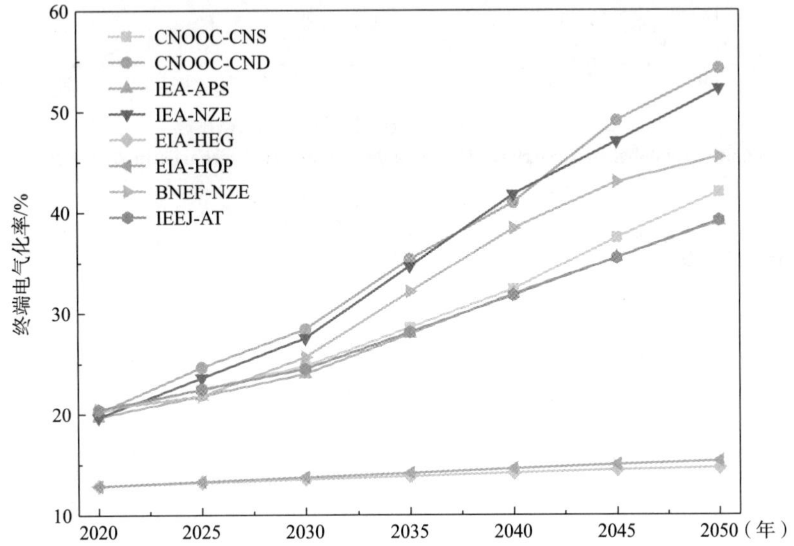

图4　2020—2050年全球终端电气化水平

Figure 4　Share of electricity in total final energy demand in 2020—2050

2.4　二氧化碳排放

各情景的碳排放结果表明，实现《巴黎协定》所设定的气候目标依然存在变数（图5）。仅有IEA和BNEF的NZE情景可以在2050年实现净零排放。“减排承诺”情景凸显了世界各国气候行动的作用，IEA的STEPS情景和IEEJ的AT情景的碳排放分别减少到114亿吨和172亿吨，约为2020年水平的35.5%和53.6%，但仍远高于IPCC研究报告建议的水平。这再次印证了为实现长期气候目标而做出更大改变的必要性。全球还需要在提高能源效率、加快化石能源替代、部署碳移除技术、显著提升终端部门电气化等方面加大力度并综合施策。

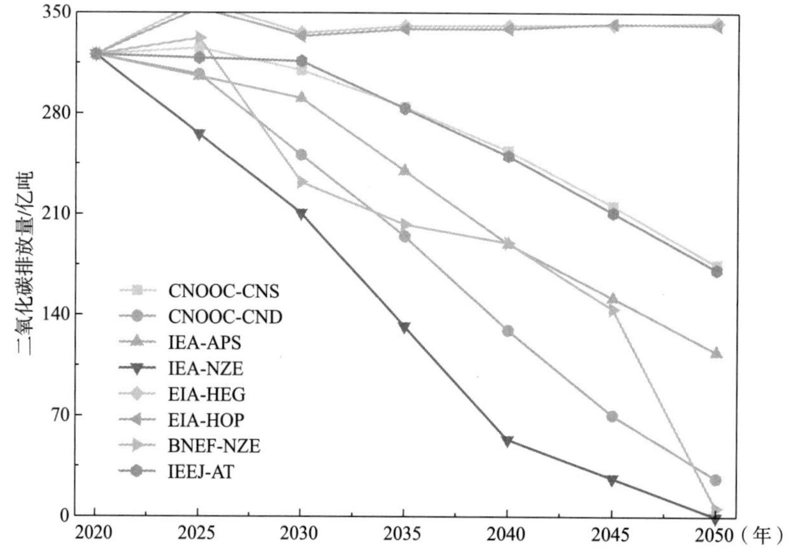

图5　2020—2050年不同情景下能源相关碳排放

Figure 5　Global energy-related CO_2 emissions in different scenarios in 2020—2050

3　主要结论

综合对比五家主要机构对2050年世界能源趋势的研判结果，可以看出，虽然各家机构对能源总量及分品种能源变化的预测结果各不相同，但共同判断是，向低碳能源系统的转型很可能会导致全球能源市场的根本性重塑，包括能源结构更加多样化，竞争水平提高，消费者选择的作用更大。整体而言，2050年全球能源发展格局将呈现三大特点。

3.1 化石能源依次达峰，油气战略意义依然重要

石油仍长期需求下降，但将发挥重要作用。在未来十余年内，全球石油需求将进入平稳期，2030—2035年石油需求达峰。需求下降的两大原因是车辆燃油效率提高和以新能源汽车为代表的替代能源推动公路运输降低了石油依赖。

天然气的发展预期则取决于各国能源转型速度。天然气需求变化受制于两股力量之间的博弈结果：一方是新兴经济体发展，对天然气需求增加；另一方则是发达国家转向低碳能源，引起天然气需求下降。

虽然不确定性增强、需求预期下降，但油气在未来15～20年内仍将继续在全球能源系统中发挥重要作用，届时现有油气生产亦会出现自然下降，因此继续对油气上游资源投资具有重要意义。

3.2 非化石能源将取得重大发展

能源供应结构以及消费结构均逐步向非化石能源能源转型。虽然短期内化石能源仍占主导，但非化石能源的增速将超过传统化石能源。到2050年，非化石能源占全球一次能源总量的比重将达到50%～60%，甚至有些预测超过80%。风能和太阳能将日益在非化石能源中占据主导地位，全球电力系统逐步向低碳化转型。风能和太阳能贡献了全部或大部分增量装机容量，这得益于成本的持续下降，以及将这些不同来源的发电安全稳定地纳入电力系统能力的不断增强。

3.3 二氧化碳减排量相比于净零目标仍显不足

温室气体排放量必须减少的目标是明确的。然而目前各国气候行动远远没有达到《巴黎协定》的目标，且随着当前全球温升超过1.1℃，解决气候变化问题的“窗口期”正在进一步关闭。IPCC近期发布的《气候变化2023》进一步指出，目前已实施的全球减缓气候变化政策法律与国家自主贡献的预计排放量之间仍存在差距，持续的二氧化碳排放将导致全球温升的最佳估计值在2040年前达到1.5℃。因此，未来十年将是决定气候变化趋势的关键十年，各国需充分考虑多种可行且有效的清洁技术以减缓并适应气候变化。

4 启示

4.1 统筹能源安全与低碳转型，提升能源系统安全韧性

“能源安全、经济性和可持续性”是业内公认的能源行业的三角目标。实际上，全球

能源展望及相关讨论近年来多集中在能源系统去碳化的重要性上。但转型还需要考虑能源的安全性和经济性。乌克兰危机等热点事件影响恰恰凸显出三者的内在矛盾。要权衡三者的关系，在当前世界局势下，必须将能源安全放在第一位，只有在安全的前提下才能推进经济性和可持续性。未来要在三者之间寻找动态平衡，充分考虑到能源转型的不同路径易受技术、政策及突发事件等因素的影响，制定出兼具灵活性和韧性的国家及企业转型策略。

4.2 完善能源转型战略规划，有序实现非化石能源战略接替

几乎所有能源展望报告普遍预测可再生能源发电将明显增加，终端电气化水平上升。但非化石能源份额提升仅是能源转型的一个浅层表现或者说是自然结果，绝不能把能源转型简化为在现有能源体系中单纯提高可再生能源占比。

就可再生能源而言，形成相比于化石能源的成本优势是其快速发展的必要条件，但不是充分条件。还应正视其高速发展可能带来的各种风险，如依赖大量持续性投资、高比例可再生能源接入带来的电网不稳定及输配电网络扩容、绿色转型所需的稀有材料、关键矿产可能出现供不应求、电碳市场机制联合优化尚未理顺、电力规划、许可和监管机制亟待完善等。为破解上述阶段性难题，应将能源体系变革作为能源转型的核心要求，多方发力、多措并举，才能更准确地理解非化石能源发展的真实空间。

4.3 加强清洁低碳技术布局，构建多元化新型能源体系

主要能源展望报告中“减排承诺”情景的碳排放结果表明，世界各国仅按照目前政策力度实施低碳转型，相比实现《巴黎协定》所设定的气候目标有显著不足。因此只有尽快采取更强有力的转型措施才能避免气候灾难。从展望报告红线倒逼情景的结果来看，绿氢、现代生物燃料等新兴能源和CCUS等低碳技术将为实现快速脱碳发挥关键作用，帮助难以减排的行业和工业生产过程脱碳。随着制氢成本下降和碳减排政策收紧，低碳氢（即蓝氢和绿氢）在2035—2040年以后增速加快，不仅将在工业和运输领域这些难以减排的生产过程和活动发挥着关键作用，还有助于加速电气化，并帮助维持电力系统稳定。

4.4 做好中国自己的中长期能源发展趋势研究与战略规划

在国家“双碳”目标的指引下，我国能源转型的远期目标已明确，但选择何种转型路径受技术、政策以及突发事件等因素的影响，存在较大的不确定性。这些不确定性对我国能源发展路径的选择、发展节奏的判断都会造成影响。因此，在“百年未有之大变局”下，我国政府部门、科研单位需紧密跟踪全球及中国的转型趋势研判、强化转型路

径研究，以系统的观点指导近中长期规划和战略制订。只有统筹处理好安全性、经济性、清洁性的“能源三角关系”，在多目标以及多因素影响中寻求最优解，才能实现安全有效和可持续的转型发展。

参考文献

[1] IPCC. Climate Change 2023: Synthesis Report [M]. Geneva: IPCC, 2023.

[2] 李博抒．碳中和目标下中国钢铁行业减污降碳技术路径优选与协同效益评估 [D]．北京：北京大学，2022.

[3] IEA. World Energy Outlook 2022 [R]. Paris: IEA, 2022.

[4] EIA. International Energy Outlook 2021 [R]. Washington: EIA, 2021.

[5] 中国海油集团能源经济研究院．2060能源展望 [R]．北京：中国海油集团能源经济研究院，2022.

[6] IEEJ. Outlook 2023 [R]. Tokyo: IEEJ, 2022.

[7] BNEF. New Energy Outlook 2022 [R]. New York: BNEF, 2023.

Comparative Study of Major World Energy Outlook Reports from a Carbon Neutral Perspective

Boshu LI, Shujun GUO, Haiping SUN

CNOOC Energy Economics Institute

Abstract: World energy outlook reports have attracted much attention for the objective data, dispassionate analysis, critical insights into global energy supply and demand in different well-designed scenarios and the implications for energy security, climate targets and economic development. This paper conducted a comprehensive review of more than 30 world energy outlook reports published in recent years, and identified the strengths of two types of energy system modeling and over 84 scenario setting. Five representative reports were compared in details to explores the pathway for the global energy sector to reach net zero emission by 2050 and to put forward inspirations and suggestions for future energy transition.

Keywords: Carbon neutrality; World energy; Energy outlook; Comparative study

双碳目标下基于SWOT的制氢产业发展挑战和展望

赵楠*，陈熙官

中海油能源发展股份公司清洁能源分公司

摘要：氢能作为一种清洁、高效、可再生的能源形式，被认为是未来能源发展的重要方向之一。本文采用SWOT分析法，系统地分析了当前氢能产业发展的优势、劣势、机会和挑战，并根据分析结果提出了相应的建议。本文重点关注氢能产业的技术创新和技术应用，展望了其未来的发展趋势。同时，本文还考虑了氢能产业受经济、政策等方面的影响，探讨了氢能产业在未来能源体系中的角色和地位。本文旨在为促进氢能产业可持续发展提供参考依据。

关键词：氢能；制氢技术；发展战略；机遇；挑战；政策建议

0 引言

随着世界经济的快速发展和人口的增长，全球能源消耗量也在迅速增长。与此同时，能源消耗导致的环境问题也变得越来越突出，包括极端天气、全球变暖、冰川融化、全球海平面上升等问题。上述的众多气候变化问题，引起了国家层面的广泛关注。如何降低碳排放已经成为全世界共同关注的议题。在这种情况下，氢能作为一种清洁、高效、可再生的能源形式，被认为是未来能源发展的重要方向之一[1]。

2020年4月，《中华人民共和国能源法（征求意见稿）》将氢能列入范畴。同时，国家能源局发布《关于做好可再生能源发展十四五规划工作有关事项的通知》，将氢能列入可再生能源发展“十四五”规划编制重点任务，各个地区都在积极发展氢能产业。2022年3月，国家发展和改革委员会出台了《氢能产业发展中长期规划（2021—2035年）》，将氢能定位为国家未来能源体系的重要组成部分以及实现绿色低碳转型的重要载体，并且为我国氢能产业中长期发展描绘了宏伟蓝图。

制氢产业是氢能产业链的上游，是氢能发展的基础和关键。目前，其发展面临着许多挑战，如氢气的生产、安全等方面的技术难题，以及经济、政策等方面的制约。为了

* 赵楠，男，硕士，主要从事LNG冷能利用研究。E-mail：240781349@qq.com

促进制氢产业的可持续发展，需要对氢能产业的关键技术进行全面的了解和分析，以确定氢能产业的技术优势和劣势，找出氢能产业发展的机遇和挑战。

1 制氢产业技术发展现状和面临的挑战

目前，氢气主要通过化石燃料制氢（煤气化、天然气制氢等）、水电解制氢、工业副产物制氢、新型制氢（生物质、光解水、热化学裂解水制氢）这四类方法制取。制氢产业是未来能源转型的重要领域，但是在实现规模化、商业化之前，其发展面临着很多挑战。

1.1 化石燃料制氢

氢能源是一种清洁、高效、可再生的能源，但目前仍面临着氢源供应的挑战。据了解，目前我国主要依靠化石能源重整和工业副产物来获取氢气，这两种方式占到了95%以上的比例，而其他更环保的方式如电解水、生物质、光热等还处于发展初期，产量非常有限。

1.1.1 煤气化制氢

煤气化制氢是一种利用煤或煤焦作为原料，通过与纯氧和蒸气的反应，生成富含氢气（H_2）和一氧化碳（CO）的合成气，然后经过净化、变换和提纯等步骤，得到高纯度氢气的技术。该技术具有原料成本低、规模效益高、适用范围广等优点，但也存在流程复杂、投资大、污染多等缺点。目前，通过该技术生产氢气，每千克H_2的碳排放量约为19～29千克，按照北京2018年的碳交易价格计算，每千克H_2的生产成本将增加1～1.5元。使用煤气化制氢方法制取的氢气纯度较低，含有较多杂质，提纯所需的要求高，进一步增加了生产总成本。因此，煤气化制氢技术需要在现有基础上不断提高技术水平和环保水平，才能符合可持续发展的战略目标。

1.1.2 天然气制氢

天然气制氢是一种利用天然气作为原料，通过蒸汽重整、部分氧化、自热重整、天然气/二氧化碳（CH_4/CO_2）重整或催化裂解等技术，生成富含H_2的合成气，然后经过变换和提纯等步骤，得到高纯度氢气的技术。天然气制氢技术具有生产成本低、氢气产率高、技术成熟、运行稳定的优点，但也存在原料成本高、工艺复杂、操作难度高的缺点。目前，该技术是全球最主要的制氢方式，占据了约48%的市场份额，尤其在欧美国家广泛应用。但在我国，由于天然气资源相对不足且价格较高，天然气制氢的成本要远高于煤气化制氢，因此天然气制氢难以成为我国工业用氢气的主要来源。天然气制氢是化石能源制氢中最环保的工艺路径，每千克H_2的碳排放量约为10.86～12.49千克，远低于煤气化制氢的水平。

1.1.3 甲醇重组制氢

甲醇重组制氢是一种利用甲醇作为原料，通过催化重整反应和变压吸附法，生产高纯度氢气的技术。甲醇重组制氢具备规模灵活、投资成本低、碳排放量低、原料易得等优势，是一种可持续的清洁能源。国内甲醇重组制氢主要采用甲醇水蒸气重整制氢工艺，该工艺包括以下几个步骤：首先，将甲醇和水蒸气混合，再送入重整反应器中加热，在催化剂的作用下，甲醇和水蒸气反应生成氢气和二氧化碳；其次，将重整反应器出口的混合气体冷却，除去水分和杂质；最后，将干燥的混合气体送入变压吸附装置（PSA），利用不同组分的吸附性能差异，将氢气和二氧化碳分离，得到高纯度的氢气。甲醇重组制氢工艺具有操作简单、设备紧凑、能耗低、安全可靠等特点，是一种适合中小规模应用的制氢技术。甲醇重组制氢受制于几点，甲醇价格波动较大、运输储存不方便、经过PSA后残余甲醇不能彻底解决，目前国内正在研发用催化燃烧办法解决环保问题[2]。

1.2 水电解制氢

水电解制氢是一种利用电能将水分解为氢气和氧气的过程。根据电解质的性质和工作温度的不同，水电解制氢可以分为碱性电解水制氢、酸性电解水制氢、半固态电解质电解水制氢、高温蒸汽电解水制氢这四类。

1.2.1 碱性电解水制氢

碱性电解水制氢是最成熟和商业化最广泛的制氢方法,其工作原理如下：在电解槽中填充碱性电解质溶液，通入电流后，在阴极产生氢气，在阳极产生氧气。电解质提供电子载体和电导性，帮助水分子分解。电解槽外连接电源提供电流，也补充水和排出产气。该方法的主要设备有电解槽、电解液循环系统、产气收集系统、水处理系统和电源系统。电解槽采用铝或钢材，内部放置阴阳极板。电解液通常为20%～30% 氢氧化钾（KOH）溶液。产气收集系统主要由气液分离器和气体净化设备组成。该方法的主要优点是装置简单，投资和运行成本较低，产氢效率较高，可达70%以上。但也存在电解液消耗量大、产氢成本较高和设备腐蚀严重的缺点。

目前，碱性电解水制氢已广泛应用于中小型制氢系统，许多公司都提供成套的电解水制氢设备，但在大规模商业化生产上，其产氢成本仍较其他化石燃料制氢方法高，需要进一步研发新型高效和抗腐蚀的电极材料与电解槽，以及再生电解液技术等来降低成本。

1.2.2 酸性电解水制氢

酸性电解水制氢与碱性电解水制氢的工作原理相似，但使用酸性电解质如硫酸或磷酸来代替碱性电解质。其主要优点是：电解液消耗量低，电解液稀释倍数只需3～10倍，而碱性电解液需要稀释20～30倍，这可以降低运行成本。产氢效率高，可达80%～90%，比碱性电解水制氢提高10～20个百分点。这是因为酸性条件下，水的电离更易进行，电势需求更小。适合大电流密度操作，产氢速率更快。但相应电压也会升高。设备更紧凑，酸性电解槽体积更小，这降低了设备投资成本。但是，酸性电解水制氢也面临一些难题：电解槽和配套设备面临更严重的腐蚀问题，需要选用特殊抗酸腐蚀材料，设备成本更高。酸性条件下水的副反应会更激烈，如氢氧化物的生成会降低电效率。这需要研发更高性能的电极催化材料来抑制副反应。酸性电解质重复使用和再生较难。

目前，酸性电解水制氢技术仍处于实验研究和中试阶段，尚未实现商业化应用。解决上述问题，开发高性能、低成本的酸性电解水制氢系统，是该技术发展的关键所在，有望成为第二代高效低成本的电解水制氢技术。酸性电解水制氢法虽然产氢潜力大，但关键技术难题较多，需要各方面作出努力与突破，方可实现大规模应用与商业化。但一旦技术成熟，其产氢效率高和系统紧凑的优点将使其成为最有竞争力的电解水制氢技术之一。

1.2.3 半固态电解质电解水制氢

半固态电解质电解水制氢是近年来最活跃的研究方向之一。它使用质子导电的半固态聚合物电解质膜来代替液态电解质，其主要优点是：电解液消耗量低，运行成本大大降低。半固态电解质膜可以重复使用，使用寿命长达数年。产氢效率很高，可达90%以上，这是因为电解质膜只透过质子，阻止了氢气和氧气的逆扩散。系统更加紧凑和模块化，便于大规模应用。半固态电解质膜制备工艺成熟，可以制作成大面积的膜来满足大流量需求。但是，半固态电解质电解水制氢也存在以下难题：电解质膜成本较高，制约其商业竞争力。稳定性和使用寿命也需要进一步提高。电解质膜可能会发生化学和机械降解，释放出浓度较高的产物影响产氢质量，需要研发更稳定耐久的电解质材料。高电流密度条件下的电势较大（0.6～1伏以上），这会增加能耗和系统成本。电解槽等设备也面临一定的腐蚀问题，需要选用抗腐性材料，设备成本较高。

半固态电解质电解水制氢技术虽处于发展阶段，但因其高效和低消耗的特点，被视为水电解制氢技术发展的方向。降低电解质膜成本，改善其化学稳定性，开发高性能低成本的电解槽和系统，是其实现大规模商业化的关键。如果各个环节技术得以突破，这种方法产氢成本有望大幅度下降，成为最具竞争力的电解水制氢技术。

1.2.4 高温蒸汽电解水制氢

高温蒸汽电解水制氢利用高温水蒸气使水电离，以产生氢气和氧气。其工作原理是：在高温条件下，水的离解度大大提高，$H_2O \rightleftharpoons H^+ + OH^-$ 的平衡会向右侧移动，释放出大量质子和氢氧根离子。此时施加电场，可以驱动质子通过阳极，得到氢气；而氢氧根离子在阴极得到氧气。

该方法的主要设备是高温电解槽和水蒸气发生系统。高温电解槽采用稀土氧化物电解质和耐高温阳极、阴极，能耐受800℃以上的高温。该方法的主要优点是：产氢效率很高，可达95%以上。这是因为高温条件下，水几乎完全电离，电流传递主要为质子。系统简单紧凑，不需要水处理和产气净化系统，这降低了设备投资。水消耗量低，循环水量只需原来的1/100～1/10。

但是，也存在以下不足：苛刻的反应条件增加了能量消耗，运行成本较高。需要消耗大量的水蒸气来维持系统温度。设备要求高，需要使用稀有贵金属材料制作高温电极和密封件，系统成本也较高。高温工况下设备易出现失效和不稳定运行等问题，对材料和工艺要求很高。产生的氢气温度高，需要在出口处设置重氢转换器。

高温蒸汽电解水制氢技术因其高效和环保的优点受到关注，但成本和技术难题较大，迄今实现商业化的实例还比较少。降低系统能耗，开发低成本高性能材料与组件，提高设备稳定性，是其面临的主要挑战。所以，高温蒸汽电解水制氢技术潜力巨大，但还有较长的发展道路。需要相关领域不断探索和努力，通过新技术和材料的开发来完善该方法，实现高效低成本的制氢生产。

1.3 工业副产物制氢

工业废气是指在工业生产过程中产生的含有氢气和其他成分的混合气体。常见的工业废气来源有：氯碱工业副产物、焦炉煤气、轻烃裂解副产物等。这些废气如果直接排放到大气中，会造成环境污染和资源浪费。

工业副产物制氢是一种利用含有氢气的工业废气作为原料，通过变压吸附法（PSA法）进行分离和纯化，得到高纯度的氢气的过程。与其他制氢方式相比，工业副产物制氢的最大优势在于几乎无需额外的资本投入和化石原料投入，因为它利用了已有的工业设施和废弃物。因此，该过程在成本和减排方面具有显著优势。

1.3.1 氯碱副产物制氢

氯碱工业是一种以食盐水为原料，通过电解技术，同时生产出烧碱、氯气和氢气的工业。其中，烧碱和氯气是主要产品，而氢气是副产品。常用的电解技术有离子膜法和石棉隔膜法。氯碱副产物制氢是一种利用氯碱工业生产过程中产生的含有氢气的副产品，通过PSA法进行分离和纯化，得到高纯度的氢气的过程。

氯碱副产物制氢有提纯难度小、杂质含量低、氢气利用率高的优势。由于副产物中的氢气纯度已经高达99%以上，所以提纯过程相对简单和快速。同时，该过程没有产生任何有害的废物或排放物，是一种环境友好的制氢方式。由于利用了已有的工业设施和废弃物，所以该过程无需额外的资本投入和化石原料投入。同时，该过程可以实现高度自动化和简化，操作方便。除此之外能耗低、投资少、产品纯度高也是该方法的优势。

1.3.2 焦炉煤气制氢

我国焦炭年产量巨大，2019年我国焦炭年产量为4.95亿吨，约占全世界焦炭产量的60%。为了实现节能减排的目标，我国在积极推动能源转型，少用化石能源，多用可再生能源，推出了一系列环保减碳政策。受到环保政策的影响，2020年我国焦炭年产量约为4.71亿吨，2021年焦炭年产量与2020年持平，2022年焦炭年产量为4.64亿吨，比上年下降1.4%。

制取焦炭的过程中会产生很多副产物，氢气是其中较有价值的一种。工业生产中通过将原料煤在无氧或缺氧条件下加热，使其发生干馏反应，生成固体焦炭、液体焦油和气体焦炉煤气。焦炉煤气组成随着原料煤的不同而有较大差别，但是一般来说氢气含量都在55%以上，这也是焦炉煤气能够用来制氢气的前提。通过变压吸附法（PSA法）进行分离和纯化，可以得到高纯度的氢气。

该过程分为甲烷分离（制LNG、CNG等）、冷冻净化分离、变压吸附脱碳烃、脱硫压缩、变压吸附制氢和脱氧五道工序，最终制取出纯度超过99.999%的高纯度氢气[3]。该过程具备理论空间大、产品质量高等优势。但也存在一些限制因素，很多焦炭生产企业对焦化气的利用已经比较充分，所以可供制取高纯度氢气的焦化副产品较少。此外，该过程也需要较高的投资成本和运行成本。

1.4 新型制氢技术

1.4.1 光解水制氢

光解水制氢是一种利用太阳能作为能源，通过光催化反应，将水分子分解为氢气和氧气的过程。光解水制氢主要包括三个过程，即光吸收、光生电荷迁移和表面氧化还原反应。光吸收是指光照射到光阳极（通常为半导体材料）时，产生电子空穴对。光生电荷迁移是指电子空穴对在半导体内部或表面分离，电子流向阴极，空穴留在阳极。表面氧化还原反应是指阴极上的水或牺牲剂接受电子还原为氢气，阳极上的水失去电子氧化为氧气或其他副产物。

光解水制氢是一种利用可再生能源制取清洁氢气的理想途径。由于该过程直接使用太阳能，没有经过任何中间能源转换，所以没有能源损耗，且不产生任何污染物。但也存在一些技术难题，如光催化剂的研制。光催化剂是一种能够在光照下促进水分解反应的物质，其性能决定了光解水制氢的效率和稳定性。然而，目前还没有发现一种理想的光催化剂，能够同时满足高效、稳定、廉价、无毒等要求（图1）。

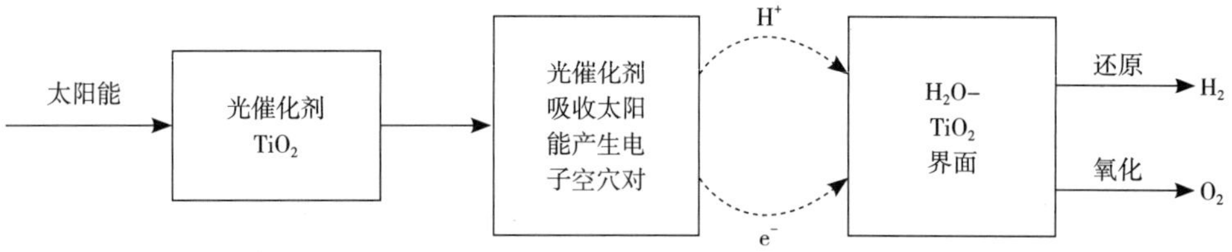

图1 光解水制氢示意图

Figure 1 Schematic diagram of water

1.4.2 热化学裂解水制氢

热化学裂解水制氢是一种利用高温热能作为能源，通过多步骤的化学反应，将水分子分解为氢气和氧气的过程，利用高温热源高效制取清洁氢气。由于该过程将水分解反应分成若干个中间反应进行，每个反应都有自己的温度范围，所以该过程可以降低总体反应温度，提高反应效率。此外，该过程还可以避免氢气和氧气同时产生，减少爆炸风险。

热化学裂解水制氢也存在一些挑战和限制，如热源选择、循环材料开发、循环稳定性保证等。该过程需要高温热源，如核能、太阳能等，但这些热源的建设成本较高，且受到地理位置、天气条件等因素的影响。同时，也需要耐高温、耐腐蚀、可循环使用的材料，但目前还没有找到一种理想的材料。该方法还需要保证循环反应的稳定性和可控性，但目前还缺乏有效的监测和调节手段（图2）。

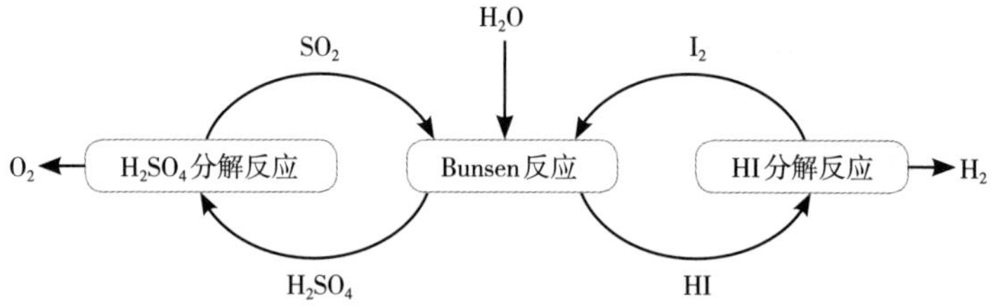

图2 热化学硫碘循环水分解制氢原理

Figure 2 Decomposition of thermochemical sulfur-iodine circulating water

1.4.3 生物质气化制氢

生物质气化制氢是一种利用生物质作为原料，通过高温热能作为能源，将生物质分解为含氢的可燃气体的过程[4]。由于其使用生物质作为原料，如木材、农作物秸秆等，这些原料都是从自然界中获取的，且可以再生长，所以该过程不会消耗非可再生资源，也不会增加温室气体排放。此外，该过程也具有较低的能耗，理论上有较高的产氢效率。

生物质气化制氢也存在一些问题和局限性，如原料成分复杂、产物纯度低、提纯难度大、占地面积大等。由于生物质原料的成分多样且不均匀，如含有水分、灰分、硫分等杂质，这些杂质会影响气化反应的进行和产物的质量。因此，该过程需要对原料进行预处理和干燥，以提高其均匀性和反应性。同时，该过程产生的含氢可燃气体还含有一定量的其他成分，如一氧化碳、甲烷、二氧化碳等，这些成分会降低产物中氢气的纯度和热值。因此，该过程需要对产物进行提纯和净化，以提高其品质和价值。然而，这些预处理和提纯工艺都需要额外的设备和能源投入，增加了制氢成本和复杂度。此外，由于生物质原料的体积较大且密度较低，该过程需要较大的占地面积来储存和处理原料，不利于大规模制取。

1.5 制氢产业发展过程中面临的挑战分析

氢能是未来交通与工业深度脱碳的双重利器。氢能作为一种清洁、高效、可再生的能源，近年来受到了越来越多的关注和投资。制氢产业作为氢能产业链的上游，是氢能发展的基础和关键，其在发展过程中面临着许多方面的挑战：

基础设施建设方面：我国的加氢站建设还不够普及，氢气的储运成本也较高，给氢能源的使用带来了不便和障碍。

安全性方面：由于氢气的低密度和易燃性质，其储存是具有挑战性的。氢气的高压、易燃、易爆等特性，给储气罐、管道、加氢站等设施的设计、建设和运行带来了较高的安全风险。

政策方面：虽然近年来，我国出台了一系列支持氢能产业发展的政策措施，但是缺乏系统性的氢能政策和规划，氢能产业的法律法规、标准规范、财税激励等方面还不完善，制约了氢能产业的健康有序发展和高效全面的监督。

经济方面：氢能源的成本高昂，限制了其在多个领域的推广和应用。根据不同的制氢原料和技术，制氢的成本和效率也有所差异。化石燃料制氢成本比较低，水电解制氢成本较高，光解水、生物质制氢等新型制氢技术仍然处于实验室阶段，难以大规模应用。目前，得益于工艺进步，化石燃料制氢已经从以前的入不敷出到现在的小有盈利，但水电解制氢的成本仍然居高不下，依赖政府补贴。

技术方面：我国在制氢技术方面还存在一些短板，如碳纸、膜电极、催化剂等关键材料的自主研发能力不足，水电解制氢的效率和稳定性有待提高。目前国内碳纸主要依赖进口，且价格较高。膜电极技术还处于初级阶段，仍使用质子交换膜（PEM）作为电解质，对水质要求高、易受杂质污染。国内的相关催化剂存在对贵金属依赖度高、催化剂载体易失活、催化剂与膜电极结合不牢等问题。

2 制氢产业的发展展望

随着技术进步和政策支持，氢能有望在未来几年内实现规模化、商业化和普及化，为全球能源转型和应对气候变化作出重要贡献。下面通过多个角度对制氢产业的发展趋势进行大胆预测。

从技术角度看：目前我国的制氢方法主要以化石能源制氢为主（灰氢），未来将随着制氢成本的降低，将逐渐由灰氢过渡到蓝氢和绿氢，并以绿氢为主。使用可再生能源电解水制氢是氢能产业新的发展趋势，使用弃风、弃光、弃水打通制氢环节路线，可最大程度避免能源浪费，提高电解水制氢的经济效益。此外，利用煤炭配合碳捕集与封存（CCS）技术制氢、利用生物质制氢和利用太阳能光催化分解水制氢等技术，也将成为有效补充。

从经济角度看：根据中国氢能联盟资料，预计到2030年，我国年制氢产量将达到5000万吨，其中可再生能源电解制氢产量占比超过10%；到2050年，我国年制氢产量将达到1亿吨，其中可再生能源电解氢供给量占比增长至70%左右。随着技术进步和规模效应的发挥，电解水制氢的成本将逐步降低，预计到2030年，电解水制氢的成本将降至2.5元/立方米左右。

从政策角度看：2022年3月，我国出台了《氢能产业发展中长期规划（2021—2035年）》，明确了氢能战略定位，强调了发展氢能必须坚持清洁低碳的原则，要重点发展可再生能源制氢，严格控制化石能源制氢。化石燃料制氢面临着能耗高、环境污染大、碳排放量大等问题。为了实现能源结构的优化和碳中和的目标，需要采取有效的措施降低煤气化制氢的碳排放强度。目前，CCS和碳捕集、利用与封存（CCUS）是两种主要的碳减排技术。CCS是指将生产过程中产生的二氧化碳分离、压缩并输送到与大气隔绝的地方进行长期储存，如海底或地下深层岩层等。CCUS是指将生产过程中排放的二氧化碳进行提纯和转化，使其在新的生产过程中发挥价值，如合成燃料或化工原料等。根据相关预测，在未来10～20年内，煤气化制氢仍将是我国制氢的主要方式，并将结合CCS或CCUS技术实现低碳发展。

从环保角度看：煤气化和天然气制氢是两种碳密集型的氢生产技术，它们会消耗大量的能源。利用弃水、风、光、核等可再生能源来电解水制氢，更符合节能减排可持续发展的要求。电解水制氢的成本主要取决于电力价格和电解技术效率，目前仍高于煤气化制氢等传统技术。然而，随着可再生能源的普及和降价，以及电解技术的创新和进一步研究，预计未来几十年内，电解水制氢将具有较强的成本竞争力。

3 中国制氢产业SWOT分析

SWOT分析起源于美国斯坦福研究所由阿尔伯特·汉弗莱于1960—1970年领导的一项关于公司战略规划问题的研究。SWOT分析最初被用于企业战略制定和竞争对手分析等领域，后来逐渐被广泛应用于个人、各种组织甚至政府部门的决策和规划中。本文使用SWOT方法对中国制氢产业进行了分析，按照该方法的基本步骤回答了基本问题（图3）。

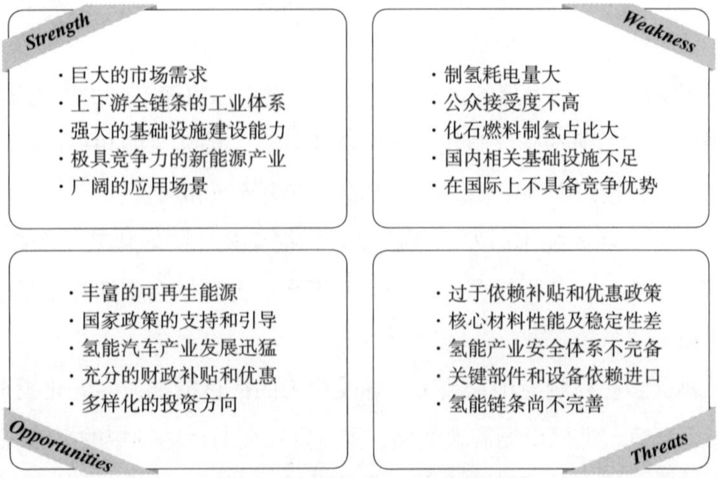

图3　中国制氢产业SWOT分析图

Figure 3　SWOT analysis diagram of China's hydrogen production industry

中国制氢产业的优势是中国拥有强大的基础设施建设能力和制造业实力，可以提供大规模、低成本、高质量的氢能相关设备和产品，如加氢站、储氢罐、氢燃料电池等。中国拥有广阔的市场需求和应用场景，如交通运输、供热、工业原料等领域，可以推动制氢产业的快速发展和创新。

中国制氢产业的劣势是氢能的生产、储运、利用等过程中仍存在较高的能量损耗和转化效率低下的问题，导致氢能的综合能源效率不高。制氢产业的发展还面临着国际竞争和合作的复杂局面，一些国家已经制定了完整的氢能战略，并在技术创新、市场开拓、标准制定等方面占据了先机。氢能的推广应用还需要解决社会认知和接受度的问题，提高公众对氢能安全性、可靠性、经济性等方面的信任和支持。

中国制氢产业面临的机会是氢能作为一种重要的终端能源，将在“双碳”战略下受到国家政策的大力支持和引导，享受相关的财政补贴、税收优惠、市场准入等优惠措施。氢能市场需求将持续增长，尤其是在交通运输领域，新能源汽车和氢燃料电池汽车将逐步替代传统能源汽车，为企业带来巨大的商机。

中国氢能产业面临的威胁是：技术装备方面，高压储氢、加氢、运输等技术仍有待提高，部分关键零部件和设备依赖进口，质子交换膜、催化剂等核心材料的性能和稳定性有待提升。产业链条方面，氢能产业链条尚不完善，制氢、储运、利用等环节之间缺乏有效的协同机制和标准规范，市场主体之间的合作与竞争还不充分。经济效益方面，目前氢能的成本仍较高，尤其是“绿氢”的生产成本远高于化石燃料制氢的成本，需要政府补贴和税收优惠等政策支持。安全保障方面，由于氢气具有易燃易爆等特性，在储运和利用过程中存在一定的安全风险，需要加强安全管理和监督，并建立健全应急预案和救援体系。

分析了中国氢能产业的发展的上述因素以后，对中国氢能产业的发展提出下述建议：

（1）利用优势：加强基础设施建设和制造业发展，提高氢能相关设备和产品的供给能力和质量水平；开拓国内外市场，拓展氢能的应用领域和场景。

（2）克服劣势：加大技术研发和创新投入，提高氢能的转化效率和综合能源效率；加强国际合作与交流，借鉴先进国家的经验和模式；提升社会认知和接受度，增强公众对氢能的信任和支持。

（3）抓住机会：积极响应国家政策，享受相关的优惠措施；多元化投资方向，参与氢能产业链各个环节；把握市场需求变化，重点发展交通运输领域的氢能应用。

（4）应对威胁：完善技术装备水平，降低对进口零部件和设备的依赖；建立协同机制和标准规范，完善氢能产业链条；降低成本水平，提高经济效益；加强安全保障体系，预防和处理安全事故。

4 主要结论和建议

综上所述，制氢产业的技术现状是多元化和分散化，主要包括化石能源制氢、生物质制氢、电解水制氢等多种技术途径。制氢产业发展所面临的挑战是成本高、效率低、技术落后、标准缺失等。制氢产业的发展趋势是向低碳、高效、安全、智能的方向发展，主要包括提高电解水制氢的效率和规模、开发新型催化剂和储氢材料、建立制氢加氢一体化的系统等。

针对上述情况，特提出以下建议。政府可以制定更加明确和具体的氢能发展战略和规划，明确目标、任务和责任。建立健全氢能产业的标准体系和监管机制，规范氢能市场的秩序和行为。加大氢能产业的财政支持和税收优惠，降低氢能成本和门槛。建立多方参与的氢能合作平台，促进氢能产业的交流和协作。企业可以加强氢能技术的研发和创新，努力打破国外对部分催化剂和高端电解设备的垄断，提升自身科技实力，研发先进技术，从而提高制氢环节的效率和安全性。

参考文献

[1] 张智，赵苑瑾，蔡楠．中国氢能产业技术发展现状及未来展望[J]．天然气工业，2022，42(05)：156–165.

[2] 白秀娟，刘春梅，吴凤英，等．甲醇制氢技术研究与应用进展[J]．广州化工，2020，48(03)：8–9+25.

[3] 胡云涛，胥中平，陈勇，等．焦炉煤气变压吸附制氢工艺优化应用实践[J]．冶金动力，2022，(03)：71–74+79.

[4] 尹正宇，符传略，韩奎华，等．生物质制氢技术研究综述[J]．热力发电，2022，51(11)：37–48.

Development Challenges and Prospects of Hydrogen Production Industry Based on SWOT under the Dual Carbon Target

Nan ZHAO, Xiguan CHEN

Clean Energy Branch of CNOOC Energy Development Co., Ltd.

Abstract: As a clean, efficient and renewable form of energy, hydrogen energy is considered to be one of the important directions of future energy development. This paper adopts the SWOT analysis method to systematically analyze the advantages, disadvantages, opportunities and challenges of the current hydrogen energy industry development, and puts forward corresponding suggestions based on the analysis results. This paper focuses on the technological innovation and application of the hydrogen energy industry, and looks forward to its future development trend. At the same time, this paper also considers the influence of the hydrogen energy industry on the economy, policy and other aspects, and discusses the role and status of the hydrogen energy industry in the future energy system. This article aims to provide a reference for promoting the sustainable development of the hydrogen energy industry.

Keywords: Hydrogen energy; Hydrogen production; Development strategy; Opportunities; Challenges; Policy suggestions

粤港澳大湾区岸碳入海发展策略探析

彭辉界*，税敏，彭攀

中海石油（中国）有限公司深圳分公司

摘要： 岸碳入海是区别于陆地二氧化碳（CO_2）地质封存的一种碳封存途径。肩负我国推进“双碳”目标实现与绿色发展的先行地的使命，经济发达且临海的粤港澳大湾区具有率先发展岸碳入海的优越条件。岸碳入海国际可借鉴案例少，国内尚无先例，通过分析粤港澳大湾区岸碳入海发展现状与面临挑战，提出四大发展策略：优先进行全面规划布局、科学统筹项目执行、出台配套政策支持、建立商业模式适机迭代，以期为我国实现碳中和目标探出一条新路。

关键词： 粤港澳大湾区；二氧化碳地质封存；岸碳入海；发展策略

0 引言

岸碳入海指将陆地上能源利用、工业过程等排放源或空气中捕集分离的二氧化碳通过罐车、管道、船舶等输送到海洋中加以利用或地质封存最终实现二氧化碳减排的一种技术手段。岸碳选择入海而不直接陆地封存，在于海洋地质封存具有显著的安全优势，其远离居民区，除岩石盖层外，表层更有海水的压力和阻隔，系统风险性大大降低[1]。同时，Haszeldine等也认为海上地质封存更易于长期监测[2]。

粤港澳大湾区是我国经济活力最强、经济最为发达、土地利用率最高的区域之一。但其化石能源使用占比仍较高（超过60%），碳排放总量与国际湾区相比也相对较高，存在较大碳赤字[3]。且大湾区仍处于经济社会快速发展、产业规模和城市人口持续增加的阶段，肩负我国推进“双碳”目标实现与绿色发展的先行地使命，未来碳减排压力较大。发展岸碳入海是大湾区进行规模减排实现碳中和的最现实最有效的途径。但岸碳入海国际可供参考案例少，国内尚无先例，本文通过调研粤港澳大湾区岸碳入海发展基础，结合当前国内外碳捕集、利用与封存（CCUS）案例，分析大湾区发展岸碳入海所面临的挑战，提出未来大湾区岸碳入海发展策略，以期为我国实现碳中和目标探出一条新路，并推动国内CCUS产业发展。

* 彭辉界，男，硕士，工程师，主要从事油气产业规划与战略工作。E-mail：penghj2@cnooc.com.cn

1 粤港澳大湾区发展岸碳入海的基础

1.1 具较好产业发展基础

粤港澳大湾区经济基础好。2021年GDP总量约占全国的12%，人均GDP为153854元，地均GDP为22430元，是国内人均GDP、经济密度最高的城市群。2021年大湾区的工业增加值达到了42628亿元，超越俄罗斯排在全球第六位[4]。岸碳入海是一项高投入高成本的系统工程，不仅需要大量的前期资本投入，并且需要大量流动资金以确保项目的全面部署和运营支出，较高的经济社会发展水平为大湾区发展岸碳入海奠定了有利的经济基础。

粤港澳大湾区具有政策优势。作为与“一带一路”、京津冀、长江经济带发展并列的第四大发展区域，中央鼓励大湾区在某些领域先行先试，探索建立部分领域规范制度体系。为促进CCUS技术快速发展规模化，粤港澳大湾区构筑了多层次的政策体系和行动方案，如2022年发布的《深圳市关于促进绿色低碳产业高质量发展的若干措施（征求意见稿）》中提出CCUS试点示范，按项目总投资的20%予以资助，最高1000万元。项目投产后按照每吨二氧化碳20元予以补助。

粤港澳大湾区科技创新优势明显。2021年，大湾区内11城市的研发支出超过3800亿元，整体研发投入强度超3%。国家高新技术企业达到了5.7万家，专利授权量达到78万件，其中发明专利授权量超过10万件[4]。CCUS方面，大湾区已运行国内首个海上封存示范项目、国内印染行业首个示范项目、亚洲首个多线程碳捕集技术测试平台，多领域探索将CCUS相关技术向纵深推进。大湾区的强大科技创新实力可以持续、有力地为岸碳入海所需技术进步提供支撑。

大湾区低碳发展价值观趋同度高。大湾区低碳发展意识较强，2021年5月，粤港澳大湾区减碳联盟成立，纳入碳交易的各大行业号召一致致力于绿色发展低碳行动，企业的降碳减排需求大。2022年，大湾区各方正携手探索建设粤港澳大湾区碳排放权交易所，积极参与全国碳排放权交易体系建设与国际碳交易业务，埋碳核证交易需求量大，为大湾区发展岸碳入海提供了广阔市场前景。

1.2 碳源丰富多沿海分布

区域上，根据中国碳核算数据库（CEADs）数据，2017年大湾区陆地植被固碳总量仅占排放量的47%[5]，同时单位面积碳排放强度高的地区集中于珠江口沿海人口密集区，如广州、东莞、深圳、珠海、香港等城市。

统计粤港澳大湾区九市2021年纳入碳试点的197家碳排企业，其二氧化碳排放总量合计超3亿吨。碳排放规模以30万～100万吨级别占多，碳排放行业以电力为主，其碳排放量占比达一半，碳排放浓度以低浓度（二氧化碳体积占气体总量的30%以下，即<30%）为主。统计碳排放企业所在地理位置，以东莞、广州、江门、惠州碳排企业数量居多，分别为48家、32家、27家、24家。因产业发展特殊需求，电力、钢铁企业多沿海沿珠江分布，水泥企业靠近郊外石灰石矿区，石化化工企业集群展布，如惠州的大亚湾石化基地、江门化工园区、广州石化化工区等，且均沿海沿江分布。

1.3 海域封存选址范围大

大湾区毗邻海域发育有珠江口盆地。珠江口盆地是中国近海最大的含油气盆地之一，大致呈北东—南西向展布，盆地北部边界与粤港澳大湾区海岸线呈平行状态。盆地面积约$24.97 \times 10^4 km^2$，圈闭发育，已钻探各类圈闭500多个[6]。中国科学院南海海洋研究所于2006年开展广东省近海区域二氧化碳封存可行性和封存潜力研究工作，结果表明盆地7个一级构造单元地下深部咸水层均可进行二氧化碳地质封存。推定珠江口盆地深部咸水层二氧化碳地质储存D级潜力总量为1368亿吨（表1）[7]。

表1　珠江口盆地7个一级构造单元D级推定潜力

Table 1　Grade D presumptive potential of seven first-class structural units in the Pearl River Estuary Basin

一级构造单元	二级构造单元	束缚气机理有效储量/10^8t	溶解机理有效储量/10^8t	合计
北部隆起	北部隆起	69.83	17.53	87.36
珠一坳陷	韩江凹陷	41.76	8.72	50.48
	海丰凸起	14.7	3.2	17.9
	陆丰凸起	61.09	13.56	74.65
	惠陆低凸起	8.23	1.9	10.13
	惠州凹陷	83.21	19.37	102.58
	西江凹陷	73.98	17.09	91.07
	恩平凹陷	67.41	15.27	82.68
珠三坳陷		69.06	16.36	85.42
中央隆起	东沙隆起	121.34	30.01	151.35
	番禺低隆起	93.67	21.55	115.22
	神狐隆起	56.39	14.29	70.68
潮汕坳陷		21.51	6.15	27.66
珠二坳陷	白云凹陷	148.04	41.02	189.06
	云开低凹陷	26	6.26	32.26
	开平凹陷	28	6.36	34.36
	顺德凹陷	17.25	4.42	21.67
	荔湾凹陷	38.87	10.54	49.41
南部隆起	南部隆起带西段	31.52	8.6	40.12
	南部隆起带东段	27.09	6.74	33.83
合计		1098.95	268.94	1367.89

1.4 已有一定技术储备

岸碳入海属于CCS/CCUS技术应用场景之一，大湾区虽无岸碳入海项目在运行，但在CCS/CCUS技术方面有一定储备和探索。捕集方面，华润电力2019年建成亚洲首个投入运行的碳捕集技术测试平台，年捕集二氧化碳总量达到2万吨，具备胺法、膜法等二氧化碳捕集技术[7]。封存方面，中国海油将运行中国首个海上二氧化碳封存示范项目恩平15-1油田，项目配备了海上平台二氧化碳捕集、处理、注入、封存和监测的全套技术和装备体系，填补了我国海上二氧化碳封存技术的空白[8]。其他如妈湾电厂已完成煤电50万吨级CCUS项目可行性研究，正在探索高标准建设50万吨碳捕集利用与封存全链条大型示范项目[7]。粤西地区正开展二氧化碳矿化封存试点示范项目。

2 粤港澳大湾区发展岸碳入海的挑战

2.1 缺乏系统规划部署

岸碳入海工程庞大、技术复杂、周期长、不确定性多，不仅需要巨量人力、财力、物力的长期投入，对技术、人才、管理等也有较高要求。目前全球在运行的CCUS项目都离不开所在属地政府层面数年的推动。以澳大利亚为例，当前全球最大规模的咸水层封存项目Gorgon项目是澳大利亚唯一CCUS商业在运行项目。20年前，澳大利亚地球科学局（GA）就从地质封存、温室气体监测和核查、提供技术咨询以及推广和教育等方面入手，集中在国家和盆地规模的研究上，确定和评估澳大利亚沉积盆地封存二氧化碳的潜力和能力。然后进行碳封存和基础设施计划，最终代表政府发布可供二氧化碳地质封存的合适区域（区块）[9]。

粤港澳大湾区虽出台系列产业发展引导性文件，提出了宏观发展规划和路线图。但并未对准入规则、监测要求、监管机制等进行规制，未围绕发展目标、路径进行产业集群技术路线设计，未引导行业层面形成合力达成统一规范包括标准体系、碳源接入机制等。同时也没有明确发展岸碳入海所需各种要素规划及部署，包括人才规划、投资规划等。

2.2 风险大

主要包括商业化风险和安全风险。据美国NETL数据，80%的CCS/CCUS项目因其收益率低甚至负效益导致被终止或无限期搁置[10]。同时因技术尚不成熟以及专业型人才缺乏，在捕集、运输、封存等各环节国内外均发生过相关安全事故，包括泄漏、腐蚀、人员伤亡等。

粤港澳大湾区封存选址地珠江口盆地离岸百公里以上，捕集、输送、封存涉及固定资产投资大，初步估算不同封存方案下工程投资占比均超70%达数十亿元（见表2）。以运行时间25年为基准，仅考虑选取高浓度碳排放源进行封存，其CCS全流程总成本超500元/吨，数倍于当前碳价。盆地尚无绿电接入，封存过程中因燃料消耗也会存在大量碳排放，从而导致减排效率不高。同时风险成本难以简单估算，海底管道若发生腐蚀，则需要花费大量的资金进行修理或更换管道。若一旦发生二氧化碳泄漏，将会对海洋生物链带来风险，造成不易修复的严重后果。

表2　粤港澳大湾区离岸封存不同方案成本估算

Table 2　Cost estimation of different schemes for offshore storage in the Guangdong-Hong Kong-Macao Greater Bay Area

亿元

方案（不含税投资）年封存200万吨		距离岸边100km		距离岸边150km	
		年封存500万吨	年封存200万吨	年封存200万吨	年封存500万吨
一	前期研究费	2.0	2.0	2.0	2.0
二	开发投资	50	65	62	75
1	钻完井投资	5	5	5	5
2	工程投资	40	55	52	65
3	生产准备费	0.5	0.5	0.5	0.5
4	油藏研究费	0.5	0.5	0.5	0.5
5	其他费用	4	4	4	4
三	弃置费	3.5	4.0	4.0	4.5
总投资合计		55.5	71.0	68.0	81.5

2.3　缺乏配套政策支持

全球近40%在运行CCUS项目分布在美国，得益于其在研发、示范、商用各阶段的系列配套政策扶持。自1997年以来，美国能源部的化石能源办公室一直致力于CCUS的研发和示范，不断增加研发资金，近10年在CCUS研发上的资金投资如表3所示[11]。2020年12月美国出台的《2020能源法案》将CCUS的研发支持力度大幅提高，提出将在2021—2025年提供超60亿美元的研发资金支持，是自《2009美国复苏与再投资法案》（34亿美元）以来的最高水平[12]。

表3　美国能源部化石能源办公室在CCUS领域的研发资金

Table 3　R&D funds in CCUS by the Office of Fossil Energy of the U.S. Department of Energy (millions dollars)

百万美元

年份	2011	2012	2013	2014	2015	2016	2017	2018	2019	2020	2021
碳捕集	58.7	67	63.7	92	88	101	101	100.7	100.7	117.8	126.3
碳封存和利用	120.9	112.2	106.7	108.9	100	106	95.3	98.1	98.1	100	102
合计	179.6	179.2	170.4	200.9	188	207	196.3	198.8	198.8	217.8	228.3

我国目前在技术研发阶段有一定资金扶持，但在示范和商业阶段缺乏激励政策。同时目前没有针对海域二氧化碳地下封存使用权进行授权。大湾区当前尚未针对岸碳入海在项目融资激励、土地使用、财政补贴、税收减免、基金扶持等出台具体政策。

2.4　商业模式不成熟

统计全球在运行CCUS项目，几乎都是多家企业（或单位）合作运行。目前大湾区在CCUS方面进行了一定探索，但基本都是国企独自出资完成。岸碳入海涉及融资、捕集、运输、封存、监测、项目管理等诸多环节，产业链长，涉及企业多。大湾区众多碳排企业中，有国企、民营企业、外资企业、合资企业等多种性质，各家企业的规模、盈利状况、发展规划、减排的意愿和目标均不一样，不同企业、不同法人单位对责任、利益的接受程度不一样，在责任、效益和风险分担面前诉求也不一致。不同的碳排企业其碳源特征不完全一样，碳源中二氧化碳的浓度、其他成分、排放装置布局样式均存在差异。而当前针对如何建立长期公平的合作，携手降低远高于碳价的运营成本尚未搭建成熟的商业模式。

3　发展策略

3.1　优先进行全面规划布局

按照“统一规划、技术先行、示范摸索、集群发展”的策略进行。一是推动国家层面出台碳捕集与南海东部海域封存许可准入规制、监管规制、责任承担规制等。大湾区各地政府层面出台岸碳入海专项财税及投融资政策，加快基础设施建设和示范工程规划，推动岸碳入海碳减排量核证及纳入碳交易市场。行业层面制定行业技术标准体系，全链条集成示范部署。二是针对关键技术及装备制造展开攻关。每年发布支撑产业发展的各类项目和课题，如碳循环利用、海底监测仪器研发等，让产业链各相关单位做到有的放矢。三是鼓励示范摸索，充分发挥政府引导作用。根据产业链各相关技术所处不同发展阶段，展开针对性的探索，如小规模低能耗捕集技术，分散式烟道强输送技术等。四是确定源汇匹配资源优势明显、各类要素相对集中、工业基础较好的区域作为重点，形成一批技术优势明显、分工完善、整体竞争力强的岸碳入海产业集群。

3.2 科学统筹项目执行

一是参考战略新兴产业发展办法成立专门的岸碳入海相关政府组织机构，针对岸碳入海产业的战略性、全局性、导向性问题，进行前沿信息的收集、整理，负责为项目立项和企业投资、决策等提供咨询。二是统筹产业链建设，充分发挥政府在服务、沟通、协调方面的优势功能，设立技术中心搭建产业平台，促成更多企业参与岸碳入海项目建设。充分吸纳社会力量为岸碳入海发展提供金融支持、技术研发支持。可参考借鉴挪威Mongstad技术中心的做法，该中心是全球最大、最灵活的CO_2捕集技术开发测试中心，由挪威政府通过其国有企业Gassnova（73.9%）与行业合作伙伴Equinor（8.7%）、Shell（8.7%）和TotalEnergies（8.7%）共同拥有，自2012年开始运行，为技术开发人员测试和验证碳捕获技术、进行全面调试，以降低技术和财务风险[13]。三是加强岸碳入海作用及意义相关宣传教育，利用大湾区高校资源加大岸碳入海所需专业人才培养。

3.3 尽快出台配套政策支持

参照美国、加拿大、欧盟等CCUS发展经验，政府层面出台政策给予岸碳入海项目涉及环评、土地、矿权、财政、金融、税收、研发、人才等全方位支持[14]。岸碳入海项目研究阶段部分技术的试验需要利用室外环境进行，涉及环境安全等，同时将二氧化碳排放纳入管控，相关捕集、充注、地下运移等大中型模拟试验均受政府相关部门监管，此时需要政府部门进行相关优先授权鼓励探索。碳封存是一项需要一定土地资源、地下空间资源支撑的作业类别，研究其可行性必须首先保证设备设施专项土地资源供应，地下空间勘查许可。项目设计阶段进行科研补贴及批后资助；工程建设阶段积极推动碳减排专项贷款落地见效，引导金融机构增加“双碳”行业中长期贷款及债券融资支持机制，同时按一定投资总额比例补贴而非限定最高额方式补贴；运营阶段碳减排量核证及交易许可、碳税碳指标抵扣、税收税费优惠、低碳产品补贴，按照二氧化碳年度封存规模量实行阶梯式补助。同时对项目全过程中产生的创新技术、新兴产业进行激励。

3.4 建立商业模式适机迭代

岸碳入海目前全球处于发展初期，存在风险大、全链技术局部瓶颈显著等情况。现阶段粤港澳大湾区发展岸碳入海，当以高效务实试点示范为落脚点，与区域内有碳减排需求同时具备CCUS领先技术的跨国企业和有一定技术能力的国企合作共同搭建商业模式，共同运营岸碳入海项目。中期以及后期，随政策利好稳定释放、碳源企业碳排压力增大、埋碳意愿增强、应用场景增多、驱油技术逐渐成熟、碳价逐步攀高、碳交易活跃，根据发展状况进行商业模式的迭代更新。

参考文献

[1] 米立军．全球海上CO_2封存现状及中国近海机遇与挑战［J］．中国海上油气，2023，35(1)：123-135.

[2] Haszeldine R S. Carbon capture and storage:how green can black be？[J]. Science, 2009, 325(5948): 1647-1652.

[3] 孙文娟，张胜军，孙海萍．粤港澳大湾区能源发展现状及转型趋势分析［J］．国际石油经济，2021，29(12)：11-12.

[4] 何山．向世界进发：以中国的方式冲刺一流湾区［N］．南方日报，2023-01-06（02）.

[5] 李晓江，何舸，罗彦，等．粤港澳大湾区碳排放空间特征与碳中和策略［J］．城市规划学刊，2022(1)：28-30.

[6] 张文昭，张厚和，李春荣，等．珠江口盆地油气勘探历程与启示［J］．新疆石油地质，2021，42(03)：346-352.

[7] 广东南方碳捕集与封存产业中心，广东工业大学碳中和与绿色发展协同创新研究院，中国能建广东省电力设计研究院．广东省二氧化碳捕集利用运输与封存规划研究报告［R］．广东，2022.

[8] 衣华磊，郭欣，贾津耀，等．恩平15-1油田开发CO_2回注封存工程方案研究［J］．中国海上油气，2023，35(1)：163- 169.

[9] 韩力，谢辉，李治．碳捕获利用与封存技术发展探究［J］．建材发展导向，2020(4)：57-58.

[10] Ahmed A, Ryan H, Kristen R S, et al. Explaining successful and failed investments in U.S. carbon capture and storage using empirical and expert assessments [J]. Environmental Research Letters, 2021(16): 2-3.

[11] 秦阿宁，吴晓燕，李娜娜，等．国际碳捕集、利用与封存（CCUS）技术发展战略与技术布局分析［J］．科学观察，2022，17(4)：30.

[12] 周显峰，杜丽婧，万伟伟．海外新能源系列（七）——碳捕集\利用与封存（CCUS）浅析[EB/OL]．[2022-09-16]．http://www.junhe.com/legal-updates/1927.

[13] 段玉燕，罗海中，林海周，等．浅谈国内外CCUS示范项目经验[J]．山东化工，2018，47(20)：173-174.

[14] Kai Jiang a,Peta Ashworth.China，s carbon capture, utilization and storage (CCUS) policy: Acritical review[J]. Renewable and Sustainable Energy Reviews, 2019:109601.

Analysis on the Development Strategy of CO_2 Offshore Storage in Guangdong-Hong Kong- Macao Greater Bay Area

Huijie PENG, Min SHUI, Pan PENG

CNOOC China Limited

Abstract: CO_2 offshore storage is one of che pathways different from terrestrial CO_2 geological storage. With the mission of promoting the realization of the the goals of carbon neutrality and carbon peaking and green development in China, the economically developed and coastal Guangdong-Hong Kong- Macao Greater Bay Area have advantage being a leader in developing CO_2 offshore storage. There is few international reference and no precedent in domestic. By analyzing the present situation and challenge of developing offshore carbon into the sea in Guangdong-Hong Kong- Macao Greater Bay Area, proposed four major industrial development strategies,include give priority to comprehensive planning and layout, scientifically coordinate project implementation, issue supporting policy, establish business model and iteration over time, to explore a new way for China to achieve the goal of carbon neutrality.

Keywords: Guangdong-Hong Kong-Macao Greater Bay Area; CO_2 geological storage; CO_2 offshore storage; Development strategy

企业管理

Enterprise Management

国有企业治理现代化：整合框架和实现路径

王震*[1]，薛庆[2]，杨雪琴[1]

1. 中国海油集团能源经济研究院；

2. 中国石油大学（北京）

摘要： 国有企业是中国共产党执政兴国的重要物质基础和政治基础，如何对国有企业进行科学、现代化的治理，不仅是企业国际地位和影响力的重要影响因素，也对国家整体的现代化治理体系和治理能力提升有着决定性的影响。本文通过梳理相关重要文献并分析实践中存在的问题，从而尝试将具有中国特色的党组织治理理论的特殊性与利益相关者理论、契约理论和集团化管控的普遍性相结合，整合为一个理论框架来解释中国国有企业治理现代化，进一步对国有企业治理体系现代化进行全面分析，对国有企业治理能力现代化的意义进行详细说明，对如何推动国有企业治理现代化的全面发展进行了深入探索，最后提出了推进国有企业治理现代化的配套政策。

关键词： 国有企业；治理体系；治理能力；治理现代化

0　引言

根据党的二十大报告会议精神，提高中国企业在国际的影响力和话语权，离不开中国特色现代企业制度的完善，而让中国声音获得广泛支持和认可，离不开企业家精神的传承和弘扬。自我党成立来，国有企业一直是支撑国家政策落实的基石，是我国稳步发展进步的重要物质基础和政治基础。国有企业治理的效率和效果亦是国家治理能力的体现，国家治理体系和治理能力现代化的发展进步，有赖于国有企业治理能力的增强和完善。2016年10月10日，习近平总书记在全国国有企业党的建设工作会议上提出“两个一以贯之”，即“坚持党对国有企业的领导是重大政治原则，必须一以贯之；建立现代企业制度是国有企业改革的方向，也必须一以贯之。要把加强党的领导和完善公司治理统一起来，建设中国特色现代国有企业制度”。这为建设中国特色现代企业制度指明了方向，提供了根本遵循。国有企业依靠党的领导和监督，对公司治理体系和能力进行更加

* 王震，男，博士，教授，主要从事能源经济和绿色金融等领域研究工作。E-mail：wangzhen66@cneei.com.cn

科学全面的完善，是推动国家治理体系和治理能力现代化的内在要求，是适应市场化、法治化、国际化新形势新要求的有效途径。

1 新时代推进国有企业治理现代化的紧迫性与必要性

1.1 推进国家治理体系和治理能力现代化的内在要求

2013年党的十八届三中全会首次提出“国家治理”理念，强调“全面深化改革的总目标是完善和发展中国特色社会主义制度，推进国家治理体系和治理能力现代化。”2019年党的十九届四中全会进一步明确了“坚持和完善中国特色社会主义制度、推进国家治理体系和治理能力现代化，是全党的一项重大战略任务。”在国家治理体系中，有很大一部分来自公司治理。国有企业治理的成功与否亦是国家前景的重要影响因素，其在公司治理方向的改革目标应与全面深化改革总目标高度统一，应深入贯彻国家治理现代化这一顶层设计的理念，应以党的指导为方针，在深入研究完善中国特色国有企业治理同时，深化改革国有企业治理体系和治理能力的现代化。

1.2 提升国际竞争力和建设世界一流企业的基本保障

习近平总书记在党的十九大报告中首次提出培育具有全球竞争力的世界一流企业，在党的十九届五中全会上进一步强调加快建设世界一流企业。2022年2月28日，中央全面深化改革委员会第二十四次会议审议通过了《关于加快建设世界一流企业的指导意见》。习近平总书记在主持会议时强调，要加快建设一批“产品卓越、品牌卓著、创新领先、治理现代”的世界一流企业，在全面建设社会主义现代化国家、实现第二个百年奋斗目标进程中实现更大发展、发挥更大作用。大国竞争很大程度上是一流企业之间的竞争，一流的企业必须有一流的治理，先进的治理体系和治理能力是企业稳定发展的基石，是企业在国际舞台竞争的保障。通过健全完善现代公司治理，力争实现治理体系和治理能力现代化，切实提升企业稳健合规经营、持续健康发展、有效防范化解处理风险的能力和水平。

1.3 适应市场化法治化发展要求和应对国际经贸规则的必然选择

经过多年的改革发展，国有企业的规模不断壮大，但一些国有企业尤其是集团总部，仍不同程度地存在机关化、行政化问题，限制了企业市场竞争力的提升。为保持国有企业独立市场主体地位，需要鼓励支持企业按照市场经济规律和企业发展规律运行，按照法人治理机制，依法依规自主决策、合规经营，有效防范化解风险，适应激烈的市场竞争。从国际外部环境来看，国际环境复杂严峻，国际经贸规则日趋严苛。面对百年未有之大变局和世纪大疫情，全球经济治理机制面临挑战，贸易保护主义、单边主义抬头，世界经济进入动荡变革期。与此同时，部分欧美国家极力主张通过国际规则对国有企业进行特殊约束，如发达国家提出“竞争中性”原则、CPTPP国有企业专章等。适应新的国际经贸规则，必须坚持推进国有企业治理现代化，以便在更高水平开放的环境下，维护国有企业合理合法的竞争优势。

1.4 破解国有企业治理理论和实践难题的必然要求

国有企业在我国国民经济发展中占据着重要地位，随着市场经济发展进入新阶段新时期，国有企业必须要持续深化改革。就目前情况来看，改革不平衡、不充分的问题普遍存在，治理水平还有待进一步提升。一是理论层面，中国国有企业所有者缺位和目标多元化带来不同于西方经典公司治理理论的代理问题，由此产生国家大股东与中小股东之间的代理问题、国有企业经理人与国家大股东之间的代理问题以及国有企业经理人与中小股东之间的代理问题。在这样的情景下，需要建立具有中国特色的国有企业治理体系，这样的治理体系要既能体现公司治理理论的普遍性，也要体现中国国家治理体系的特殊性。股东大会制度、董事会制度、管理层激励制度体现了公司治理制度的普遍性，而强化党组织治理，完善上市公司监事会制度，则体现了中国国有企业治理体系的特殊性。二是实践层面，国有企业通过持续深化改革特别是深入实施国企改革三年行动，治理能力明显提升，但机制不完善、“大企业病”等问题尚未彻底消除，主要表现在以下几个方面：国有企业仍处于行政化治理状态，公司治理责任主体缺位[1]；高管团队“官本位”意识浓厚，缺乏企业家创新精神；国企激励刚性化，缺乏环境适应性；国企法人治理结构“形似神不至”，治理机制未有效构建；有的国有企业党委（党组）会、董事会与总经理办公会职责不清。

2 基于国家治理视域下多理论集成的国有企业治理框架

2.1 理论溯源

2.1.1 国家治理现代化视域下的公司治理

从马克思主义基本原理来看，占主体地位的所有制形式决定社会的基本性质和发展方向，决定社会基本利益的分配。所以从坚持和完善中国特色社会主义制度的角度来看，党的领导和国有企业治理机制可以融合，也必须融合[2]。

党的十八大以来，习近平总书记站在党和国家事业战略全局的高度，从国有企业对于巩固中国共产党的执政地位、推进国家治理体系和治理能力现代化的重要性角度，创造性地提出“国有企业是中国特色社会主义的重要物质基础和政治基础”的重要论断，首次把国有企业的“经济基础”定位提升到“两个基础”（物质基础和政治基础）的崭新高度[3]。

国有企业大多分布于承担公共职能、提供公共产品及准公共产品的行业，是推进国家治理体系和治理能力现代化的微观行动主体[4]。国有企业的公司治理体系和治理能力要迈向现代化，就要求将包括党的领导在内的国企治理体系制度化、科学化、规范化、程序化，使国企治理者善于运用法治思维和规章制度完善公司治理，以发挥中国特色现代企业制度的优势，提高公司治理的效率和效果。

2.1.2 利益相关者理论下的治理主体权力制衡

1963年斯坦福研究所提出“利益相关者”的概念。公司治理结构被定义为股东、债权人、职工等利益相关者之间有关公司经营与权利的配置机制。利益相关者主义理论主张公司的经营目标不应仅仅是追求股东利益至上，而是要追求经济目标、社会目标、公共目标和个人目标之间的平衡，管理层要努力将公司利益相关者的利益内部化，公司的所有决策都要充分考虑利益相关者的利益均衡。

利益相关者理论是对股东至上主义带来的短期化股价等弊端的回应，有其合理性但局限也很明显，管理者在多元目标的情况下产生的代理成本更大。当各方利益发生冲突的时候，管理者怎样运用权力、怎样制约权力是这一理论走向实践的难点。利益相关者理论建议员工拥有公司治理的参与权，这在一定程度上可以缓解管理者的代理行为，但是在操作层面，员工仅能在极少数重大问题上参与决策，且难以兼顾决策的公平与高效。

加强国有企业党的领导提供了平衡各利益相关者、履行企业社会责任的解决方案。国有企业本就是一种政府参与和干预经济的工具与手段，是政府针对已出现或可能出现的市场失效问题而代表公众利益所采取的诸多政策举措的一种[5]。

2.1.3 契约理论视角下的国有企业治理机制

契约理论将公司视为一系列契约的联结，参与这个契约的主体主要包括股东、董事、雇员、供应商和顾客。契约关系里的各个治理主体具有不同的职责定位和作用，虽然这些组织机构的总体目标是一致的，但各自依据不同的组织规则运行，存在着具体工作目标的差异性，而这些差异性的存在恰是公司治理建立的本质要求。经过几百年的发展，现代企业制度形成了“董事会决策、经理层执行、监事会监督、职工民主管理”的治理体系，社会也达成了利用激励机制设计降低企业代理成本的共识。

2.1.4 集团化管控理论

中央企业基本上都是集团公司，集团企业一般采用多元化经营，集团公司内部的代理关系具有较多的层次性。

从产权和治理的边界来看，母公司更多地开展集团层面的战略规划、企业并购、解聘经理、发行新股等重大决策，进而对整个集团进行指导和监督，母公司董事会不能也不应该深入下属公司的日常经营活动中。

集团公司治理除了“三会一层”四者之间的权力制衡之外，还需考虑集团总部对下属企业的管控关系、集权分权程度，要处理好母公司与子公司之间、子公司与子公司之间的关系，将法律上独立的各个公司的利益协调一致、最大限度地减少相互之间的摩擦和冲突，使集团公司保持较高的整体运作效率。

集团公司法人治理的构建离不开管控模式，构建治理型管控模式是治理能力现代化的重要手段。目前集团管控主要分为三种模式：战略管控、“战略+资本运营管控”和“战略+运营管控”。以能源行业为例，国外能源集团公司主要以战略管控为主；国内能源集团主要以“战略+运营管控”为主。

2.2 整合框架

虽然西方国家的公司治理理论研究和实践中，缺乏党组织和中国特色的工会组织参与治理的理论支撑和安排，但是中国国有企业的党组织和董事会、监事会、经理层等，为了企业发展的共同目标而将长期共存于一个组织体系之中，正在走出一条中国特色的公司治理之路[6,7]。从国有企业产权和委托代理链条来看，中国共产党作为执政党对国有企业享有政治领导权，政府国有资产管理部门拥有对国有资产这种公共产权的代理权、剩余索取权和控制权[8,9]。这种特殊的委托代理关系决定了国有企业参与市场活动除了要按照现代企业制度的要求建立由股东大会、董事会、监事会及经理层组成的治理体系外，还要在重大决策流程上体现企业党组织“把关定向”的领导权。

经济合作与发展组织（OECD）认为：“好的或有效的公司治理制度是有其国家特性的，它必须与本国的市场特征、制度环境以及社会传统相协调。”党组织在中国国有企业的治理理论上体现特殊性，利益相关者理论、契约理论和集团化管控理论具有普遍性（图1）。国家治理现代化视域下的公司治理，从理论上证明了党的领导和现代企业治理体系可以融合。利益相关者理论侧重强调平衡好各利益相关者的关系、履行好社会责任，在国有企业治理机制中嵌入党的领导，可以有效缓解多目标下的决策低效和代理问题。契约理论奠定了国有企业不同层级权力制衡的基本架构，也提供了加强国有企业激励机制设计的理论基础。集团化管控提供了央企集团治理与子公司治理的边界尺度。

在深化中国特色社会主义国有企业制度改革的过程中，国有企业党组织与现代公司治理结构融合得越好，中国特色社会主义国有企业制度的优越性就发挥得越充分，就会形成比西方现代企业制度更强的核心竞争力。

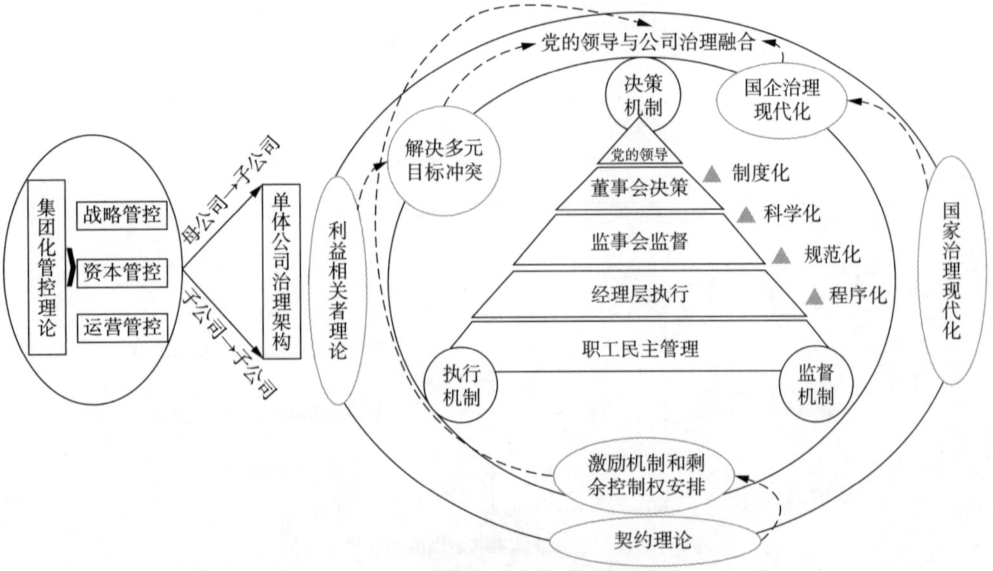

图1 国有企业治理理论的整合框架

Figure 1 The integrated framework of the governance theory of state-owned enterprises

3 国有企业治理体系与治理能力现代化的理论内涵

国有企业作为我国国民经济的重要组成部分，在社会稳定、国家经济发展中起着重要作用。新时代国有企业要主动承担起社会公益、环境保护等社会责任，自觉遵守道德和法律法规，坚定不移地跟党走，为中国特色现代企业制度的完善和发展贡献力量。国有企业治理体系和治理能力现代化应当是一个完整体系，即通过构建有利于国有企业发展的治理结构和治理机制，搭建起高效运行、科学决策的企业组织，最终提升国有企业竞争力。本文基于前文多理论集成的治理整合框架，结合企业实践认识，提出一套国有企业治理体系和治理能力现代化框架体系（图2）。

3.1 国有企业治理体系现代化

治理体系现代化本质上是建设和完善国有企业结构体系、组织体系及制度体系。其中，结构体系是治理体系的主体，主要解决“治理主体是谁”“治理主体之间是什么关系”的问题。组织体系是治理体系的功能权责，解决的是“组织在治理体系中主要发挥什么作用”的问题。制度体系是治理体系的依据，主要针对“如何保障治理体系有效运作”的问题。以上体系现代化表现为权责清晰的结构体系、高效精干的组织体系、科学规范的制度体系。

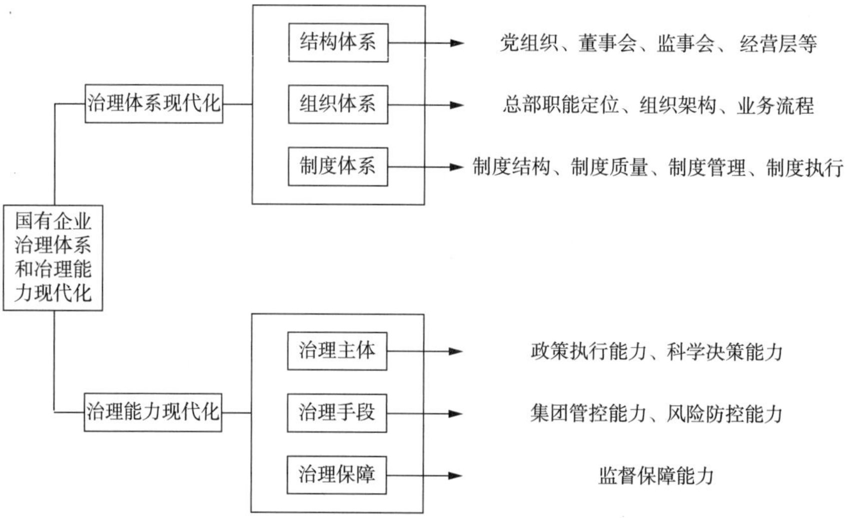

图2 国有企业治理体系和治理能力现代化框架

Figure 2 Framework of SOE governance system and governance capacity

确定现代企业治理的方向，需要从结构体系方面入手。这要求企业一是要全面贯彻落实权责公开透明、明确责任划分、坚持权责法定、确保有效制衡政策的一贯执行、完善资源统筹协调和保证各部门工作平稳运行的任务。落实党组织研究讨论前置程序，发挥党组织“把方向、管大局、促落实”的作用。二是要厘清各治理主体在决策、执行、监督各环节的权责，形成权责对等、运转协调、有效制衡的治理结构，从而实现治理体系的程序化。三是要发挥董事会的决策作用，做实子企业董事会，有效发挥外部董事作用，增强董事会的独立性和权威性，发挥董事会“定战略、做决策、防风险”的作用。四是履行监事会的监督职责。确保对全过程监督行为的有效性，明确监事会的监督范围，完善监事会报告制度，对监管成果加以分析以便调整监管方向、监管重点和监管活动。五是确保经营层的责任得以履行。经营层的重要活动需要得到董事会的授权，其授权行为需要留有书面或电子的证据，同时对于授权的范围和权限也需要有明确的划分，便于追责和奖惩制度的运行，发挥经理层“谋经营、抓落实、强管理”的作用。

组织体系方面，在国有企业治理结构框架下，搭建高效运行的组织管理架构，能推动企业开展有效的经营管理与决策。建设高效精干的组织体系，一是要明确集团总部功能定位，打造价值型总部，做好战略管理、风险防范、资源协同以及服务支持，建立集团总部与各级主体间的有效管控与服务架构。二是要优化总部职能配置，清晰界定部门横向职责与纵向职责划分，优化总部组织架构，提升各部门协同力。三是要优化业务流程和职能体系。对企业的业务流程进行梳理，覆盖业务流程的全过程。精准识别和把控业务管理的关键，针对不同的业务流程设计和采用相匹配、相适应的业务管理手段。同时，识别、优化、精简冗余的业务流程，提高企业运营效率。

制度体系方面，制度体系建设是公司治理现代化的必然要求，充分发挥制度优势，提高企业治理能力、完善企业治理体系，是完善和发展中国特色现代企业制度的关键。强化制度体系建设。增强制度约束效能，一是要构建横向分类、纵向分级的制度结构，提升制度结构的系统性和完整性；二是要保证制度体系的规范性和可操作性，提高制度质量；三是完善制度的制定程序和评估改进，完善制度管理体系，强化制度闭环管理；四是加强制度宣贯、监督考核力度，推动制度有效执行。

3.2 国有企业治理能力现代化

治理过程涵盖了治理主体、治理手段、治理保障三个主要方面，因此治理能力现代化的构成也重点从这三方面考虑。主要包括治理主体方面的政策执行能力、科学决策能力，治理手段方面的集团管控能力、风险防控能力，治理保障方面的监督保障能力。

治理主体方面，在西方公司“三会一层”治理结构基础上，国有企业加强党的领导并融入公司治理，建设中国特色公司治理机制，健全法人治理结构，提升治理主体政策执行能力、科学决策能力。一方面，通过把企业党组织内嵌到公司治理结构之中，保证党和国家方针政策、重大部署在国有企业贯彻执行。另一方面，厘清各治理主体权责边界，健全科学决策机制。

治理手段方面，现代化治理手段是提高治理效能的重要途径，国有企业通过优化治理手段，形成治理合力、促进协同耦合，提升集团管控、风险防控等能力，最终提升治理效能。一方面，强化战略管控，明确各子公司的发展定位，形成完整的集团发展战略及规划，实现母公司与子公司的战略协同和各板块的良性互动。另一方面，推动企业完善规章制度，健全内控管理体系，建立多位一体的风险管理系统。治理保障方面，提升监督保障能力，约束规范治理行为。建立从执行过程、结果反馈到改进提升的全生命周期监督体系，推动责任落实，加快重点治理工作落地。

4 推进国有企业治理现代化的战略路径

推进国企治理现代化关键是要把握好以下三方面关系：首先，把握好党的领导与公司治理的关系。以党的领导为方针来指导公司治理的方向，坚持正确的政治方向，中国特色现代企业制度是在我国特定的国情下产生的、更适宜我国国有企业发展的制度，需要依靠现代公司治理体系，将国有企业党组织与其有机结合，构建权责明晰、运转顺畅的决策体系。其次，把握好国有企业现代化改革的三个基本关系，即政府、国有企业出资人、与国有企业之间相互影响的关系。国企治理现代化的推进，需要依靠市场的资源配置机制，即供需关系的波动，以需求为中心统筹规划资源。同时加快政府和企业的分离。明确政企、资企、政资之间的责任和权力。正确对待授权经营制度，确保责任的正确划分和充分履行，加强监督的威慑和激励作用，在授权和监督的共同作用下加强国有资产的管理和运营。做强做优国有资本，需要国有企业坚持对社会再生产过程中的各种经济活动加以改革，需要国有企业不断增强企业活力，加强对各个流程、部门的控制力，提高对社会的影响力和增加企业灵活应对各种风险的能力。最后，把握好国企治理与市场机制的关系。国有企业具有多重属性，要正确处理好政府和市场的关系，政府通过市场来引导企业的行为，一方面，政府要积极建立相应的体制机制与市场的变动和经济波动相适应，使市场对资源调配起决定性作用。另一方面，国有企业是国民经济的命脉，国有企业治理的效果直接关系到国家治理能力的有效性，国有企业承担着推进国家治理体系和治理能力现代化的重要任务。

为实现国有企业治理体系和治理能力现代化，首先需以先进的治理理念指引。一是战略导向，从全局和长远的角度对企业总体发展方向、思路、路径进行设计。二是价值导向，即以追求经济价值为中心，兼顾政治价值和社会价值，追求经济价值、政治价值和社会价值的综合平衡。三是法治导向，即强化法治理念，培养法治思维，推进依法治企。

国有企业治理现代化实现路径可以概括为图3所示内容，即树立“战略导向、价值导向、法治导向”3种治理理念，构建“结构体系、组织体系、制度体系”3大治理体系，

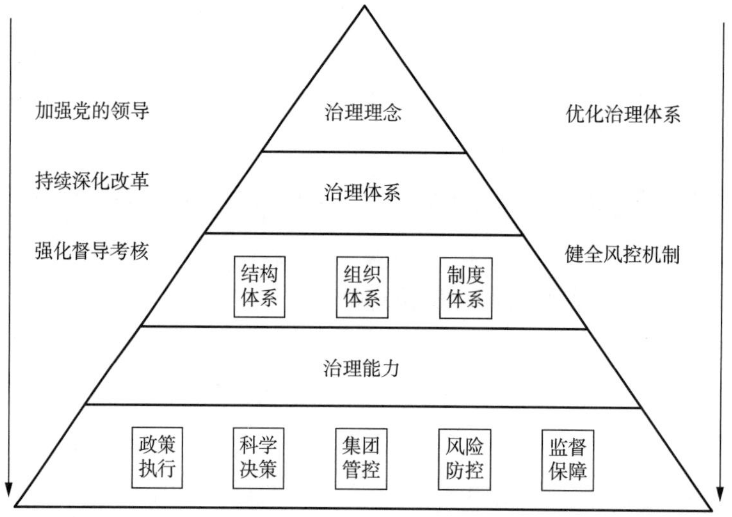

图3 国有企业治理现代化实现路径

Figure 3 Path to realize the modernization of state-owned enterprise governance

提升“政策执行、科学决策、集团管控、风险防控、监督保障”5项治理能力。最终，以加强党的领导、优化治理体系、持续深化改革、强化督导考核、健全风控机制为抓手，推动实现国有企业治理现代化。具体来看，国有企业治理现代化的实现路径应当从以下五个方面着手。

一是加强党的领导。国有企业在发展中要以党的领导为方针，以党的领导为企业指明政治方向。将党的领导和完善公司治理有机融合的方针贯彻落实，在公司的章程中指明党建工作的总体要求。企业党组织积极发挥其领导核心、政治核心、战斗堡垒和先锋模范的作用。进一步规范党组织在企业运营和管理的各个环节中对权责分离和舞弊违规行为的监督、执行任务。明确和落实党组织在公司法人治理结构中的法定地位。完善党组织的任务分配，权力范围，责任划分和机构设置，并将其纳入企业管理之中。党的组织体系更加严密，组织制度不断完善，基层组织充满活力，组织化、制度化、具体化地使党组织发挥其政治核心作用和政治引领作用。

二是优化治理体系。国有企业治理能力的提升和治理体系的完善都离不开中国特色现代企业制度的建立和发展，中国特色现代企业制度是企业治理的核心方向。要推动国有企业治理现代化，就要以完善的规章制度作为重要保障。在推动治理现代化发展的过程中，要勇于开展内部改革，对业务流程、管理制度等进行优化。特别是要明确各治理主体职责、工作内容，确保能够高效运转，加强董事、监事等部门的人员结构建设，做好组织管理和评价监督，并根据情况做出优化调整。

三是持续深化改革。国有企业的改革既要注意细节的把控，又要保证其能顺利落地。首先，建立健全的市场化经营机制，促进作为市场主体的国有企业提高效率和灵活性。深化以劳动、人事、分配为核心的三项制度改革。其次，强化巩固国有企业的市场主体地位。对管理层的任期进行明确的限制，同时签订聘用合同以明确双方责任、保障双方权利。通过市场配置推进市场化用工，完善科学、公平、适应外部竞争的市场化薪酬分配机制，建立透明、公平的评估体系，以中长期激励为主，灵活制定与企业实际相匹配、与市场波动相适应的激励政策。最后，分层分类深化混合所有制改革，加强对混合所有制改革全过程的监督，防止国有资产流失。

四是强化督导考核。要进一步提升治理现代化，将具体举措层层落实，必须建立健全监督考核体系。建立治理体系和治理能力现代化督促督办系统，组织开展专项督查或抽查，加强过程跟踪和进度督查，对重点任务推进情况以及巡视整改情况进行定期监督，对各项督导结果及时总结。建立推进治理体系和治理能力现代化的考核评估机制，将推进落实情况作为年度重点工作，作为各级单位考核的重要内容，强化考核结果的运用。

五是健全风控机制。在合规管理的同时提高内控制度的有效性和刚性约束。增强风险识别制度的灵敏度和风险防控制度的及时性，按照风险的危害程度和发生概率，对风险进行分级分类管理。完善风险识别、评估、预警、防范，处置动态管理机制，落实重大经营风险事件报告工作机制，健全重大突发事件应急处突和舆论引导机制。

5 推进国有企业治理现代化的配套政策

国有企业是国家的命脉，是国民经济的基础，国有企业治理是国家治理的重要内容。当前，国有企业治理体系和治理能力现代化依然存在一定程度的政策制约问题。良好的企业治理离不开国家政策的引导和支持，建议从清晰国资监管边界、转变政府机构职能、提升竞争力等方面持续提升政策支持力度。

一是进一步明确国资监管边界。为推进国有企业治理现代化，国有资产监管制度必须更加成熟，紧紧围绕“管资本”主线加快国有资产监管职能转变，进一步提高监管的科学性、针对性、有效性，全面强化专业化、体系化、法治化监管，推动授权与监管相结合、放活与管好相统一。

二是进一步转变政府机构职能。适应市场化、法治化、国际化新形势新要求，市场是资源配置的枢纽，在资源配置中起决定性的作用。需要进一步推进政府机构设置和职能配置的改革。党的十九届四中全会强调，要深入推进简政放权、放管结合、优化服务，深化行政审批制度改革，改善营商环境，激发各类市场主体活力。为了激发市场的活力，发挥社会主义市场经济体制优势，应进一步完善国家宏观调控体系，处理好政府与市场的关系，在保障市场稳定的同时减少对市场的干预，促进经济持续健康发展。

三是进一步打造提升世界一流企业竞争力的营商环境。竞争中性原则由经济合作与发展组织（OECD）提出，旨在针对国有企业同时承担商业职能和政府给予的非商业职能时可能获得一些特殊政策。建议加快分类国有企业的商业性和公益性业务，商业性业务严格按照市场化原则运营，公益性业务要有严格的监管制度，持续营造符合竞争中性的营商环境。

参考文献

[1] 王智丰，袁政．委托人与代理人“行政化”对国企领导管理体制的影响研究［J］．学术研究，2011(02)：40–45.

[2] 姚瑶．国家治理体系下的公司治理：从资本民主到社会民主［J］．理论月刊，2015(12)：138–143.

[3] 习近平．切实把思想统一到党的十八届三中全会精神上来［EB/OL］．［2015-02-28］. http://news.xinhuanet.com/politics/2013-12/31/c_118787463.htm.

[4] 姜付秀，王莹．国有企业公司治理改革的逻辑：从国家治理到公司治理［J］．经济理论与经济管理，2021，41(06)：4-21.

[5] 张弛．国有企业党组织与现代企业制度冲突吗？［J］．当代经济研究，2019(12)：42-51.

[6] 王宏淼．中国特色国有公司治理结构的典型化特征［J］．中国发展观察，2021(24)：66-70.

[7] 李维安，郝臣，崔光耀，郑敏娜，孟乾坤．公司治理研究40年：脉络与展望［J］．外国经济与管理，2019，41(12)：161-185.

[8] 李文贵，余明桂，钟慧洁．央企董事会试点、国有上市公司代理成本与企业绩效［J］．管理世界，2017(08)：123-135+153.

[9] 黄速建，余菁．国有企业的性质、目标与社会责任［J］．中国工业经济，2006(02)：68-76.

Modernization of State-owned Enterprise Governance: Integration Framework and Implementation Path

Zhen WANG[1], Qing XUE[2], Xueqin YANG[1]

1.CNOOC Energy Economics Institute;

2.China University of Petroleum, Beijing

Abstract: State-owned enterprises (SOEs) are the important material and political basis for the Communist Party of China's (CPC) to implement decisions and rejuvenate the country. The modernization of state-owned enterprise governance is directly related to the modernization of national governance system and governance capacity, and to build world-class enterprises also require the promotion of modern corporate governance. On the basis of literature review and practice summary, this paper integrates the particularity of the CPC organization management theory, contract theory and the universality of SOE group's control into a theoretical framework to expound the theoretical connotation of modernization of SOE governance system and management ability, and explores the strategic path of promoting the modernization of SOE governance, and finally puts forward the supporting policies of promoting the modernization of SOE governance.

Keywords: State-owned enterprise; Governance system; Governance capacity; Modernization of governance

国际石油公司2022年经营策略分析及启示

和旭*

中国海油集团能源经济研究院

摘要：2022年，地缘政治紧张与大国博弈加剧推动油价大幅上涨，国际石油公司生产经营环境更加复杂，受乌克兰危机影响陆续退出俄罗斯，造成较大规模经济损失。但由于能源价格水平保持高位，有效抵消了退出俄罗斯造成的影响，国际石油公司营业收入、净利润、经营活动现金流等财务指标增长明显。面对复杂局面，国际石油公司持续优化组织模式，在传统油气业务与新业务发展之间寻求新的平衡，在加大资本分配力度的同时，严控资本支出，持续优化短期回报和长期效益。

关键词：国际石油公司；经营业绩；经营策略；资本分配；资本支出；转型模式

0 引言

2022年，乌克兰危机成为全球最大“黑天鹅”事件，俄乌双方冲突持续升级，呈现出胶着化、长期化的发展趋势，欧美国家接连在经济、金融、能源等领域对俄罗斯实施制裁，国际油气价格大幅攀升且剧烈波动，全球油气贸易格局深刻调整，在诸多国家引发了新一轮通货膨胀，欧美等国家为此激进加息，全球经济下行风险再次加大[1]，欧洲一度深陷能源危机，能源转型在地缘政治力量的较量中徘徊不前[2]。在上述背景下，国际石油公司综合短期复杂局面和长期减碳趋势，及时调整转型进程，经营策略正逐渐从激进型向平衡型转变。

1 国际石油公司经营业绩表现

1.1 国际油价显著上涨，石油公司经营业绩涨幅明显

2022年，受地缘政治事件频发、新冠疫情反复、大国博弈加剧等多种因素叠加影响，全球能源、食品等价格显著上涨，全球供应链面临更严峻的挑战，世界经济陷入高通胀，经济下行风险再次加剧。根据国际货币基金组织（IMF）2022年10月预测，2022

* 和旭，男，硕士，中级经济师，主要从事公司战略研究工作。E-mail：hexu5@cneei.com.cn

年全球GDP增速3.2%，而过去40年全球经济平均增速约3.5%[3]。据统计，2022年全年布伦特现货平均价101.47美元/桶，WTI原油现货平均价94.30美元/桶，分别较2021年上涨42.8%和38.5%，国际石油公司抓住油价上涨的有利时机，经营业绩整体实现大幅增长[4-13]。

财务业绩方面，包括埃克森美孚、壳牌、bp、道达尔能源、雪佛龙、巴西国油、Equinor、埃尼、康菲、西方石油公司在内的10家国际石油公司共计实现营业收入2.11万亿美元，较2021年增长48.4%；上述10家公司共实现净利润2678亿美元，较2021年增长105%[4-13]。其中，bp因乌克兰危机爆发退出俄罗斯导致该公司亏损13.57亿美元，但经调整后利润高达276.53亿美元，较2021年增长116%[4]。油气业绩方面，上述公司共计实现油气产量2455.3万桶油当量/日，同比下降3.4%，意味着石油公司2022年并未聚焦油气产量增长，更多的是顺“市”而为，利用高企的油气价格实现财务业绩增长，更好地实现可持续发展及股东回报。

1.2　大型公司陆续退俄，后续负面影响整体可控

2022年，受乌克兰危机影响，埃克森美孚、壳牌、bp、道达尔能源、Equinor等大型国际石油公司陆续宣布退出俄罗斯，对其生产经营产生一定影响，但大部分被油气价格上涨所抵消（表1）。其中，bp退出俄罗斯石油公司（Rosneft）19.75%的股权，在财务业绩和油气生产经营两方面造成严重损失。据该公司公告，2022年因退出俄罗斯造成损失共计255.3亿美元，与其调整后利润相当；该公司2022年在俄罗斯的权益产量约为75万桶/日，约占其油气产量的25%，对其油气业务产生较大影响。道达尔能源因退出俄罗斯导致其油气产量有所减少，但被巴西地区的产量增长所抵消，该公司全年资产减值损失约157亿美元，因退出俄罗斯导致的资产损失规模高达148亿美元[5]。埃克森美孚与Equinor相继退出俄罗斯油气项目，相关的油气储量分别为1.5亿桶油当量和0.86亿桶油当量，占各自储量比重分别为1%和1.6%，但后续影响整体可控。

当资产的实际价值低于账面价值时，公司有必要通过减值测试确定是否需要计提资产减值损失。对于石油企业而言，当油气价格持续下跌、开发成本超过预期、预估储量大幅下调时，应着手开展油气资产减值测试[14]。2022年国际石油公司开展资产减值的主要是乌克兰危机引起的资产估值大幅下降导致的。从石油公司资产减值损失对比来看，道达尔能源与bp受退出俄罗斯的影响最大，两家公司2022年合计损失超过340亿美元（表2）。资产减值短期内会降低当期利润，可能造成资产永久损失，损害利益相关方和市场信心；长期降低了未来资产折旧、折耗和摊销的基础，有利于降低未来成本，提升长期财务表现[15]。

表1　国际石油公司对俄策略

Table 1　International oil companies' strategy towards Russia

公司名称	主要策略	影响描述	相关损失/亿美元
埃克森美孚	退出Sakhalin-1 油气项目30%作业者权益，不再开展新投资	储量为1.5亿桶油当量，占比不足1%	46
bp	退出俄油19.75%股份，独立董事撤离俄油	俄油权益油气产量75万桶/天，占比约25%	255.2
壳牌	退出Sakhalin-2 LNG项目27.5%非作业者权益，出售合资公司剩余股权及润滑油分销业务	LNG产能及在俄油品分销业务受影响较大，整体可控	45
道达尔能源	退出诺瓦泰克19.4%股份及其他项目，相关人员撤离诺瓦泰克董事会	与卡塔尔签署LNG项目协议，弥补在俄损失	148
Equinor	退出合资油气项目权益	储量减少8600万桶油当量，占比约1.6%	10.8
埃尼	退出蓝溪天然气管道	无影响	无

数据来源：各公司2022年第4季度及全年业绩报告

表2　石油公司资产减值损失对比

Table 2　Asset impairment losses on oil companies

百万美元

公司名称	2021年	2022年
埃克森美孚	752	4202
壳牌	4065	2313
bp	−1351	18341
道达尔能源	910	15743
雪佛龙	0	1075
Equinor	1439	2428
埃尼	198	1200

注：负值代表减值回转。
数据来源：各公司2022年第4季度及全年业绩报告

1.3　收入利润率显著增长，资产负债率有所降低

从2021—2022年的收入利润率看，石油行业利润率整体有所上升。10家国际石油公司平均营业收入利润率从2021年的9%增长至2022年的13%。其中，巴西国油、康菲、西方石油公司2022年这一指标的数值均超过20%，远高于其他公司水平，主要因为三家公司上游业务所占比重相对更大（图1）。从2021—2022年资产负债率看，10家国际石油公司平均资产负债率从2021年的58%下降至2022年的57%，整体有所下降。对比而言，壳牌基本保持不变，bp有所上升，其余公司均有所下降（图2）。意味着bp负债总额增速快于净资产规模，主要是乌克兰危机导致亏损。

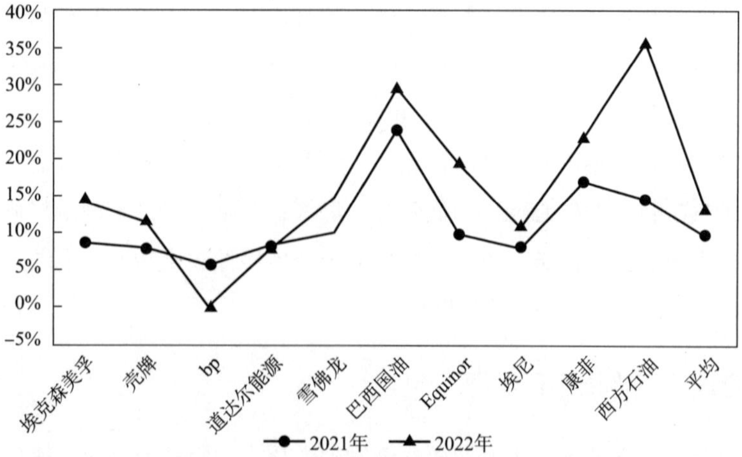

数据来源：各公司2022年第4季度及全年业绩报告

图1　国际石油公司收入利润率

Figure 1　Profit ratio of oil companies

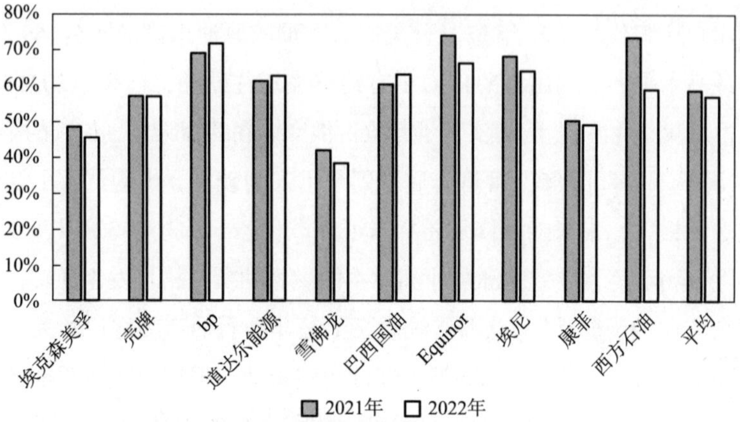

数据来源：各公司2022年第4季度及全年业绩报告

图2　国际石油公司资产负债率

Figure 2　Asset-liability ratio of oil companies

2　2022年油气行业经营环境回顾

2.1　地缘政治加剧通胀风险

2022年，地缘政治冲突与新冠疫情频发给全球经济复苏带来明显压力，国际石油公司面临的通胀压力加剧，对降低成本、提高投资效率产生冲击。为适应这种形势，国际石油公司一方面需要增加必要的资本性支出应对通胀及供应链风险；另一方面需要加快优化资产布局，寻求更具竞争力的战略资源，通过对不同来源、不同层次、不同结构、不同内容的资源进行选择、汲取、配置、激活和有机融合，重构原有资源体系，逐渐摒弃无价值或弱价值的资源，使之具有较强的柔性、条理性、系统性和价值性[16]，是一项动态的系统工程。近年来，国际石油公司面临国际油价大幅震荡及全球能源转型趋势，持续开展资产优化，表现出三个突出特点：一是继续剥离上下游非核心资产，包括成本高周期长的油气项目、非核心炼厂和低效炼油厂等；二是加强技术创新与节能减排，推动企业生产经营更加清洁低碳；三是积极推动传统炼厂低碳化转型，推动化工业务向高端特色化发展[17]，更加关注公司的长期价值[18]。

2.2 全球油气格局正在重塑

全球油气格局因美欧制裁俄罗斯而逐渐发生变化，国际石油公司加速寻求战略接替区。乌克兰危机爆发以来，全球油气市场区域发展极不平衡的问题再度暴露，能源安全脆弱性明显提升。危机与制裁在一定程度上推高了石油、天然气等大宗能源商品的价格，扰乱了全球能源系统的平衡，全球能源安全受到冲击。俄罗斯在欧洲的市场地位正逐渐被美国油气出口所替代。2022年12月，美国对欧洲的原油出口量增至169万桶/日，为近两年来的最高水平，美国出口的LNG中有约69%运往欧洲，远高于2021年的35%[19]。美国通过连番制裁“北溪2”管道实现了其抢占俄罗斯在欧洲天然气份额的第一步；2022年9月，“北溪1”和“北溪2”管道先后遭到严重人为破坏，出现严重甲烷泄漏，对当地环境造成严重损害，未来能否修复还犹未可知[2]。此外，危机爆发以及欧盟禁运俄油所引发的国际市场动荡，导致欧洲与非洲原本的燃料油贸易格局发生逆转，暴露了“非洲在能源安全方面的脆弱性”。欧洲传统意义上是非洲石油产品进口的关键来源，但自身供应不足导致转向本土市场，从而造成非洲燃料短缺。根据《bp世界能源统计年鉴》，2021年非洲炼油厂加工能力约为300万桶/日，欧洲为1500万桶/日[20]。非洲成为国际石油公司拓展业务的重要接替区。例如，bp与埃尼共同成立合资公司开发安哥拉油气资源，并协同推进能源转型[4]，同时在毛里塔尼亚和埃及寻求绿氢发展潜力；道达尔能源相继在苏里南、纳米比亚获得重大油气发现，并获得阿尔及利亚的油气开发许可，尼日利亚、安哥拉油气项目建成投产[5]。

2.3 全球能源转型进程继续推进

2022年，全球能源转型进程尽管受欧洲深能源供应短缺一度受到怀疑，但最终仍将稳步推进，石油公司将在传统业务发展与新业务发展之间寻找新的平衡。一方面，欧洲、澳大利亚等国家及地区纷纷加速推动能源转型，全球低碳化进程有望再次加速。2022年5月，欧盟发布了REPowerEU计划，旨在通过节能、多样化能源供应以及加速可再生能源转型等方式摆脱欧盟长期以来对俄罗斯化石燃料的依赖。随后，G7集团、澳大利亚、印尼等联盟和国家相继做出加速可再生能源转型的承诺与行动。另一方面，2022年8月，美国正式出台总价值7400亿美元的《2022年通胀削减法案》(Inflation Reduction Act)，预计将3690亿美元投资于气候变化和新能源项目，旨在通过税收减免和税收补贴的政策加速能源转型进程。在这种情况下，在美经营的国际石油公司将在发展大型CCS（碳捕捉及存储）、炼油厂改造、生物燃料及低碳氢气生产等项目中寻求更多机会。

3 油气公司经营策略回顾与短期展望

3.1 行业经营状况稳定，更注重提高股东回报

2022年，国际石油公司获得大量现金流。据统计，10家公司经营活动现金流共计4314.7亿美元，较2021年增长51.1%，为可持续发展提供了强硬的资金支撑，有效增强了公司的资产韧性。在此情况下，国际石油公司将大量现金用于资本再分配，主要的表现方式包括提高现金股利分配和增加股票回购力度。

公司金融理论认为，现金股利分配政策是企业经营管理中的一项重要决策，其主要的目的是促进股东利益最大化，即最大程度增加投资者回报[21]，较高的股利分红会向投资者传递出公司经营良好的信号[22]。2022年，10家国际石油公司共支出1023.77亿美元用于分配股息，约占经营活动现金流的23.7%；2021年，现金股息分配支出为659.04亿美元，占比为23.1%[4-13]。

股票回购是指上市公司以一定价格购回公司已发行在外的普通股的行为[23]，是另一种常见的股利分配政策和资本运作方式，与现金股利分配政策同样起到向投资者传递公司经营良好信号的作用，通过回购减少股票供给，向市场传达股票价值被低估的信息，降低信息不对称程度[24]。公司通过股票回购能够减少公司资本，从而使得公司资本得到充分能利用，股东回报与净资产收益率将进一步提高，从而改善资本结构[25]。据统计，2022年，包括埃克森美孚、壳牌、道达尔能源、雪佛龙、Equinor、康菲及西方石油公司在内的7家国际石油公司均采取了股票回购操作，共计花费624亿美元，较2021年上涨6倍。其中，埃克森美孚与壳牌在股票回购方面分别花费约152亿美元和184亿美元，而雪佛龙2023年1月份宣布了一项750亿美元的股票回购计划而遭到了批评人士的指责。

但是，也有研究表明如果股利分配政策不当可能会影响公司经营与发展，损害投资者利益，降低投资者的长期回报[21]，2022年石油公司尚未出现这种情况。从7家国际石油公司股息及回购所占经营活动现金流的比重来看，2022年7家公司共计花费3224亿美元，占比从2021年的26%提高至37%。从表3看，除Equinor和西方石油公司外，其余

公司用于股利分配的金额均高于资本支出，康菲公司用于股息分配及股票回购的金额约283亿美元，占其经营活动现金流的比重高达53%，远高于资本支出所占比重[13]。一方面，两个比例均低于100%，表明石油行业2022年经营状况整体稳健，能够同时满足投资者短期回报，并为公司未来业务发展提供充裕资金。另一方面，资本支出所占比重相对较低，一定程度上表明国际石油公司更注重股东回报，高油价下的油气勘探开发业务所需资金尽管也受到通胀影响，但整体表现仍较为稳定且能够产生充裕现金流，同时支撑各家公司稳步转型。

表3　石油公司股利分配与资本支出对比

Table 3　Comparison of dividend distribution and capital expenditure of oil companies

公司名称	股息与回购支出及占比		资本支出及占比	
	金额/百万美元	占比	金额/百万美元	占比
埃克森美孚	76797	40%	22704	30%
壳牌	68413	38%	22600	33%
道达尔能源	47367	38%	11852	25%
雪佛龙	49600	33%	11974	24%
Equinor	35136	25%	8758	25%
康菲	28314	53%	10159	36%
西方石油	16810	25%	4497	27%
合并	322437	37%	92544	29%

数据来源：各公司2022年第4季度及全年业绩报告

3.2　资本支出仍坚持审慎投资原则

尽管2022年油价高企大幅提振了石油公司经营业绩，经营活动现金流也显著增长，但本次油价增长主要原因是地缘政治动荡。因乌克兰危机导致的全球通货膨胀风险也传导至石油行业，所选石油公司资本支出规模整体较2021年有所增长，10家国际石油公司资本支出规模共计1263亿美元，较2021年增长25.8%，但较2019年下降24%（图3）。除康菲外，其余公司资本支出尚未超过2019年的水平，反映了石油公司审慎的投资态度。另外也从侧面反映了石油公司成本效率在逐渐提升，桶油开发成本下降进一步促使投资减少[26]。

展望2023年，国际石油公司认为乌克兰危机的影响仍将持续，继续严控资本支出并持续削减成本，保障油气产量稳定或小幅增长。其中，埃克森美孚计划将资本支出增加至230亿～250亿美元，推动油气产量增长至400万桶/日的水平；道达尔能源计划将资本支出增加至160亿～180亿美元，推动新项目投产将其油气产量提高至250万桶/日的水平；雪佛龙资本支出计划约170亿美元，预计增长25%；康菲资本支出计划107亿～113亿美元，预计增长5%～10%；Equinor表示将通过优化油气资产组合，保持桶油操作成本行业领先，资本支出100亿～110亿美元，增长15%～25%，进一步提高油气产量。

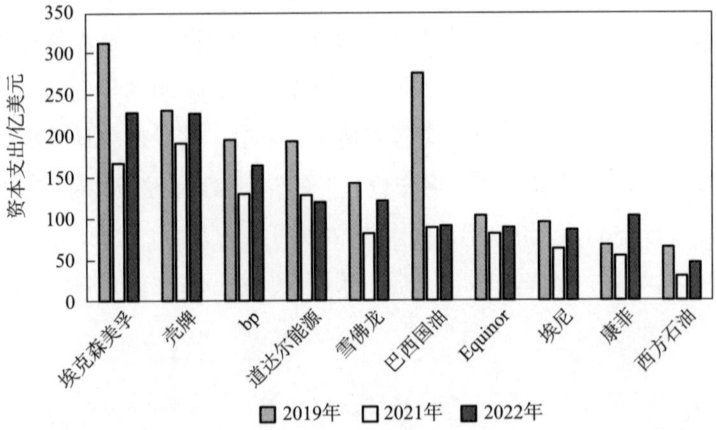

数据来源：各公司2022年第4季度及全年业绩报告

图3　国际石油公司资本支出

Figure 3　Oil companies' capital expenditure

3.3　传统业务与新业务发展模式多元化

近年来，国际石油公司积极顺应全球能源转型趋势，相继确定中长期净零排放目标并加快战略调整步伐，在巩固油气主业的同时积极推进低碳转型，初步确立了多元化的转型路径，总体包括三个方面[27]：一是规模化发展可再生能源、生物燃料等业务；二是拓展终端销售网络布局，包括充电桩、加氢站、便利店等多元化服务；三是多方联合持续推进CCS项目，发展自然碳汇等。

随着国际石油公司低碳转型进程有所加快，传统业务与新业务的组织模式也呈现出不同状态。第一种是将天然气与新能源开发业务放在同一业务板块下运营，代表企业为道达尔能源，壳牌原先的模式与道达尔能源一致。第二种是将新能源业务加以区分，并融入新的战略单元，代表企业为bp。其中，具有韧性的油气业务包含生物燃料，便利零售与移动出行业务则包含电动汽车充电，低碳业务包含氢能及可再生能源与电力，上述新业务均属于bp的转型增长引擎。第三种是设置专门的新能源业务并独立运营，例如壳牌将其新能源业务从原先的一体化天然气及电力业务中分离出来成立可再生及能源解决方案业务（Renewables and Energy Solutions）；Equinor设置可再生能源业务板块（Renewable），雪佛龙也有这种倾向；埃尼设置Plenitude & Power业务发展以可再生能源为主的转型业务并计划单独上市。

从当前的情况看，传统业务与转型业务的协同发展仍是主要选择，但在协同运营的方式设置上存在差异。第一种模式是和天然气业务协同；第二种模式则更注重不同新业务与产业链上下游的价值拓展。2023年1月，壳牌新任首席执行官Wael Sawan针对业务部门进行全面改革，计划合并其上游和一体化天然气业务，合并下游业务与可再生能源业务，意味着该公司的转型业务正从独立运营重新走向协同。传统业务与新业务协同发展的主要原因可能有两方面影响因素：其一是传统油气业务2022年受油价大幅上涨业绩明显增长，业务整合有利于为利益相关者创造更大价值；其二是与其战略相匹配。壳牌此前“赋能进步”的战略中明确了“客户优先”的转型策略，例如将其2030年的电力销售量增加1倍，达到560太瓦时/年，为非洲和亚洲无电力的1亿人口提供可靠电力等。本次业务合并举措与其“赋能进步”战略一脉相承，进一步推动壳牌向净零排放能源产品和服务供应商转型[28]。

4 相关启示

4.1 加强外部风险防范，及时处置优化现有资产

石油公司未来经营风险主要包括以下两个层面：一方面是疫情与地缘政治的不确定性增加了公司短期经营风险，另一方面是油气价格高企维持期限持续性具有很大不确定性。建议一是继续落实疫情常态化防控机制，加强海外业务风险评估工作，及时处置低效、无效等不良资产。二是抓紧高油价时机获取超额利润及经营现金流，为后续可持续发展奠定良好的资金基础。三是持续加强油气市场研判，建立常态化油价气价分析机制，提前应对价格波动风险。

4.2 紧跟国内发展趋势，积极落实能源保供责任

传统化石能源仍旧在我国国民经济发展中扮演着至关重要的角色。外部需有效拓展能源进出口渠道，内部需加强基础资源储备与基础设施建设，全力保障国内能源安全稳定供应。建议国内石油公司继续发挥增储上产“主力军”作用，落实习近平总书记重要批示精神，助力实现2025年国内原油产量2亿吨、天然气产量2300亿立方米的目标，保障国内油气稳定供应。同时加强与同行企业合作，获取优质油气资源，同时加强油气储备能力建设，全方位保障国内能源安全。

4.3 顺应能源转型趋势，平稳发展新能源新产业

长期看，实现碳中和目标的整体趋势并不会因疫情、地缘冲突等发生逆转。传统化

石能源产业储运调峰体系和清洁低碳开发利用仍需有序推进，建议国内石油企业合理设定二氧化碳减排目标与减排范围，积极采取节能减排、清洁替代、火炬回收、高排放流程与设备改进等措施，加快推进CCUS技术推广应用，逐步落实清洁低碳发展目标，按计划推进碳达峰碳中和进程。同时，锚定既定新能源新业务发展目标，依据不同新能源品种和技术、不同潜在市场分解目标，及时根据外部环境、产业政策、技术趋势滚动调整，确保目标顺利实现。

4.4 保持审慎投资态度，持续做好风险防范工作

在当前复杂多变的环境下，无论是发展传统油气业务还是开展新业务，均需要保持审慎的投资态度。未来，建议将资产负债率等指标控制在合理水平之内，尽可能降低财务结构风险。资本支出要严格根据环境变化做出相应调整，同时做好资金分配，平衡好传统业务与新业务之间的发展。

参考文献

[1] 王佩. 乌克兰危机加剧国际油气价格波动，全球经济下行压力加大［J］. 国际石油经济，2023，31(01)：15–17.

[2] 刘贵洲，黄浩凯，胡红民. “两个半球化”和“两个能源圈”：乌克兰危机背景下全球能源格局的重塑［J］. 俄罗斯东欧中亚研究，2023(01)：72–89+155–156.

[3] IMF.World Economic Outlook, October 2022: Countering the Cost–of–Living Crisis［EB/OL］. https://www.imf.org/en/Publications/WEO/Issues/2022/10/11/world–economic–outlook–october–202.

[4] bp.bp’s fourth quarter and full year 2022 results:Performing while transforming［EB/OL］.［2023–02–07］. https://www.bp.com/en/global/corporate/news–and–insights/press–releases/fourth–quarter–2022–results.html

[5] Totalenergies.Fourth quarter and full–year 2022 results［EB/OL］.［2023–02–08］. https://totalenergies.com/system/files/documents/2023–02/TotalEnergies_4Q22_Results.pdf.

[6] Shell. Fourth Quarter 2022 Results［EB/OL］. https://www.shell.com/investors/results–and–reporting/quarterly–results/2022/q4–2022.html.

[7] Exxon Mobil.Exxon Mobil Corporation Quarterly earnings［EB/OL］. https://corporate.exxonmobil.com/investors/investor–relations/quarterly–earnings.

[8] Chevron.chevron announces fourth quarter results［EB/OL］. https://www.chevron.com/newsroom/2023/q1/chevron–announces–4q–2022–results.

[9] Eni. fourth quarter and full year 2022 results [EB/OL]. https://www.eni.com/assets/documents/press-release/migrated/2023-en/02/eni-fourth-quarter-2022-ceo-claudio-descalzi-comments-results.pdf.

[10] Equinor.Equinor fourth quarter and full year 2022 results [EB/OL]. https://cdn.equinor.com/files/h61q9gi9/global/014d3ce10d508b685735bbede6ce3a6279290e9d.pdf?financial-statements-and-review-q4-2022-equinor.pdf.

[11] Petrobras.Financial Statements 2022 [EB/OL]. https://api.mziq.com/mzfilemanager/v2/d/25fdf098-34f5-4608-b7fa-17d60b2de47d/cd82d0d6-65de-2d63-374b-82e03ed5f0e6?origin=1.

[12] Occidental.Occidental Announces 4th Quarter 2022 Results [EB/OL]. [2023-02-27]. https://www.oxy.com/news/news-releases/occidental-announces-4th-quarter-2022-results/.

[13] ConocoPhillips.ConocoPhillips Reports Fourth-Quarter, Full-Year 2022 Results [EB/OL]. [2023-02-02]. https://www.conocophillips.com/news-media/story/conocophillips-reports-fourth-quarter-full-year-2022-results-and-176-preliminary-reserve-replacement-ratio-announces-2023-guidance-and-planned-return-of-capital-of-11-billion-declares-quarterly-dividend-and-variable-return-of-cash-distribution/.

[14] 苏佳纯. 减值，该出手时就出手 [J]. 中国石油石化，2021(07)：44-47.

[15] 曹艳. 国内外石油公司上游资产减值对标研究及启示 [J]. 当代石油石化，2022，30(06)：7-10.

[16] 董保宝，葛宝山，王侃. 资源整合过程、动态能力与竞争优势：机理与路径 [J]. 管理世界，2011(03)：92-101.

[17] 国际大石油公司资产结构持续优化 [J]. 中国石油企业，2022(05)：34-35.

[18] 姜学峰.新世纪国际大石油公司发展战略新动向 [J]. 国际石油经济，2004(09)：13-19.

[19] 界面新闻. 原油天然气出口大增，美国正取代俄罗斯成欧盟主要能源供应国 [EB/OL]. [2023-02-18]. https://www.jiemian.com/article/8928068.html.

[20] bp.Statistical Review of World Energy [EB/OL]. https://www.bp.com/en/global/corporate/energy-economics/statistical-review-of-world-energy.html.

[21] 奚玉芹，金永红，韩钰，等. 现金股利分配，投资效率与投资者回报 [J]. 管理评论，2021，33(6)：14.

[22] 肖珉. 现金股利、内部现金流与投资效率 [J]. 金融研究，2010(10)：18.

[23] 徐国栋，迟铭奎. 股票回购与公司价值——理论与实证分析 [J]. 管理科学，2003(04)：60-64.

[24] 梁丽珍. 上市公司股票回购的公告效应及动因分析 [J]. 经济与管理研究，2006(12)：63-69.

[25] 王小哈. 股票回购：中国与国际的对比 [J]. 决策借鉴，2002(03)：29-33.

[26] 姜振强. 2021年国际大石油公司经营业绩与战略动向 [J]. 石油化工技术与经济，2022，38(06)：1-5.

[27] 王震，和旭，崔忻. “碳中和”愿景下油气企业的战略选择 [J]. 油气储运，2021，40(06)：

601–608.

[28] 周佩庆，林益楷．壳牌“赋能进步”转型战略分析及其启示［J］. 国际石油经济，2021，29(04)：67–73.

Operating Performance and Strategic Trends of IOCs in 2022

Xu HE

CNOOC Energy Economics Institute

Abstract: In 2022, the production and operating environment for international oil companies became more complex, with geopolitical tensions and intensifying games between major powers driving oil prices up significantly, and international oil companies exiting Russia one after another due to the Ukraine crisis, resulting in large–scale economic losses. However, as energy prices remained high, the impact of the withdrawal from Russia was effectively offset, and international oil companies' financial indicators such as operating income, net profit and cash flow from operating activities grew notably. Oil companies continued to optimize their organizational models and seek a new balance between traditional oil and gas business and new business development. At the same time, oil companies continued to optimize short–term returns and long–term benefits by increasing capital distributions while strictly controlling capital expenditures.

Keywords: IOCs; Operating performance; Operating strategy; Capital distribution; Capital expenditure; Transformation mode

基于油气田产量规模与投资效益关系的中国石油企业投资策略分析

董琳*

中国海洋石油集团有限公司

摘要： 置身动荡复杂多变的竞争环境中，中国石油企业既面临前所未有的机遇，同时也面临严峻挑战。油气企业要保持竞争优势，就必须合理配置资源、实施投资战略管理创新、持续保持成本优势。本文旨在探讨全球不同地区、不同规模油气田、不同开发水深、不同资源类型（常规与非常规）、主要石油公司油气生产规模与效益关系研究的基础上，总结产量规模与效益规律，为当前处于海外油气经营关键阶段的中国石油企业的战略规划及投资决策起到参考和借鉴作用。

关键词： 投资战略；油气田；产量规模；投资效益

0 引言

自21世纪全球石油天然气勘探开发与能源格局结构发生了深刻变化，把握勘探开发及能源转型新形势，适时调整和优化投资策略，将有助于石油企业在未来发展中赢得优势。我国石油企业在面临前所未有的机遇与挑战中，结合外部环境与自身的发展状况，识别战略性投资机会，运用科学方法，选择与自身规模、发展阶段和业务特点相匹配的投资策略，并配以资源和实施策略，构建可行的运行机制，确保企业战略投资目标的实现。本文以翔实的数据为依据，重点对2001—2040年40年期间，全球油气行业上游的投资规模与结构及油气产量、成本效益等进行深入分析，探讨并提出了油气企业投资战略管理的启示和建议。对我国油气企业分析利用战略性成本信息、促进自身形成长期竞争优势、保障提质增效、提高发展质量和发展后劲等都具有重要的指导意义。

1 油气企业投资战略新特征

1.1 战略性投资机会识别

我国油气企业从20世纪90年代起开始探索战略决策实践，通过不断提升外部及行

* 董琳，女，硕士，高级经济师，主要从事油气行业战略规划、投资管理。E-mail：donglin3@cnooc.com.cn

业环境变化的分析判断能力，借鉴成功管理实践，实施产业价值链、ERP等工具和手段，动态制定和调整战略决策，探索优化投资战略。经过多年实践的积累，我国油气企业通过积极的战略规划，日渐完善的投资决策机制，逐渐探索出聚焦优势领域、集中优势资源、协调高效发展的投资之路。

1.2 国际上大的油气企业投资战略新趋势

在瞬息万变的市场环境下，国际上大的石油公司普遍以优化资源配置，整合核心优势业务作为投资战略的主要内容。各石油公司遵循低成本、高回报、股东利益最大化、优化区位选择的原则，进行资产并购、置换和重组，剥离不符合公司中期发展战略、盈利能力差的资产，强化具有竞争优势的核心业务，从而实现控制成本、提高利润和确保现金流的目标。一是国外石油公司进行资产的置换和优化升级，通过获得的重置资金，不断开辟和拓展新的优质业务区块，提高资产质量和盈利水平，使得公司整体油气勘探开发成本持续降低。二是实施区域精准化投资策略，实现重点区域连片开发，形成规模效应、提高劳动生产率，共享资源，实现区域内资产协同发展。三是受能源转型等因素影响，未来十年全球油气投资规模相比过去十年有所下降，欧洲石油公司将现有油气投资更多投放到天然气及配套设施等低碳能源领域，北美石油公司缩减油气上游油气投资和产量的意愿并不强烈，他们对于低成本传统能源的关注将持续到2030年之后。四是随着2022年乌克兰危机爆发而导致欧洲天然气供应短缺的影响，德国、意大利、土耳其、荷兰、希腊等欧洲国家政府近期推出鼓励油气开发政策，尤其是加快推进多项天然气开发项目，与此同时，欧洲石油公司们近期也大多调整了它们之前的战略，减慢了能源转型步伐，2023年初bp宣布推迟上游产量削减计划，将净产量目标锁定为2030年200万桶油当量/日，这个新目标高于转型之初设定的150万桶油当量/日，产量缩减节奏放慢，2030年净产量比2019年的产量值降幅由40%调整为25%，壳牌也于2023年初宣布精简调整内部组织架构，更加专注和加强天然气和可再生能源两个方向业务，可见短期内油气勘探开发可能会获得新发展机会。

2 油气生产规模与投资效益关系研究

2.1 全球各区域油气投资与产量关系分析

2.1.1 全球各大区历年油气投资

1965—2000年35年间，全球油气投资规模增速保持平稳。自2001年起全球油气投资爆发式增长，2008年及2014年，因油价高峰带动全球油气投资规模达到阶段性峰值，油价与油气投资呈现正相关关系。2001—2025年全球油气投资年复合增长率3.5%，其中2001—2025年北美油气投资增长最快的地区，年复合增长率5.8%，俄罗斯为投资增速第二区域，年复合增长率1.5%。未来2023—2030年前，全球油气投资将保持年均9500亿左右规模，相较2010—2022年年均12万亿的高峰投资规模，投资总量减少。而与此形成对比的是2023—2030年期间，北美油气投资保持年均3000亿左右规模，投资总量递减不明显（图1）。

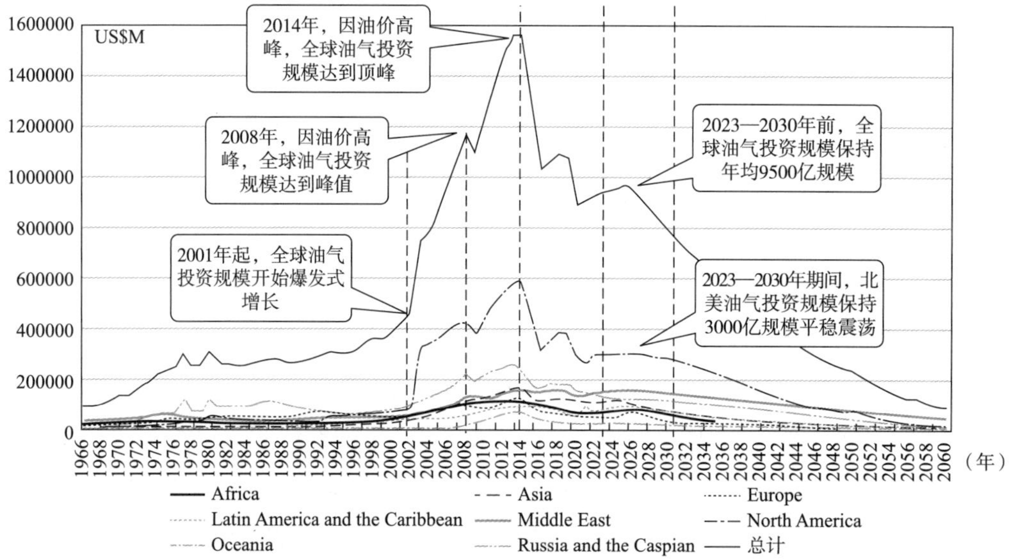

注：以上投资指油气田CAPEX与OPEX投资与费用支出的加总。
资料来源：Wood Mackenzie UDT数据库

图1　全球及各大区域历年投资情况

Figure 1　Global and large scale areas upstream E&P investment

2.1.2　全球各大区历年油气产量

受投资拉动影响，2001年起全球油气产量增长进入快车道。2001—2025年全球油气产量年复合增长率2.1%，其中2001—2025年北美油气产量增速第一，年复合增长率5.0%，中东油气产量复合增长率2.5%，俄罗斯油气产量复合增长率2.1%。2026—2030年全球油气产量增长减速，年均复合增长率0.5%，欧洲、亚洲及非洲等区域提前进入产量负增长阶段，预计2030年前后全球油气产量达到峰值后开始转入递减。

2.1.3　全球各大区分阶段效益分析

在对油气开采成本趋势做出分析后，可将全球范围划分为传统油气区、海上深水区、新兴地区及高储富产国四大类区域（图2）。各区域成本、技术发展趋势分析如下。

2.1.3.1　传统油气区

北美陆上以及欧洲北海等相对较为成熟的传统油气区降本空间有限，需要技术跃进性变革方能带来成本降低。北美区作为后起之秀，自2001年起，油气投资增加迅速，成为全球最大的油气投资区域，2001—2020年累计油气产量跃居全球第二位，投资（投资

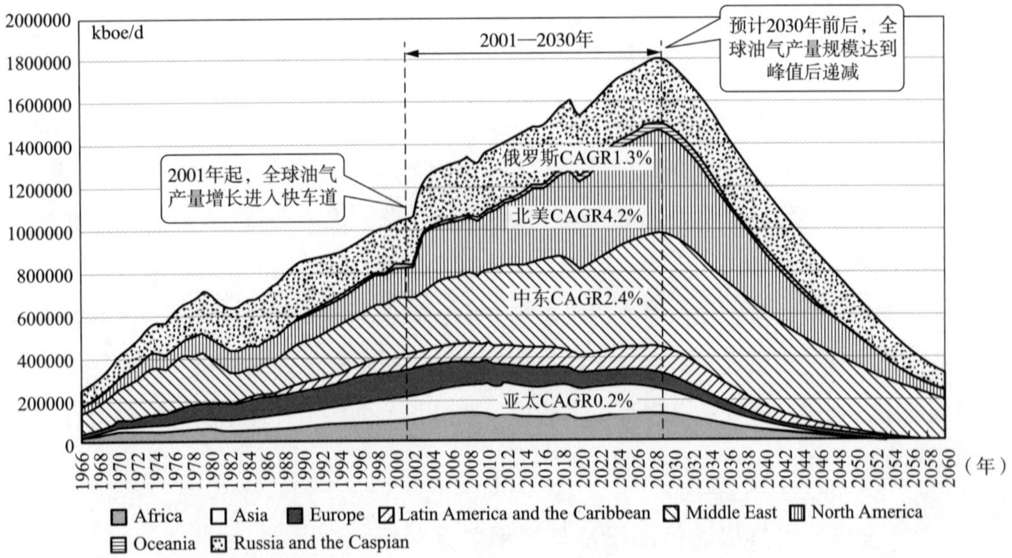

资料来源：Wood Mackenzie UDT数据库

图2　全球各大区域历年油气产量剖面

Figure 2　Global and large scale areas upstream oil and gas production

指CAPEX与OPEX的加总）与产量比保持在12～20美元/桶，2001—2020年上游成本比之前20年（1981—2000年）上涨近60%，预计得益于技术突破及规模效益等因素，未来20年（2021—2040年）北美上游成本比2001—2020年降低38%。

2.1.3.2　海上深水地区

随着陆地及浅水资源开发技术的成熟以及开采难度的加大，利润空间逐渐降低，而具备区域开发规模的深水市场将成为未来20～30年全球油气开发的主攻方向。深水项目往往在初始阶段投资额较高、开发周期较长，但后期普遍产量较高，规模效益凸显，内部收益率高，后续追加投资和维护成本相对较低，因此国际大的石油公司往往青睐于深水项目。预计2021—2040年西非地区上游成本与2001—2020年相比将下降17%。

2.1.3.3　新兴地区

俄罗斯、哈萨克斯坦、阿塞拜疆等新兴地区近年来得到国际资本和创新技术的助力，产量提升和成本降低成效明显。然而新兴地区同时也面临着与中东产油国争夺国际资本的激烈竞争，未来发展存在较大不确定性。预计2021—2040年新兴地区的上游油气勘探开发成本较2001—2020年下降16%。

2.1.3.4　高储富产国

新技术装备的引入以及国际资本的青睐对中东等高储富产国的石油产量产生积极的、实质性的影响，预计2021—2040年这些国家和地区的上游成本与2001—2020年相比将下降17%，其中沙特和科威特等低成本高储富产国的油气田全生命周期开发成本平均将不到4美元/桶。

根据全球油气勘探开发成本的发展趋势，四类区域的成本均有一定的下降空间，尤其是随着规模化开发不断扩大和科技水平不断提高，全球海上深水区和高储富产国成本将继续呈下降趋势。目前我国油气产业经过几十年的发展，剩余油气资源多位于深层、深水、高温高压领域，储量发现难度大、勘探成效下降、成本升高。与此同时，相当一部分主力在产油田陆续进入生产中后期，滚动开发潜力有限，增产难度较大，为了弥补自然递减维持目前产量，往往需要付出巨额支出，导致勘探开发成本高企。因此我国石油企业须及时优化调整投资策略，坚持把成本管控理念贯穿于油气勘探、开发、生产全生命周期中，加强全要素、全过程成本管控，通过技术创新和管理创新挖掘潜力，推进提质降本增效工作，保持成本竞争优势。

2.2 全球不同规模油气田投资与产量关系分析

2.2.1 全球不同规模油气田历年产量及投资

按照油气田可采储量规模（mmboe），将全球油气田分为6个等级：超特级大型Super-giant（≥5000），特级大型giant（≥500），超大型油气田群Grouping（储量不确定但至少满足≥500），大型Large（≥100），中型Moderate（≥10），小型Small（<10）。2001—2020年全球油气田产量近82%来自超特级大型油田、特级大型油田及超大型油气田群，其储量规模在500～5000mmboe的Grouping超大型油气田群在全部油气田产量占比最高，约占52%；小型油田产量只占总量的4%。超大型油气田历年累计投资占全球油田总投资的54%，2018年投资占比53%；各类规模油气田投资额占比相对稳定，因规模效益因素影响，全球80%以上的投资投向超大型油气田群及以上的油田（图3）。

2.2.2 全球不同规模油气田投资效益分析

因油价大跌导致油气投资大幅缩减，而产量受前期投资支撑维持上升趋势，自2014年起，超特级大型油田、特级大型油田及大型油田桶油开发成本大幅下降；随着深海油气田开采技术的发展成熟，全球油气田开发规模效应逐步显现，至2035年开发成本始终保持下降趋势（图4）。

2.3 全球不同水深油气田投资与产量分析

2.3.1 全球不同水深油气田投资

目前全球油气产量依然大部分来自陆上油气田，然而随着勘探开发的深入，大多数油气田已逐步步入成熟期，主要含油气盆地的勘探程度越来越高，目标层系越来越深，地层情况变得愈加复杂，陆上成功发现和获取大油气田的难度越来越大。近年来，全球

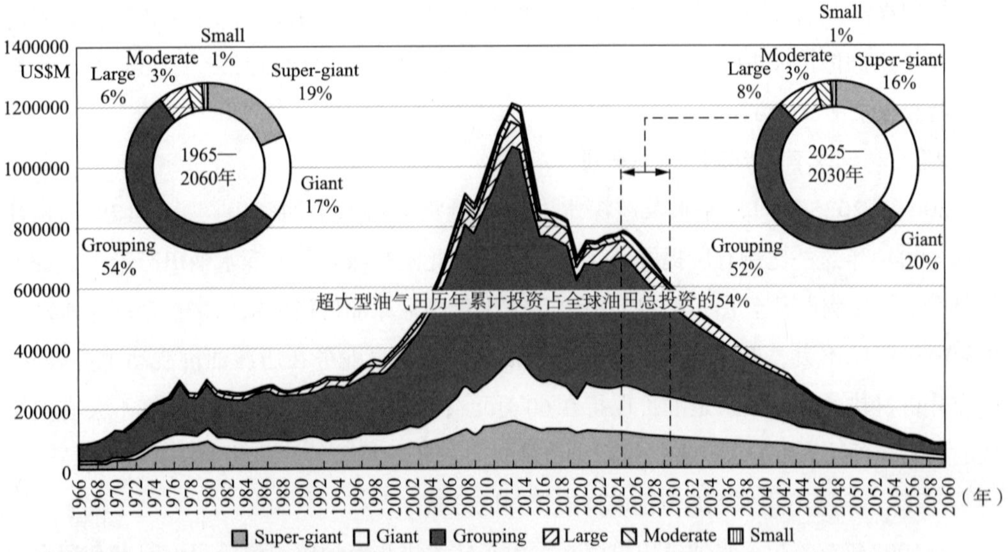

注：以上投资指油气田CAPEX与OPEX投资与费用支出的加总。
资料来源：Wood Mackenzie UDT数据库

图3　全球不同规模油气田历年投资

Figure 3　Different scales oil and gas fields E&P investment

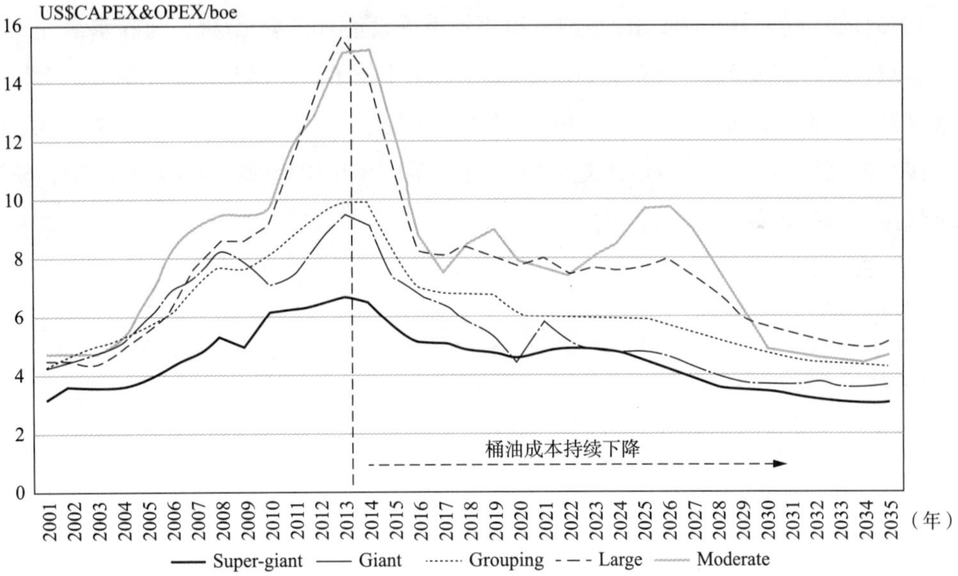

注：以上投资指油气田CAPEX与OPEX投资与费用支出的加总。
资料来源：Wood Mackenzie UDT数据库

图4　全球不同规模油气田投资效益分析

Figure 4　Different scales oil and gas fields investment benefits

勘探开发步伐逐步由陆上向海洋尤其是深水、超深水领域转移。自2001年起，深水及超深水油气田投资占海上油气田总投资的百分比逐年提升，2001—2025年期间深水及超深水油气田在海上油气田中投资占比保持在20%～30%区间。预计2026—2040年深水及超深水投资比例保持在30%～40%区间，其中2024年达到阶段性峰值，占比38.3%，占全球上游总投资的10.5%。

2.3.2 全球不同水深油气田产量

2001—2025年间，深水及超深水油田产量贡献占海上油气田产量的17%，预计2026—2040年这一比例有所提升，达到30%，与此同时深水及超深水油田产量占全球油气总产量的比例提升至10%左右。2014年下半年国际原油价格大跌以来，全球深水油气项目所受影响不大，勘探开发保持稳定。根据深水油气业务在历次油价波动中的表现，多家分析机构的分析结果是油价保持在60美元/桶的水平时，对深水项目将不会有实质性的影响，预计未来一段时期，深水油气业务发展依然具有较好的前景。

2.3.3 全球不同水深油气田单桶投资对比分析

自1997年首笔超深水油气田投资起，由于技术进步及油田规模等积极因素，深水及超深水油气田单桶投资不断降低。预计2028年，超深水油气田单桶开发投资首次低于深水油气田投资，超深水油气田开发成本与浅水和陆上油气田开发成本差距逐渐缩小，甚至趋同。2001—2025年间，全球陆上油气田年均单桶开发投资约7.1美元/桶，浅水油气田年均单桶投资6.9美元/桶，深水油气田年均单桶投资10.7美元/桶，超深水油气田年均单桶投资20.1美元/桶。展望2026—2040年，由于技术进步以及开发规模等因素，全球油气开发成本相比前20年下降近40%，其中全球陆上油气田年均单桶投资约4.3美元/桶，浅水油气田年均单桶投资4.1美元/桶，深水油气田年均单桶投资6.4美元/桶，超深水油气田年均单桶投资5.6美元/桶。

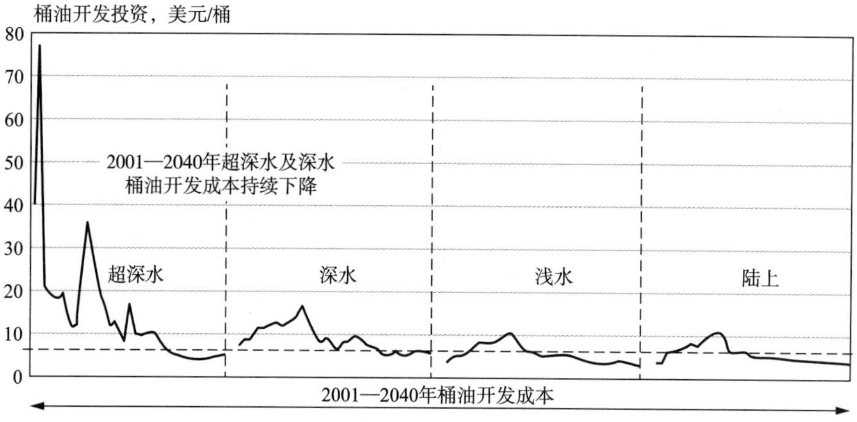

注：以上投资指油气田CAPEX与OPEX投资与费用支出的加总。
资料来源：IHS Markit Vantage数据库

图5 全球不同水深油气田单桶开发投资情况

Figure 5 Different depths fields barrel investment

2.4 全球常规与非常规投资与产量分析

2.4.1 全球常规与非常规投资

近年来，随着低碳排放政策、能源供应安全等综合因素影响，全球上游勘探开发正朝着由常规油气为主向常规与非常规油气开发并重的局面转变。十年前，脱碳几乎还没有被提及，而如今低碳资源对于各国和企业实现可持续发展目标变得至关重要，非常规油气资源开发，特别是基础设施和供应链发达地区的非常规天然气开采，是碳排放强度最低的资源之一，相较于传统油气资源开发更利于低排放目标的达成。另外，石油价格冲击、大流行病、地缘政治紧张以及乌克兰危机等动荡局势都导致了越来越多的不确定性，使各国政府对依赖外部石油和天然气供应感到紧张，从而开始重新关注国内常规与非常规能源供应。除了美国页岩油、页岩气开采火热外，中国、沙特和澳大利亚也是拥有大型非常规油气资源潜力的国家，在政府支持下正在研究如何将非常规资源作为能源转型整体战略的重要组成部分，非常规油气资源在油气新发现储量和产量中的比重将越来越大。

自2000年起，非常规油气田投资呈现快速增长，自2003年起非常规油气投资在总油气投资中的比例超过25%，2013—2014年达到史上第一个投资高峰，投资比例占全球上游投资的30%，并在后续年份保持较高投资占比。预计2030年非常规油气投资达到第二个阶段性峰值，在全球上游投资占比达到35%。2021年页岩气仅占中国国内天然气产量的12%，但随着发展的加速，从长远来看，页岩气将成为中国天然气供应的重要组成部分。目前国内页岩油开发正处于试点阶段，近年来，已发现鄂尔多斯盆地的庆城、准噶尔盆地的吉木萨尔和松辽盆地的古龙等多个大型页岩油田，然而，与常规油田相比，页岩油的开发成本非常高，短期内产量的增加具有挑战性。

2.4.2 全球常规与非常规产量

2003年全球非常规产量呈现爆发式增加，非常规油气产量在油气总产量占比接近10%。持续的投资支撑产量增加，近些年来非常规油气产量在全球油气总产量中的比重逐年提升，预计2023年起非常规产量达到阶段性高峰，占全球油气总产量的份额超过四分之一，并长期保持稳定的增长态势。

2.4.3 全球常规与非常规单桶投资对比分析

2000—2015年期间，非常规油气田开采成本较高，单桶投资是常规油气田单桶投资的3倍左右。随着非常规油气开发技术突破以及规模效益等综合因素，2016—2040年期间非常规开采成本持续下降，与常规油气田间差距保持在2～3美元/桶，非常规油气开采成本2040年单桶投资下降到历史最低点。后期因储量替代等因素可能将导致成本重新上升（图6）。

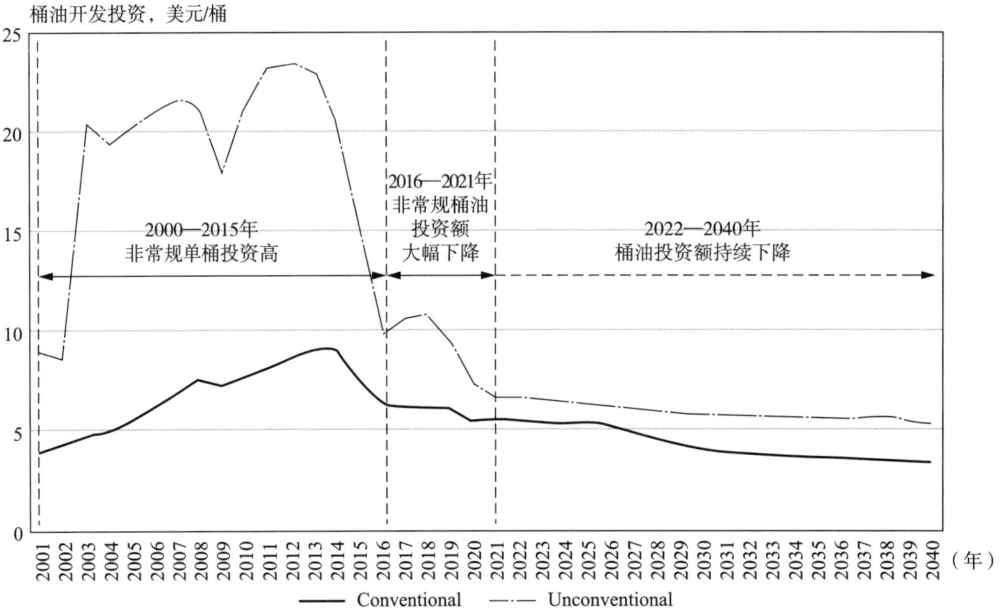

注：以上投资指油气田CAPEX与OPEX投资与费用支出的加总。
资料来源：IHS Markit Vantage数据库

图6　全球常规与非常规单桶投资情况

Figure 6　Conventional and unconventional fields barrel investment

2.5　全球主要石油公司投资与产量分析

2.5.1　全球主要石油公司投资与产量

据全球110家石油公司披露的上游勘探开发投资统计，2021年比2020年多支出210亿美元（增幅10.2%）。与以往不同，中小型石油公司成为油气行业投资增长的主力，2021年油气投资同比增长接近30%，NOC石油公司总体投资同比增加20%，其中中国三家石油企业投资增幅13.2%。与此形成强烈反差的是，受经济环境及能源转型战略等综合因素影响，7家石油巨头的资本投资同比缩减9.2%，其中bp（–17.8%）、埃尼（–18.9%）、埃克森美孚（–15 .1%）和壳牌（–14.0%），石油巨头在传统油气领域规模缩减的同时也为中小石油公司发展提供了机遇。另根据110家石油公司披露的净产量统计，2021年同比2020年油气净产量基本持平，其中7家石油巨头平均产量降幅约3%（表1）。

表1　全球110家石油公司类型分布情况

Table 1　Distribution of types of 110 petroleum companies

油气公司类型	个数	2021年资本投资同比增长	2021年资本投资占比
主要石油公司（Major）	7	–9.2%	25%
国家石油公司（NOC）	10	19.8%	43%

续表

油气公司类型	个数	2021年资本投资同比增长	2021年资本投资占比
大型石油公司（Larger-Cap）	19	9.0%	18%
中小型石油公司（Mid/Small-Cap）	74	30.8%	14%
合计	110	10.3%	100%

注：① 主要石油公司：bp、雪佛龙、埃尼、埃克森美孚、壳牌、挪威国油、道达尔。
② 国家石油公司：中国石油、中国石化、中国海油、巴西国家石油公司、印度石油公司、泰国国家石油公司、哥伦比亚国家石油公司、阿根廷国有石油公司、墨西哥石油公司、俄罗斯石油公司。
③ 大型石油公司：阿帕奇、必和必拓、加拿大自然资源公司、加拿大Cenovus能源公司、切萨皮克能源、康菲、戴文、EOG能源公司、赫斯石油、阿联酋皇家石油、日本国际石油、卢克、马拉松、诺瓦泰克、西方石油、美国Ovintiv石油、雷普索尔、森科能源、伍德赛德等。
④ 以上投资指油气公司E&D CAPEX投资。
资料来源：各公司年报、IHS Markit、Wood Mackenzie

2.5.2 全球主要石油公司投资效益分析

通过对比2015—2021年期间，7家世界主要石油公司及中国三家石油公司的投资效益，壳牌、bp及埃克森美孚三家公司更加注重投资回报，投资收益相对较优。而中国三家石油公司在投资管理方面还存在很大的提升空间。尽管自2019年以来，中国国家石油公司增加了国内投资，但松辽盆地和华北盆地等成熟油田的快速枯竭使得国内石油产量的快速增长非常具有挑战性。另一方面，经过几十年的高强度、高速勘探和开发，新发现的油田的储层质量较差，需要更多的资金、劳动力和时间来开发，因此整体投资效益相对较低（图7）。

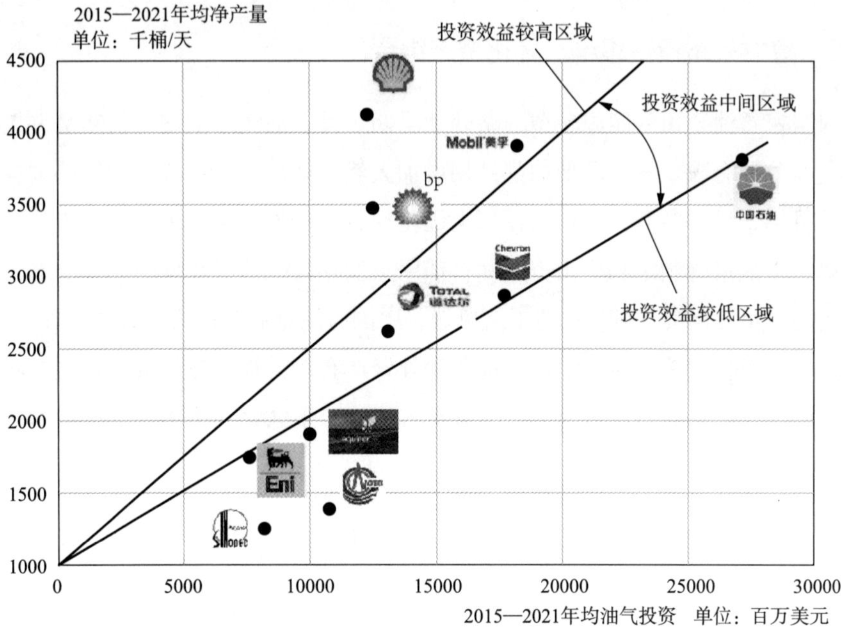

注：2019年4月12日Chevron宣布收购Anadanko公司 以上投资指油气公司E&D CAPEX投资。
资料来源：各公司年报、IHS Markit、Wood Mackenzie

图7 全球7家主要石油公司与中国3大石油公司上游勘探开发投资效益分析

Figure 7 Analysis of upstream E&P investment benefits of 7 major global oil companies and 3 major Chinese oil companies

3 启示与建议

3.1 加强行业基础研究，做好战略选区储备

我国石油企业“走出去”到海外开发油气资源是一项艰巨而复杂的任务，必然面临许多困难，而做好战略选区规划则是首要任务。目前，全球上游勘探领域正在经历着深刻的变化，从陆上到海上，从浅水到深水、超深水，从中深层到深层、超深层，从常规地带到边缘地带，从常规油气资源到非常规油气资源，已经成为世界油气勘探的趋势，未来油气勘探将不断向更深、更广、更具挑战、更异于常规的领域发展。同时，随着国内油气资源开发逐步进入复杂油气领域，稳产上产任务艰巨，降本增效难度攀升，探索“走出去”勘探开发新路径成为大势所趋。我国石油企业要在深入分析全球不同地区、不同规模油气田、不同开发水深、不同资源类型（常规与非常规）、主要石油公司油气田生产规模与效益关系研究的基础上，加强战略资源目标评价与优选研究，探索和确立企业海外油气资源开发战略选区基本原则，探索建立用于海外资源开发战略选区的识别的风险评价模型，与国际大石油公司持续开展合作，对优质资产进行战略储备，力争在全球范围内拓展资源基础，优化资产布局，交出“量足质优”的新答卷。

3.2 建立战略投资思维，优化资产组合

中国国家石油公司的能源转型战略处于早期阶段，油气产量增长仍然是重点，低碳产业的资本分配有限。一方面他们都计划增加天然气产量，以替代高碳排的煤炭等能源实现降碳目标，另一方面，他们正在探索优化现有业务投资组合来减少碳排放。近年来随着能源转型战略的制定和推出，国际石油巨头们在传统油气领域的业务压缩，这也为中国企业进一步优化资产组合创造了新机遇，中国石油企业要择机通过海外资产的并购、置换、参股和合作等多种经营手段，优化海外资产布局，提高海外资产效益。同时随着经济和上游油气勘探开发投资复苏，准确把握机遇，最大化利用国际资本市场，构建海外项目多元化融资渠道。

3.3 完善投资决策机制，实现价值最大化

在复杂多变的投资环境下获取油气资源和预期收益，须建立系统的投资决策机制，通过开展重点国家油气行业投资环境评估、项目地面风险分析、碳排放及区域政策对项目价值影响等多维度项目评价体系，从关注“资产规模”逐步向注重“资产回报”转变，从工具方法上为投资决策提供支持。注重机会识别分析，强化宏观及行业环境分析，识

别优质的投资机会，设计海外资产发展的策略保障措施；加强外部影响因素分析，厘清全球油气政策、投资环境的变化对我国油气投资目标、策略和效果的影响；强化投资策略选择分析，深入分析资源池中可供选择的油气项目，最大化整合多方资源，形成多套优选的投资组合方案；推进企业投资绩效分析，通过投资效果评价KPI指标体系客观评估投资战略效果，提升投资绩效等预期目标。其中投资策略选择是整个投资决策过程的关键核心环节，在整个投资决策过程中处于承前启后的关键位置，关乎企业投资绩效和未来可持续发展。

3.4 整合内部管理价值链，动态安排投资

优化内部价值链仍然是控制成本的关键环节。国际油气勘探开发项目的投资大，风险高，投资安排不同于国内计划管理的统一模式，成本不一定越低越好，产量不一定是越高越好，而是以企业战略导向、行业发展动态、风险分析、国际油价预测、资源国的财税制度等为依据，根据全价值链评价结果，以取得最大投资回报为导向动态安排投资，管理和指导项目生产运营。同时，开展海外重点区域和重点资产一体化协同发展策略的研究工作，分区域分析一体化协同发展环境并结合海外资产运营管理实际，探索海外重点区域和国家油气上下游一体化协同发展策略，提升中国企业海外油气业务产业链的整体竞争力。

3.5 加强与国际石油公司合作，提高勘探开发综合实力

未来上游油气资源勘探开发领域的国际间合作将日益紧密。近年来，随着乌克兰危机的持续，西方国家对俄罗斯的制裁力度不断升级和长期化趋势，以及更广泛的地缘政治冲突正在持续演变，供应中断或紧缩风险与日俱增。在此大的时代背景下，全球主要资源国逐步加大对国内油气资源的掌控力度和开发进度，国际石油公司借此机会深度参与国家石油公司合作，他们依靠技术工程优势、高效的管理经验以及快速的资源整合能力，有效推动油气勘探开发的进程。与此同时，重要资源国国家石油公司如俄罗斯国家石油公司、巴西国家石油公司等充分利用自身丰富的资源优势，展开双臂与国际石油公司开展更广泛合作，使得这些资源国的主要盆地及前沿领域油气资源得以最大化开发利用。因此我国油气企业应在互利双赢的原则下，加强与国际石油公司及国家石油公司合作，协同互助、借鉴提高，逐步提升中国油气企业在全球油气勘探开发领域的竞争力和影响力。

Analysis of Investment Strategy in China's Petroleum Enterprises Based on the Relationship of Oilfield Production Scale and Investment Benefits

Lin DONG

China National Offshore Oil Corporation Limited

Abstract: In the turbulent and complex competitive environment, China's Petroleum Enterprises are facing unprecedented opportunities and severe challenges. To maintain competitive advantages, oil&gas enterprises must allocate resources reasonably, implement investment management innovation, and maintain cost advantages continuously. The purpose of this article is to explore the relationship between oil&gas production scale and investment benefits in different regions, field scale, development depths, resource types (conventional and unconventional), and major oil&gas companies around the world. Based on this, it summarizes the rules of production scale and benefits, providing reference for the strategic planning and investment decisions of China's Petroleum Enterprises currently in the critical stage of overseas development.

Keywords: Investment strategy; Oil&Gas field; Production scale; Investment benefits

中国充换电基础设施行业发展趋势分析及油气企业对策研究

张胜军*，刘斐齐，门秀杰

中国海油集团能源经济研究院

摘要：近年来，中国新能源汽车发展迅速，2022年提前实现到2025年渗透率达到20%的“十四五”发展目标，且仍在保持高速增长。乘用车纯电动化路径已经明朗，市场因素已成为主要发展驱动因素，尽管补贴退坡，但中央和地方政策仍在积极鼓励新能源汽车产业发展和消费。重卡转型路径仍处于示范探索阶段。全国充换电站/桩数量基本满足当前市场需求，但随着新能源汽车规模的持续扩大，需求也将继续增长，优化布局也将成为下一步工作重点。建设充电桩和充电站相比于加油站，由于对场地要求低，建设更加分散，因此市场参与者众多，市场竞争激烈。建议油气企业结合自身油气供应及服务体系，灵活配套充换电业务，通过扩展终端服务范围和能力，发展综合能源服务，适应能源转型趋势。

关键词：充电；换电；油气企业；策略

1 我国新能源汽车产业发展现状及趋势

1.1 发展新能源汽车意义重大，国家和地方出台鼓励政策促进产业健康有序发展

我国地面交通油气消费量巨大，燃油车排放是造成城市大气污染的重要来源。发展新能源汽车是我国应对气候变化、推动绿色发展的战略性举措。同时，新能源汽车未来将在扩大内需、拉动出口、带动经济中发挥更大作用，并成为能源转型的重要载体。

2022年9月，工信部提出“要统筹新能源汽车产业布局，引导各地差异化协同发展”。目前，全国已经有31个省市通过出台本地区的政策、规划或实施方案，对新能源汽车产业链进行布局。

* 张胜军，男，硕士，高级工程师，主要从事战略规划与能源产业发展研究工作。E-mail: zhangshj4@cneei.com.cn

1.2　新能源汽车发展整体超预期，细分领域呈现差异

我国新能源汽车发展迅猛，已经连续多年在全球销量中稳居第一名。2022年，我国新能源汽车销量达到688.7万辆，同比增长93.4%，销量占比达到25.6%，已经超过2020年国务院所印发《新能源汽车产业发展规划（2021—2035年）》中提出的"到2025年，新能源汽车新车销售量达到汽车新车销售总量的20%左右"的发展目标，在全球新能源汽车销量占比为63.6%，稳居全球第一位[1,2]（图1）。

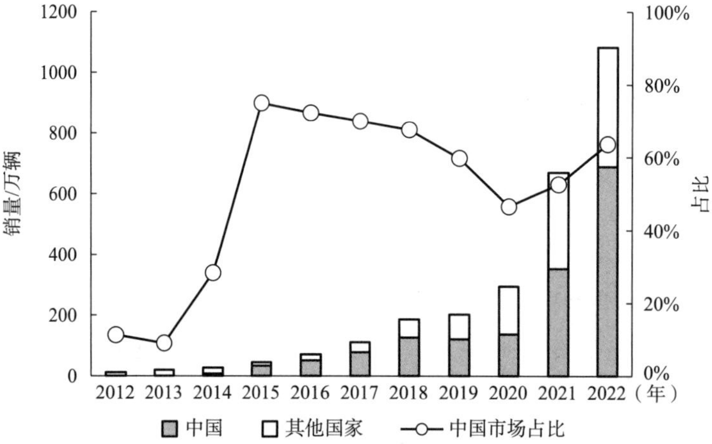

图1　全球新能源汽车销量分布情况

Figure 1　Global new energy vehicle sales in selected countries

我国新能源汽车消费主要以私家车为主。随着公务车、物流车、公交车完成集中换代升级为新能源车后，乘用车在新能源汽车销量中的占比将稳步提升。

乘用车（主要是私家车）消费已经由政策驱动向市场驱动转变[3,4]。随着电池能量密度不断提高，车辆续航里程显著增加，车辆全生命周期经济性不断提升，加之基础设施建设持续完善，我国新能源乘用车销售已经由政策驱动向市场驱动转变，限牌地区（如北京、上海等）在新能源乘用车总销量中的占比已经由2015年的58.6%降至今年上半年的36.3%。分省份来看，广东省新能源乘用车销量已经连续五年稳居全国第一，2022年海南省和上海市新能源乘用车销量占比已经超过了40%（图2）。

公共领域推广使用新能源车主要依赖政府行为。《绿色交通"十四五"发展规划》中明确提出"国家生态文明试验区、大气污染防治重点区域新增或更新的公交、出租、物流配送等车辆中新能源汽车比例不低于80%"。除纯电动化路径外，部分城市也在探索燃料电池汽车应用的可行性。2023年初，工信部等八部门再次发文组织开展公共领域车辆（主要包括城市公交、出租、环卫、邮政快递、城市物流配送车辆等）全面电动化先行区

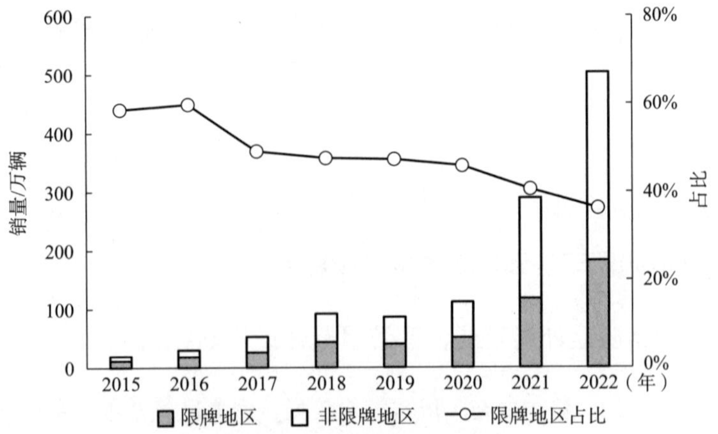

图2　新能源乘用车销量情况分布

Figure 2　China new energy passenger vehicles sales in selected regions

试点，以推动公共领域车辆提高电动化水平，预计在2025年前将再次迎来集中替换新能源车的高潮[5]。

重卡低碳转型仍处于示范探索期。重卡对载重和经济性要求较高，纯电动换电重卡和燃料电池重卡都存在一定局限性，因此两种路线在同步试点发展。2022年，我国纯电动重卡销量超过2.5万辆，部分场景下商业模式和经济性已经基本得到认可，但仍存在续航不足、补能速度慢等问题，在长途运输等主要场景的应用仍然受限。燃料电池重卡是燃料电池汽车应用的重要场景，但仍处于发展初期，2022年全国销量为1250辆，仅为纯电动重卡销量的5%。尽管各地政府积极规划加氢站建设并布局燃料电池汽车应用场景，但由于氢气供应不稳定且成本高、燃料电池成本高、车辆加注需求波动大等问题，投用加氢站数量远低于规划值，预计实现国家规划2025年燃料电池车辆保有量达到5万辆的目标存在较大挑战。

1.3　新能源汽车仍将持续快速发展

新能源汽车高速发展，预计渗透率将持续提升。尽管自2023年开始，新能源汽车消费不再享受购车国家补贴，但仍有税费减免优惠，部分地方政府也仍提供资金支持，新能源汽车经济性、可靠性和便利性已经基本得到消费者认可，汽车企业不断满足市场需求及国家政策法规要求。在国家层面，新能源汽车制造作为战略性新兴产业，既是促进经济转型升级的重要抓手，也是推动能源消费低碳转型的重要载体。预计2023年新能源汽车销量占比将超过30%，到2025年达到40%～45%，2030年达到60%～70%。

随着我国纯电动汽车产业链趋于完善，产品不断得到用户认可，纯电动的战略方向不会发生改变，尤其是乘用车领域，预计产品类型不断扩大，产品质量不断提高。相比而言，燃料电池汽车发展前景仍不明朗，未来随着成本下降及技术进步，或可在营运车辆或长途运输重型卡车方面得到应用和推广。新能源重型车辆方面，技术路线仍存在不确定性，封闭场景和短途运输纯电动车辆已经具备经济性，但长途运输低碳转型路线仍然存在诸多难题。

2 我国新能源汽车基础设施竞争格局及特征

2.1 应用场景决定补能方式，基础设施建设不断完善

目前，充电补能的优势主要在于成本相对较低，慢充已经基本实现标准化，对电网冲击小，但也存在补能速度慢的问题；快充对电池技术有一定要求，同时对电网冲击较大、影响电池寿命，而电池升级需要额外付费又将提高车辆成本，费用基本与换电相当。

与充电相比，换电的优点包括：一是用户购车成本低、无需承担电池购买费用，换电效率高、时间短，便利用户的使用和出行，且电池可持续升级，用户可享受技术迭代红利；二是实现了车电价值分离，催生电池资产管理，既可延长电池寿命，又方便电池梯次利用，加速产业规范化发展；三是换电电池充电可灵活响应电网调度，对电网影响较小，甚至可以起到一定程度的调峰作用。但换电也存在明显的缺点，主要包括：一是不同车企电池标准不统一，导致换电站服务车型有限，进而造成单一企业布局站点密度低，规模推广受限；二是换电站建设成本高，相应提高车主用能费用。

充换电产业链目前已经相对完善，但不断增长的高频用车和即时补能需求将对充电便利性提出更高要求。未来，大功率快充/超充技术和换电服务可能是较好的解决方案，并可差异性应对用户需求，但目前技术和标准等处于探索阶段，一些关键问题如大功率充电热管理和换电标准化等尚需解决（表1）。

表1 不同补能方式优劣势对比

Table 1 Analysis on the strengths and weaknesses of different vehicle supply equipment

		纯电动	燃料电池	内燃机
车辆	购置成本	成本呈下降趋势 但受上游资源价格影响较大	同级别内燃机汽车2～3倍	相对较低 已被市场接受
	百公里能耗（A级车）	～12kWh	～1.2kg	～6L
	续航里程	200～600km	500～800km	～600km
燃料	类型	电	氢	汽油/柴油/LNG
	直接排放	无	无	碳排放、 常规污染物排放

续表

		纯电动			燃料电池	内燃机
补能方式	方式	快充	慢充	换电	加氢	加注
	速度	0.5h	>6h	～5min	～5min	～5min
	价格	1～2.5元/千瓦时	～0.5元/千瓦时	1～2.5元/千瓦时	50～100元/千克	7～8元/升
	标准化程度	较高	高	低	低	高
	配套基础设施建设	数量基本满足布局有待完善		初步形成规模	数量少	配套完善
	电网冲击	大	小	很小	—	—
	电网辅助	困难	V2G	储能	—	—
	电池升级	新购	新购	服务	—	—
	应用场景	临时补能/高频使用	长时间停放	临时补能/高频使用	各种	各种
政策	补贴、优惠	退坡			试点	—
	产业发展	大力扶持			培育	—

数据来源：根据多个车型公开数据整理

2.2 充电设施规模扩张迅速，市场竞争十分激烈

充电基础设施快速发展，基本上与新能源汽车发展节奏相一致。截至2022年底，全国已建成充电桩521.1万个，其中，私人随车配建充电桩341.2万个，占比64.3%；公共充电桩保有量179.9万个；3974个高速公路服务区建成充电桩16721个[6,7]。总体上看，充电基础设施基本满足我国千万辆级新能源汽车充电需求，充换电设施和新能源汽车供需处于紧平衡状态。不过，现有充电基础设施也面临设备利用率低、盈利难等问题[8]。根据中国城市规划设计研究院统计的公共充电利用情况，2021年公共充电桩平均时间利用率仅为12.4%[9]。同时，充电行业尚无成熟的商业模式，收益主要依靠收取服务费用和增值服务费用，相对零散且利润较低。

同时，与加油站相比充电桩和充电站的建设对场地要求低，建设更加分散，市场化程度较高，而不断涌进新的竞争者，使得竞争进一步加剧。新的竞争者在不断地抢占市场并冲击着市场份额排名。前五名公共充电桩运营商的市场份额已经由2018年年底的87%降至2022年的69%；截至2022年底，两家央企——国家电网和南方电网合计市场份额不足15%[6]（图3）。

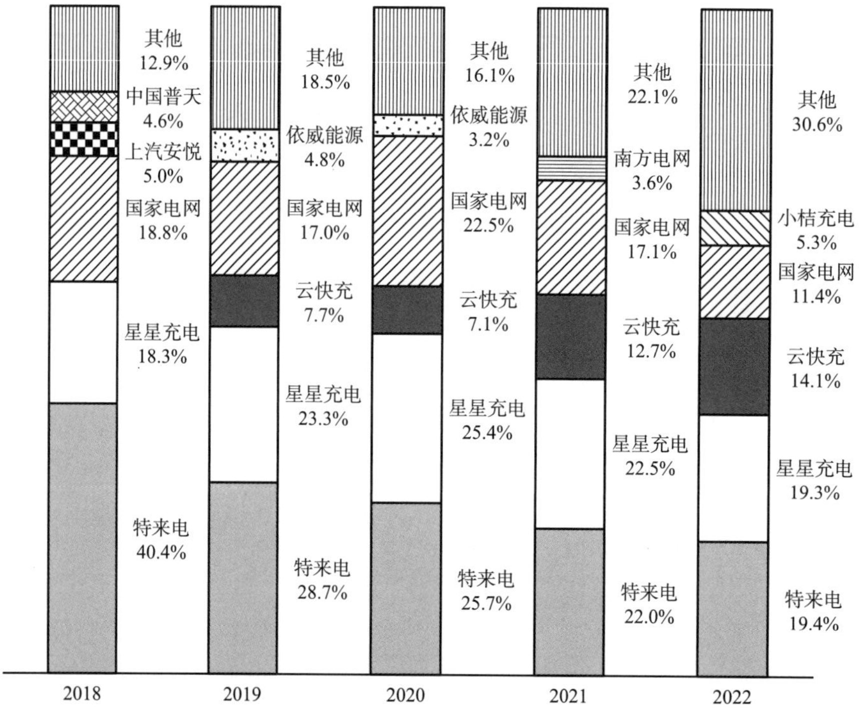

注：仅具体罗列当年前5名运营商市场份额。

图3 公共充电桩分运营商市场份额

Figure 3 Market share of different operators in public charging service

2.3 换电市场体量有限，但多个领域参与者进军换电市场

换电模式应用场景主要集中在以下三种：一是私家车换电，汽车企业将换电作为增强用户体验的重要商业模式。二是营运车辆换电，以提高出租车、物流运输车辆利用效率，是目前推动换电标准化的重要抓手。三是重型车辆换电领域，围绕矿场、港口等封闭场景或短倒运输场景，实现车辆节能减排。目前，三种应用场景下换电业务均扩展迅速，且设备利用率相对较高，基本具备经济性（表2）。截至2022年底，全国换电站保有量达到1973座（不含重型车辆换电站），同比增长52.0%，市场规模稳步扩大。

表2 私家车SUV成本对比

Table 2 Cost comparison of private SUVs with different powertrains

车辆购置及维护成本			
	宝马 X3	蔚来 es6	
	汽油	购买电池包－充电①	不购买电池包－换电②
购置成本/万元	39.69	42.6	35.6
购置税/万元	3.5	0	0

续表

车辆购置及维护成本			
维护成本/（万元/年）	0.4	0.2	0.2
保险费用/（万元/年）	0.4	1	1
服务成本/（万元/年）	0	0	1.272
10年成本③/万元	49.36	51.85	54.66
燃料成本			
	宝马X3	蔚来es6	
	汽油	购买电池包–充电①	不购买电池包–换电②
运行里程/（千米/年）	12000		
免费里程/（千米/年）		10000（6次换电其实已经完全满足出行）	
百公里能耗（升，千瓦时）	8.3	16.13	16.13
燃料价格/（元/升，千瓦时）	8	0.5	1.64④
燃料成本/（万元/年）	0.8	0.016	0.053
总成本			
	宝马X3	蔚来es6	
	汽油	购买电池包–充电①	不购买电池包–换电②
10年总成本③/万元	55.5	52.0	55.1

注：① 假设保留家用充电桩，除4次免费换电外，全部依赖家庭慢充。
② 假设放弃家用充电桩，除6次免费换电外，完全依赖换电。
③ 按照4%折现率。
④ 以北京金宝街换电站为例。
数据来源：汽车品牌官方网站及APP

进入换电赛道的参与者主要分为以下四类：汽车企业、独立服务商、电池厂商和电力企业。汽车企业主要是以蔚来为典型，2018年5月，蔚来上线第一座换电站，截至2022年底，已经完成1500万次换电服务。蔚来计划到2025年在全球布局超过4000座换电站，在国内全面建成9纵9横19大城市群高速换电网络，进一步扩大换电服务范围。奥动新能源作为独立服务商，已与多家主流车企合作，共同开发出租车、网约车换电车型，尽管投建换电站数量仅有742座，但由于专注服务出租车等高使用频率的车辆，累计换电已经超过3500万次，累计换电里程50亿公里。电池厂商宁德时代也在2022年高调宣布入局换电市场，发布换电品牌EVOGO，并提出“巧克力换电块”技术，以推动换电业务标准化，鼓励消费者“按需租电”。2022年宁德时代多地换电站相继投入运营，主要围绕出租车、网约车进行换电服务；同时，与三一重工、国家电投等合作，开始试水换电重卡。国家电投则是以换电重卡为切入点，开发了一套基于“换电重卡—电池银行—换电站运营”三位一体的商业模式。在全国范围累计推广换电重卡及工程机械超20000辆，投建充换电站总量达到260座，目前市场份额超过80%，充换电用电量超过

2.4亿千瓦时。“十四五”期间，国家电投计划将在全国范围布局换电站不少于4000座，进一步稳固在重型车辆换电领域的优势。

2.4 充换电服务规模仍将持续扩张，布局有待优化

随着新能源汽车规模的快速扩大，配套基础设施也将持续增长。考虑到使用习惯和经济性，未来私家车用户仍将以居住地、工作地等长期停放地点慢充作为补能主要方式，营运车辆以在专用停放场所慢充为主要方式，公共快充作为辅助。同时，随着越来越多的车型支持高压快充，公共充电基础设施规模扩张的同时也面临已有设备的升级。运营商无法盈利的问题也不可持续，亟需找到合适的商业模式，以进一步提升服务水平，推动行业良性发展。

2022年以来，国家有关部委相继发布关键政策文件，在多个场合强调提升电动汽车充电基础设施服务保障能力，优化充电基础设施布局，着力解决居住社区建桩难、公共充电设施发展不均衡、用户充电体验有待提升、行业质量与安全监管体系有待完善等突出问题。

同时，换电需求存在，但市场体量有限。私家车换电仍将以蔚来为主；出租车、网约车换电模式的推广将推动标准化进程加快，但电池厂商、汽车企业或挤压独立服务商市场，竞争将进一步加剧。由于商业模式已经成熟，且国家电投全产业链均进行了技术储备，在重型场地车换电领域的垄断地位很难被挑战，未来或出现更多的合作伙伴。未来，电池管理和电池银行有望随着商业模式的成熟和管理的规范化成为换电服务商新的利润增长点。

3 充换电基础设施建设及服务是油气企业转型的重要选择

随着新能源汽车的发展，交通领域用能转型加速，成品油需求增长减弱，直至需求达峰并转入下降通道，未来加油站的盈利能力承压，面临一定的不确定性，油气企业销售终端需要新的载体实现利润和转型。尽管低速充电设施对场地依赖性较弱，用户可以在住宅、公共停车场等场地进行能量补充，但快充站和换电站建设仍具有场地要求，且是用户不可缺少的出行需求配套设施；随着新能源汽车续航里程的增加，公共充换电需求的区域分布逐渐与加油站布局趋同。因此，充换电业务可以充分实现与现有加油站的协同发展。同时，充换电业务将是油气企业实现终端能源利用低碳降碳的重要手段，有利于企业打造绿色低碳品牌形象，油气企业可充分利用现有加油站发展充换电业务，助推企业转型[10,11]。

国内外油气企业正在积极与汽车企业、电池厂商、电力企业及独立服务商合作，布局充换电业务，但又根据自身特点选择了不同发展策略（表3）。

表3　油气企业充换电业务战略布局与合作统计

Table 3　Cooperation of oil and gas enterprises in charging and battery swapping business

<table>
<tr><th colspan="2"></th><th>中国石化</th><th>中国石油</th><th>壳牌</th></tr>
<tr><td rowspan="4">汽车企业</td><td>比亚迪</td><td></td><td></td><td>双方签署全球战略合作协议；预计将在深圳运营1万多个电动汽车充电终端，并有计划未来扩展到中国其他城市</td></tr>
<tr><td>蔚来</td><td>双方签署战略合作协议；合作一周年，共建175座充换电站</td><td></td><td>双方签署战略合作协议；2022年8月首座合作的充换一体站上线运营；到2025年将共建100座换电站</td></tr>
<tr><td>北汽新能源</td><td></td><td></td><td>双方签署战略合作协议，将围绕充换电等能源补给服务领域展开深度合作</td></tr>
<tr><td>上汽</td><td colspan="2" rowspan="2">上汽集团联合中国石化、中国石油、宁德时代、上海国际汽车城共同投资的上海捷能智电新能源科技有限公司将依托中国石化、中国石油遍布全国的5万余座加油站网络，升级打造“可换电、可充电”的综合能源服务站</td><td></td></tr>
<tr><td>电池厂商</td><td>宁德时代</td><td></td></tr>
<tr><td rowspan="2">电力企业</td><td>国家电投</td><td>双方签署战略合作协议</td><td></td><td>双方签署战略合作协议，将在绿色出行等8个领域开展合作，探讨重卡换电、储能，以及利用壳牌加油站场景实现加油站碳减排的合作机会</td></tr>
<tr><td>国家电网</td><td>双方签署战略合作框架协议，进一步加大在充换电站建设服务等领域的合作</td><td>双方签署战略合作框架协议，在新能源和充换电上深化合作</td><td></td></tr>
<tr><td>独立服务商</td><td>奥动新能源</td><td>双方签署战略合作，规划至2025年，全国换电站达到5000座，打造100个城市级换电服务网络
东风汽车、中国石化、奥动三方在武汉投放100辆换电网约车/出租车</td><td>截至2022年9月，双方在重庆已建成并运营5座综合能源站；到2025年，将在重庆建设50座综合能源站</td><td></td></tr>
</table>

中国石化目前主要依托自有土地布局新能源汽车基础设施。在充换电领域，中国石化已累计建成充换电站1988座（其中换电站118座），计划到2025年建设充换电站5000座（约占现有加油站数量的1/6）。同时，与中国石油、宁德时代、上汽集团、上海国际汽车城集团联合投资的上海捷能智电新能源科技有限公司将开展跨车型、具有普适性的换电设施研究，目前已经在开展试点工作。但作为油气企业，涉电业务较少，技术储备不足，目前主要以出租站点土地作为主要投资方式。

壳牌则把充电作为独立的零售业务，自主进行技术储备和推广。壳牌积极进行终端转型，将充换电业务归口于零售与出行业务，目前已经在全球布局充电终端超过14万个，是加油站数量的三倍以上，并计划在2025年前实现超过50万个充电终端运营。在中国市场壳牌选择通过市场化途径，将充电作为单独的零售业务，在壳牌加油站或其他内部园区外单独投建充电站，其占比达到充电终端的90%；壳牌充电业务已经遍布全国21个省级行政区，拥有超过5000个终端，是加油站数量的两倍以上，同时采取精细化运营，时间利用率为行业3～4倍；壳牌也对充电技术进行了自主研发，在快充/超充方面已经有了一定技术积累。

4 油气企业充换电业务布局建议

4.1 业务定位

新能源汽车充换电业务是打造多元化能源供给与服务体系的重要终端载体，可为油气企业新能源业务与传统业务融合发展提供大规模业务场景，建议油气企业将新能源汽车充换电业务作为战略性新兴产业的一个重要方向加以培育，进一步拓展终端服务范围和能力，发挥其在企业绿色低碳、能源转型发展过程中的重要作用。

4.2 发展策略

4.2.1 业务领域

新能源乘用车充换电市场与油气企业现有零售业务如加油、加气等协同性强，且市场需求大，应优先考虑。重卡换电业务适用于特定场景，国家电投市场优势又较为突出，油气企业应围绕工厂、港口的应用场景与相关企业合作进行布局，不宜单独投资。

一是新能源乘用车方面重点考虑快充/超充和换电业务，优先布局公路沿线。尽管目前充电桩数量基本满足新能源汽车出行需求，但其数量仍在快速增长，且国家多次提出“加快公路沿线充电基础设施建设”，布局仍有待优化。快充/超充和换电业务是未来乘用电动车长途出行的主要补能方式，油气企业应将公路沿线布局快充/超充和换电作为主要发展方向，尤其是利用现有销售终端如加油站、LNG加注站等进行升级改造，可快速实现突破。同时，在市场前景好、现有业务集中的地区可考虑选择较好的位置建设独立的充电/换电站，快速扩大业务规模。

二是可在油气企业业务和运输需求较为集中的工厂、园区、港口等积极开展试点示范，合作建设新能源重卡换电系统，大规模替代化石能源的使用，助力零碳工厂、零碳园区、零碳港口建设，降低企业总体碳排放的同时培育重卡换电业务能力，为未来可能的业务拓展打好基础。同时，可考虑与试点城市对接，打造换电连廊，获取新的土地资源建设站点，提供综合补能服务。

4.2.2 区域市场选择

区域市场的选择主要考虑以下三个因素：一是市场潜力较大，即该区域充换电需求规模大，增长快，主要是新能源汽车保有量较大且增长较快、政府支持政策较强的地区，例如东部沿海省份、换电试点地区等。二是可以与油气企业现有业务产生较好的协同的地区，包括销售终端较为集中的地区或有较大运输需求的工厂、园区、港口码头等。

4.2.3 商业模式

短期内，利用现有的油气销售终端开展充换电业务，相对于独立的充换电站点，建设综合能源站具有提高土地利用效率、降低投资、改善盈利能力、充分利用公司品牌提高客户忠诚度等优点，在业务发展前期可以有效降低风险。长期看，择优择机建设独立的充换电站，由于充换电业务对场地、安全性等的要求远低于加油加气站，未来独立公共充换电站将会占有较高的比例，因此，应考虑在地理位置优越、未来有发展成综合能源站潜力的区域择机布局。此外，可通过资本运作方式，以战略投资或财务投资方式，参股或控股一些新能源汽车产业链重点企业，作为产业或技术储备，或积极寻找独角兽企业，孵化相关技术，为未来可能在充换电行业延伸产业链做好准备工作。

参考文献

[1] 中国汽车工业协会．2022年汽车工业产销情况［EB/OL］. http://www.caam.org.cn/chn/3/cate_17/con_5236639.htm.

[2] EVTank，伊维经济研究院．中国新能源汽车行业发展白皮书（2023年）[R]. 2023，01.

[3] 陈清泰．新能源汽车发展：向市场政策双驱动转型［J］. 紫光阁，2016，269(05)：63-64.

[4] 耿瑞霞，周绍杰．有为政府促进有效市场：新能源汽车产业的实践经验［J］. 金融市场研究，2023(02)：15-27.

[5] 工业和信息化部等．关于组织开展公共领域车辆全面电动化先行区试点工作的通知［EB/OL］. http://www.gov.cn/zhengce/zhengceku/2023-02/03/content_5739955.htm.

[6] 中国电动汽车充电基础设施促进联盟．2022年全国电动汽车充换电基础设施运行情况［EB/OL］. https://mp.weixin.qq.com/s/i97-491nHcVTn773J9aJGw.

[7] 交通运输部．交通运输部例行新闻发布会［EB/OL]. [2022-10-31］. http://www.gov.cn/xinwen/2022-10/31/content_5722812.htm.

[8] 高艺，虞明远．充换电设施亟需统筹平衡发展［J］. 中国公路，2022，626(22)：35-38.

[9] 中国城市规划设计研究院．2022年中国主要城市充电基础设施监测报告［R]. 2022.06.

[10] 熊楠．销售公司加快新能源布局打造综合能源服务商［J］. 中国石化，2022，438(03)：52-53.

[11] 夏兵，柴晓华．加油气站开展换电业务优劣势分析［J］. 石油石化绿色低碳，2022，7(02)：34-38.

Analysis on the Development of China's Charging and Battery Swapping Infrastructure and Research on the Countermeasures of Oil and Gas Enterprises

Shengjun ZHANG, Feiqi LIU, Xiujie MEN

CNOOC Energy Economics Institute

Abstract: China's new energy vehicles have developed rapidly and sales still maintain rapid growth. The "Fourteenth Five-Year Plan" development goal of reaching 20% penetration rate by 2025 is achieved ahead of schedule in 2022. The choice of battery electric passenger cars has become clear and market factors have become the main driving factors. Although subsidies have declined, central and local governments are still actively encouraging the industry development and purchase of new energy vehicles. The heavy-duty truck transformation path is still unclear. The numbers of charging piles and battery swap stations basically meet current demand. With the expansion of new energy vehicle stocks, the demand for charging will continue to grow. The optimization of the layout will be another key point. Compared with gas stations, the construction of charging piles and charging stations has lower requirements on the site and locations are more scattered. A large number of market participants have flooded in charging or battery swapping services. It is suggested that oil and gas enterprises should expand their scope and capacity of terminal services based on current oil and gas business ability and pay attention to integration in business selection, technology accumulation, business model, institutional mechanism to give full play to the characteristics and advantages of the enterprise.

Keywords: Charging; Battery swapping; Oil and gas enterprise; Strategy

中国电力央企新能源业务管控模式分析与启示

乌日汗*，杨雪琴，张宇奇，张亦弛，刘英韬

中国海油集团能源经济研究院

摘要： 在国家"双碳"政策要求以及企业自身可持续发展需求的引领下，我国主要电力央企、油气央企全面加速绿色低碳转型，积极拓展新能源业务，推动了我国新能源行业蓬勃发展。电力央企在我国新能源发电运营领域始终占据核心位置。本文分析了我国主要电力央企发展新能源业务的管控模式、管控架构以及关键的管控机制。在此基础上，为我国油气央企的新能源业务管控模式、管控架构以及关键管控机制优化提供思路与建议。

关键词： 新能源业务；管控模式；电力央企；油气央企

0 引言

能源低碳化、无碳化发展是第三次能源转型的唯一方向。2020年，我国向世界宣布"3060"目标，并于2021年出台了《关于完整准确全面贯彻新发展理念做好碳达峰碳中和工作的意见》《2030年前碳达峰行动方案》等一系列重要政策文件。在国家"双碳"政策要求以及企业自身可持续发展需求的引领下，电力与油气央企全面加速绿色低碳转型，我国新能源行业蓬勃发展。2022年，我国风电、光伏发电新增装机达1.25亿千瓦，截至2022年底，可再生能源装机规模达12.13亿千瓦，占全国发电总装机的47.3%[1]。然而，在新能源发电运营领域，"五大四小"为代表的电力央企始终占据核心位置。油气企业在发展新能源业务的过程中，除了面临核心技术、人才储备、上网指标获取等方面的挑战[2]，还面临着管理理念的调整、对新业务的差异化管控与管理机制的完善等挑战。本文对我国主要电力央企的新能源业务管控经验进行分析，包括管控模式、管理架构与管控机制设计情况，为油气企业的新能源业务管控提供借鉴。

1 我国电力与油气央企新能源业务发展现状

风电、光伏为主的可再生能源已成为我国电力新增装机的主体，"五大四小"为代表

* 乌日汗，女，博士，主要从事改革与企业管理研究工作。E-mail:wurh4@cneei.com.cn

的电力央企始终占据新能源运营领域核心地位，各电力央企在“十四五”期间的总装机目标超过6亿千瓦。

总体上，我国主要电力央企新能源的发展呈现如下特点（图1）。一是从行业生命周期来看，火电产业处于行业生命周期的成熟期，行业内同质化竞争激烈。尤其在2008年金融危机后，在国内经济下行和煤电矛盾激化背景下，电力央企面临严峻的经营压力。因此，相较于油气企业，电力央企把握住新能源战略转型的先机，较早涉足新能源业务领域，开始向清洁能源转型。二是从政策驱动性来看，各电力央企的新能源业务发展始于2005年发改委发布《国家发展改革委关于风电建设管理有关要求的通知》打破特许，将5万千瓦级以下项目的审批权下放给地方。继而，一系列支持行业发展的政策出台，例如2006年出台的《中华人民共和国可再生能源法》，明确要求装机容量在一定规模以上的发电企业要承担可再生能源配额。2009年，财政部、科技部、国家能源局联合发布《关于实施金太阳示范工程的通知》，支持国内光伏发电的产业化和规模化发展。三是从新能源业务发展速度与规模来看，各电力央企的新能源业务快速发展于2008年煤电矛盾激化之后，继而在“十一五”“十二五”期间经历了规模思维占主导的资源竞争。作为组建背景、业务性质高度同质化的竞争性企业，各电力央企的新能源业务发展均经历了大干快干、跑马圈地、重视规模扩张速度轻视集团管控的历程。四是从新能源发展模式来看，各电力企业均立足自身优势领域发展新能源业务，同时保持积极向各种能源类型拓展。华能集团、华电集团利用区域优势将发展水电排在首位，分别在澜沧江流域、乌江流域进行重点规划。国家能源集团、大唐集团则将风电作为发展重点。国家电投作为电力体制改革后资产规模最小的一家企业，积极响应2009年国家金太阳示范工程和2013年重返西部战略，积极开展光伏产业技术研发与光伏电站投资，发展成为了光伏装机量世界第一的企业。从新能源业务发展规模来看，截至2022年底，国家电投清洁能源比重达到65.87%，华电集团清洁能源装机占比达到47.2%，大唐集团清洁能源占比42%，华能集团清洁能源装机占比达到41%，国家能源集团清洁能源占比达31%[3]。

在“双碳”目标引领下，我国特大型油气央企中国石油、中国石化、中国海油正逐步加快清洁能源转型步伐，积极布局新能源业务。我国主要油气企业新能源的发展呈现如下特点（图1）。一是从行业生命周期来看，尽管油气在短期内仍是我国重要经济支柱，但在低碳转型背景下行业长期发展空间受限。二是从政策驱动性来看，随着2016年《巴黎协定》的签署以及2020年我国“3060”目标的提出，油气央企积极响应并加速向清洁能源转型。三是从发展速度与规模来看，由于油气央企的新能源业务未纳入主业，需遵循国资委严控中央企业非主业投资的政策要求，总体上呈现有序发展的特征。油气央企实施了与传统油气产业融合发展的有限相关多元化，而非规模为主导的相关多元化。

四是从新能源发展模式来看，各油气央企新能源发展的方向优先与现有优势业务结合，结合自身资源、技术禀赋，新能源发展方向各有侧重。中国石油将“绿色低碳”作为公司核心战略，提出加快向“油气热电氢”综合性能源公司转型，主要利用油田范围内的风光资源，推进陆上新能源业务发展、风光气电融合发展，以及电动出行业务发展。中国石化发挥产业和终端优势，布局氢能交通和绿氢炼化两大领域，致力于打造“中国第一大氢能公司”，同时还大力拓展光伏风电业务，持续推进“地热+”业务，光伏累计装机规模超过300兆瓦。中国海油结合自身海上生产作业的丰富经验，大力发展海上风电，到2025年，中国海油目标获取海上风电资源500万千瓦到1000万千瓦，装机规模达150万千瓦。

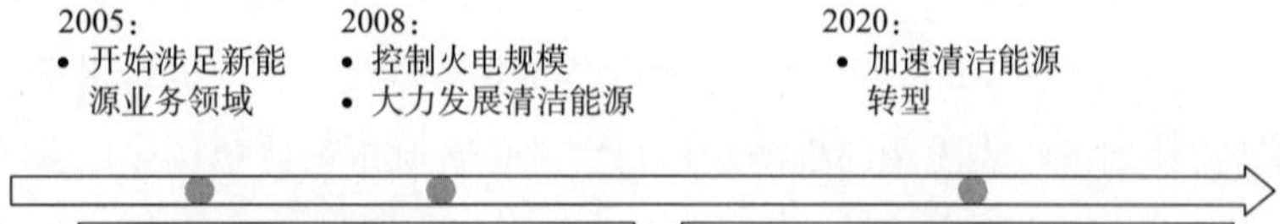

	电力央企	油气央企
发展新能源业务时间	• 开展新能源业务较早	• 开展新能源业务较晚
发展新能源业务驱动因素	• 行业转型压力：火电产业处于成熟期，煤电矛盾激化，同质化竞争激烈，面临较高经营压力 • 政策驱动：打破风电特许，《可再生能源法》，金太阳示范工程	• 行业转型压力：在低碳转型背景下油气行业长期发展空间受限 • 政策驱动：《巴黎协定》，“3060”目标的提出
新能源业务发展速度与规模	• 快速发展于2008年煤电矛盾激化之后 • 圈占资源、重视规模扩张速度轻视集团管控	• 新能源业务未纳入主业管理 • 国资委严控中央企业非主业投资政策下的有序发展
新能源业务发展模式	• 规模为主导的相关多元化 • 立足自身优势领域发展新能源业务，同时保持积极向各种能源类型拓展： √ 华能、华电基于区域优势将发展水电排在首位 √ 国家能源集团、大唐集团将风电作为发展重点 √ 国家电投结合产业链优势发展光伏产业	• 与传统油气产业融合发展的有限相关多元化 • 优先与现有优势业务结合发展新能源，结合自身资源、技术禀赋，新能源发展方向各有侧重： √ 中国石油利用油田范围内的风光资源，推进陆上新能源业务发展 √ 中国石化发挥产业和终端优势，布局氢能和地热业务 √ 中国海油结合自身海上生产作业丰富经验，大力发展海上风电

图1　主要电力央企与油气央企新能源业务发展特点对比

Figure 1　Comparison of the renewable energy business development characteristics between Chinese major state-owned power enterprises and state-owned oil and gas enterprises

2　我国电力央企新能源业务管控经验

2.1　管控模式

集团管控是指在企业战略的指引下，大型企业集团的总部机构通过构建完善的管控架构，明确各层级单位的工作职能、权限、程序、标准，利用多元化的管理手段，促进集团整体经营效能的提升与经营目标的实现[4]。管控模式是一种控制策略，在不同的集分权程度下，集团公司对下属企业在管理过程中形成不同的控制策略，通常分为战略型、财务型、运营型管控[5]。

管控模式方面，国家电投、三峡集团、中广核集团、中核集团、华能集团均采用“战略+运营”模式对新能源公司进行管控。“战略+运营”模式下，集团总部在战略管控的基础上，增加了对业务运营中核心关键环节的管控深度，加强对子企业的干预[3]。集团总部对新能源公司（新能源业务）的战略、规划、计划、限上额度投资等关键业务职能履行情况进行把控，并通过制定规范、细化、统一的政策，实现对党建、人力、财务、科信、审计、QHSE、合规、信息化等通用职能的管控。新能源公司负责制定战略规划和运营计划，经集团总部批准后执行，并负责制定下属单位（区域公司）年度绩效指标和关键运营目标。区域公司负责按照计划进行执行，集团总部和新能源公司总部参与关键业务活动中（如新能源资源获取）的运营执行的调度和运行，帮助提升业务部门的战略执行技能和运营绩效。总体而言，由于国家电投和中广核集团是国有资本投资公司（试点），“战略型”管控属性相对更强、授放权力度更大，其中中广核集团还强调通过财务管理起到投资运作和资产监管的作用。

2.2 管控架构

由于核心主营业务和发展历程等方面的影响，各电力央企的新能源业务形成了不同的管控架构（表1）。

2.2.1 中核集团的管控架构

中核集团的新能源业务实施主体为中核汇能有限公司（简称“中核汇能”）。中核汇能为中核集团非核清洁能源产业开发、建设、运营的专业化平台，由中核集团下属上市平台中国核电全资控股。中核汇能国际业务部负责海外新能源业务的开拓，目前暂无投产项目。

在集团整体管控架构方面，中核集团采取“集团总部—新能源公司—区域公司—项目公司”的管控架构，区域公司间均不进行跨区竞争。集团总部主要发挥战略管理中心、资本运营中心、资源管理中心、经营协调中心、财务监控中心职能；新能源公司为集团新能源业务实施主体，落实集团公司战略规划，负责新能源业务的开发、建设、运营等工作；区域公司大多为非法人实体，相当于新能源公司的派出管理机构；项目公司相当于场站、车间，负责业务日常运营管理。

在新能源公司层面，中核汇能采用“公司本部—区域公司—项目公司”“两级法人、三级管理”的管理模式。中核汇能本部设13个职能部门，下设11家区域公司、1家专业化共享平台公司和251个项目公司。区域公司未进行法人注册，项目公司均进行法人登记注册，由区域公司总经理兼任项目公司法人。

2.2.2　中广核集团的管控架构

中广核集团的新能源业务实施主体为中国广核新能源控股有限公司（简称“中广核新能源”）和中国广核能源国际控股有限公司（简称“中广核国际”），分别负责境内新能源业务和境外新能源业务的开发与管理。

在集团整体管控架构方面，中广核集团采取“集团总部—新能源公司—区域公司—项目公司”的管控架构，区域公司间均不进行跨区竞争。在新能源公司层面，中广核新能源采用“公司本部—区域公司—项目公司”“两级法人、三级管理”的管理模式。中广核新能源总部设有20个职能部门，新能源公司对外为管理主体，包含香港上市公司和风电公司两个投资平台，以双平台、双董事会模式管理不同范围资产。在区域层面，依托28个区域分公司管理下辖400家项目公司。

2.2.3　三峡集团的管控架构

三峡集团的新能源业务实施主体主要有中国三峡能源（集团）股份有限公司（简称“三峡能源”）、三峡国际能源投资集团有限公司（简称“三峡国际”）和三峡资本控股有限责任公司（简称“三峡资本”），分别负责三峡集团国内新能源业务、国际新能源业务、新能源产业战略投资业务的开发与管理，三家公司的业务范围各有侧重、略有交叉。

在集团整体管控架构方面，三峡集团采取“集团总部—新能源公司—区域公司—项目公司”的管控架构，区域公司间均不进行跨区竞争。在新能源公司层面，三峡能源采用“公司本部—区域公司—项目公司”“两级法人、三级管理”的管理模式。三峡能源总部设有14个职能部门和6个直属机构，下设27家区域管理机构（包含25个区域分公司和2个省投资平台）、200余家项目公司以及江苏运维公司和建设管理分公司。2022年，三峡集团撤销下设直属机构“新能源发展中心”，并成立了集团新能源事务部，但部门职责、内设机构、人员仍未最终确定。原“新能源发展中心”主要承担筹划新能源战略布局、信息汇总、提报项目审批意见等职责，尚未实现对集团所有新能源业务的统筹管理。

2.2.4　国家电投的管控架构

国家电投采取了核电业务单独管理，新能源业务由经营火电业务为主的地区（省）分公司开发的管理模式，境外新能源产业规模较小。

管控架构方面，国家电投的情况较为独特，未设立单独的新能源公司，而是实行“集团总部—业务单元（各二级单位）—生产运营单元”管控架构，其中，业务单元层各企业相当于中核集团、三峡集团和中广核集团的新能源公司和区域公司。国家电投集团总部设16个职能部门和13个服务保障机构，下辖61家二级单位（包含5家上市公司、30家区域牵头公司和其他专业公司）和众多项目公司。通过出台权责清单，明确集团公司与二级单位重要经营管理事项的权责界面。各二级单位（区域公司）之间，允许跨区竞争获取资源。

2.2.5 华能集团的管控架构

华能集团是唯一一家在集团层面设立新能源部的公司，其他企业均未在集团总部层面设立专门管理新能源业务的管理部门。集团公司下面既有专门的新能源公司，也有其他省公司开展新能源业务的情况。集团的新能源部对集团所有新能源业务都有指导职能。在集团层面设立统管各所属公司新能源业务的部门，能够提升资源配置与产业协同能力，符合集团层面将风电发展排在首位、布局有较强竞争力的风光煤电输用一体化大型清洁能源基地的战略定位。

华能集团综合了以上四家企业的特点，既设立了独立的新能源公司（华能新能源股份有限公司，简称“华能新能源”），又允许其他非新能源公司开展新能源业务，同时还是唯一一家在集团总部层面设立专门的新能源管理部门（新能源事业部）的企业。集团新能源事业部为新能源业务统管部门，部门内设立了研究处（政策研究、综合事务）、发展管理处（资源获取协调、投资决策管理）、基建管理处（项目建设管理）、生产技术处（生产运维、集中采办）和安全管理处，对新能源公司及集团其他非新能源公司的新能源业务均具有指导职能，主要承担综合性研究、安全管理、基建与生产技术制度和标准制定及监督执行、统筹协调资源获取、投资决策管理等职能。原则上，新能源事业部不负责一般性项目的审批，尽量向下放权。在华能新能源公司本部层面，设立了包括市场营销部（营销公司）在内的15个职能部门；采办、建设、安全管理为新能源公司与集团总部存在共性的职能部门。在区域层面，华能新能源依托8家区域分公司管理下辖90余家项目公司。华能集团其他产业公司及区域公司也被允许进入新能源产业，例如，集团二级单位“华能澜沧江水电股份有限公司”下设全资子公司“华能澜沧江新能源有限公司”负责澜沧江云南段水风光一体化基地及多个新能源集群建设。华能集团内部各新能源业务实施主体间允许互相竞争（表1）。

2.3 管控机制

总体而言，不同管控模式和管控架构对各新能源公司关键业务管控方面带来了不同程度的影响。本文将从差异化管理、投资管理、职能管理、运维管理、区域统筹管理等新能源业务的关键管理领域，总结我国电力央企的新能源业务管控特点。

表1 主要电力央企新能源业务特点及管控架构

Table 1 Renewable energy business characteristics and parent-subsidiary control structure of Chinese major state-owned power enterprises

<table>
<tr><th>公司名称</th><th>集团层面新能源战略</th><th colspan="2">国家监管政策</th><th>传统产业</th><th>进入行业时间</th><th>新能源产业链特点</th><th>传统与新能源产业管理模式差异</th><th>新能源业务管控模式</th><th>新能源业务管控架构</th></tr>
<tr><td>中广核集团</td><td>可再生能源业务是集团的新兴成长业务</td><td rowspan="5">新能源纳入主业管理</td><td>国有资本投资公司试点</td><td rowspan="2">核能</td><td>2006年</td><td>海上风电装机量全国第四；非全产业链</td><td rowspan="3">差异较大</td><td rowspan="5">“战略+运营”型管控</td><td rowspan="3">设立与传统产业相对独立的新能源公司</td></tr>
<tr><td>中核集团</td><td>—</td><td>产业集团</td><td>2011年</td><td>—</td></tr>
<tr><td>三峡集团</td><td>在推动清洁能源产业升级和创新发展中承担引领责任</td><td>产业集团</td><td>水电</td><td>2008年</td><td>海上风电装机量全球第一；非全产业链</td></tr>
<tr><td>国家电投</td><td>建设具有全球竞争力的世界一流清洁能源企业</td><td>国有资本投资公司试点</td><td>火电、核电</td><td>2009年</td><td>光伏装机量全球第一；全产业链</td><td rowspan="2">差异较小</td><td>核电业务单独管理；
新能源业务由经营火电业务为主的地区（省）分公司管理</td></tr>
<tr><td>华能集团</td><td>绿色转型战略</td><td>产业集团</td><td>火电</td><td>2002年（自“十三五”末期将风电发展排在首位）</td><td>—</td><td>总部有专门的新能源部；
设立了专门的新能源公司；
各区域公司也设有自己的新能源公司</td></tr>
</table>

2.3.1 投资管理呈现严格管控、差异化灵活授权、科学设置决策点的特点

投资管理是一项重要管控内容，不同管控模式的集团总部对于投资授权的管理均较为严格，要求投资方向、投资额度、投资决策、投资程序要严格符合集团规定[6]。投资管理的核心是集团总部与下属子公司之间的集分权程度设置问题。

在投资监管政策要求方面，国资委要求中央企业非主业投资占总投资的比重必须控制在合理范围内[7]。国家电投、三峡集团、中广核集团、中核集团等电力央企均已将新能源业务纳入集团主业进行管理，其下属新能源公司受国资委监管较为宽松，新能源业务投资决策也更为灵活，其投资管理呈现如下三方面特点。

一是对子企业进行合理分类，开展差异化授权。国家电投按照国有资本市场化运作专业平台职能，将总部定位为战略管理中心和资本运作主体，根据二级单位业务性质、规模和能力的不同实行差异化授权，在投资决策环节给予经营规模和投资能力强的上市公司、区域分公司较为充分的授权，并且在工程建设与生产运营环节实行较大力度放权，但对境内外参股并购项目、海上风电项目等风险偏高、投资额较大的项目严格把

控。华能集团的新能源二级单位按照自身项目开发、投资和建设的管理水平和经验积累情况，综合参考已投产项目的盈利能力、自身投资能力等实际情况，上报管理权限申请，经集团公司审查批复后获得相应授权。二级单位权限实行动态管理，原则上按年度核定和调整。

二是总体上拥有较为充分的授权，并给予下属企业一定管理权限。投资授权方面，中核集团对中核汇能授予较高的投资灵活性和投资额。中核汇能自主决策空间较大，是中核集团内部授权额度最大的单位，中核集团赋予中国核电30亿元（全投资口径）的新能源业务投资决策授权；中国核电将额度全部授权给中核汇能，是中国核电下属20多家单位中唯一获得授权的单位。中广核集团对中广核新能源授予较高的投资额（自建项目投资授权额度为30亿元，股权投资项目授权额度为10亿元），并且在一定额度内，可通过中广核新能源总办会完成投资决策审批。三峡集团授予三峡能源项目投资20亿、股权投资5亿的投资授权。在区域公司层面，新能源公司对下属区域公司均无投资授权。在其他事项授权方面，中核汇能本部被中核集团授予招投标、公司设立、带约束项的对外合作协议决策权；中核汇能授予下属区域公司非约束项的对外合作协议签署决策权，以及一定额度内的人、财、物调配权。中广核新能源对下属分公司在运营业务领域放权力度较大，工程业务和采办领域管控力度较大。三峡能源被三峡集团授予一定招标采办授权；三峡能源对分公司的授权，主要包括小额招标采办授权和一定范围内的战略合作协议签署授权。

三是投资决策流程设置方面，各企业都根据授权管理规定，授权范围内的项目由新能源公司自主决策，授权范围外的上报至集团审批。总体来看，授权范围外的项目需经过集团主管部门审核后，均需要集团投委会、党组会、董事会审议批准。海上风电等大额项目投资决策点设置方面，一类企业是在预可研、可研两个环节设置决策点，实行“两步决策”；多数企业是在预可研环节前后设置决策点，实行“一步决策”。

2.3.2　打造业务共享平台，对职能类共性业务实现集约化管理

为了实现对业务更深层次的管控，集团公司需对一些重要的服务性职能提供更加集中和标准化的共享职能服务[8]。打造业务共享平台，对职能类共性业务实现集约化管理。国家电投设立了13个服务保障机构，实现了集团总部下放生产经营事项的同时为二级公司提供专业化支持。新能源业务在内的集团所有业务单位均能够获得产业协同、数字化、财务、区域发展、人力资源、创新、招标采办等领域的支持。中核汇能通过成立中核坤能业务共享平台公司，实现应用技术、信息文档、财务等职能领域业务的集约化管理。中核坤能的应用技术中心、信息文档中心、财务共享中心已发展较为成熟，能够为全国各区域公司、项目公司提供专业化服务。三峡能源设立了6大直属机构，实现下属单位的党建、投资并购咨询服务、经济评价、财务共享、智慧运营、电力营销等业务的集约

化、统一化管理。通过提供集约化的共享服务，能够整合所属企业创造协同效应，降低管理成本，提高业务处理标准化程度。

2.3.3 新能源工程建设与运维业务采取垂直管理模式实现强监管

中核集团内只设有核业务相关工程建设专业服务公司，无法与新能源业务实现协同，因而，中核汇能的工程建设与运维管理，通过中核坤能业务共享平台公司（法人单位）管理。中核坤能的工程建设中心规模最大，满足全国项目工程建设需求；运维中心业务发展方向仍处于探索过程中。三峡能源通过进行"总部去机关化"改革、体制机制改革，成立了建设管理分公司和江苏运维公司（法人单位），统一管理所辖项目的工程建设与运维服务。中广核新能源的工程建设与运维采取事业部管理模式，由新能源公司本部的工程事业部和运营事业部负责管理。工程建设事业部负责全公司所有在建项目的项目总、项目工程师的任命、晋升、考核激励等，管辖人数400余人，对所有项目的进度、安全、质量进行严格把控；运营事业部主要有对区域公司运维总监的部分考核权，主要运维工作由分公司安全生产部管理。

2.3.4 各企业结合自身特点在资金与战略规划管理、区域统管、数字化监管领域建立了一些独特的管控机制

各企业通过建立符合自身特点的管理机制，维持业务的有效运转及集团对新能源业务的有力管控。中核汇能实行"双管机制"，业务管理与资金管理分离，战略规划由集团统管，资金管理及日常业务管理由中国核电负责，授权范围外的投资决策经中国核电代为转报后由集团决策。因此，中核汇能的业务发展方向由集团把控，资金拨付由中国核电承担，充分利用上市公司资金平台。国家电投允许各二级单位跨区竞争获取资源。因而，国家电投为实现各区域的资源整合和要素协同，通过制度制定、成立集团总部领导小组、打造产业创新中心的方式，推动"条""块"结合，前台、中台和后台协同发力。中广核新能源推进新能源智慧场站的建设，将数智化技术手段与新能源场站安全生产、运营管控有机融合。中广核新能源自2012年探索标准化、信息化、集约化、专业化管理方式，对点多面广、管理幅度大的新能源场站进行智能化管控，提供集中监控、安全运行、故障预警、数据监控四大智能化服务。

2.4 电力央企新能源业务管控特点总结

2.4.1 管控模式特点

总体上，各电力央企新能源业务的管控模式均为"战略+运营"，总部在战略管控的基础上，增加对核心业务环节的管控强度。国家电投和中广核集团作为国有资本投资公司（试点），授放权力度相对更大。随着国家"双碳"目标推进，油气及其他企业进入新

能源领域，为稳固行业领先地位，传统新能源头部央企表现出放松内部管制的趋势，一是更多子公司、区域公司被允许进入新能源，且放开内部竞争。二是加大授放权力度，“能放就放”，尽量将审批决策权下放至更紧贴市场的业务主体。

2.4.2　管控架构特点

各电力央企的新能源业务管控架构总体呈现三类模式。第一类是中核集团、中广核集团、三峡集团，这三家企业由于均属于专业化核能或水电/水利集团，其产业特点与新能源业务差异较大，因此采取设立与核心主业相独立的新能源业务公司的模式。第二类是国家电投，国家电投采取了核电业务单独管理，新能源业务由经营火电业务为主的地区（省）分公司开发的管理模式，境外新能源产业规模较小。第三类是华能集团，华能集团既成立了专门的新能源公司，也有其他省公司开展新能源业务的情况。

2.4.3　管控机制特点

各电力央企的新能源业务管控机制总体呈现四个特点。一是电力央企均已将新能源业务纳入集团主业进行管理，因此投资决策更为灵活，对下属新能源企业的投资授权相对较大，投资决策流程相对更短。二是为了提升新能源业务的管理效率，各电力央企均针对一些重要的服务性职能，如产业协同管理、数字化、财务、电力营销、智慧运营、投资咨询、IT等，打造了共享平台，为子企业提供更为集约化、标准化的服务。三是各电力央企对工程建设与运维业务实施强监管，实现对新能源项目的进度、安全、质量进行严格管控。四是各企业结合自身特点，均建立了一些独特的管控机制，来提高对新能源企业的资金支持、区域统筹、运营管理效率等。

3　我国油气企业新能源业务管控挑战

为推动国家能源转型和能源安全，我国主要油气企业积极拓展新能源业务，全面加速绿色转型。然而，由于新能源业务仍处于发展初期阶段，在业务管控方面主要面临三大方面的问题和挑战。一是由于新能源业务实施主体仍处于成立初期，区域公司和项目公司尚未规模化设立，各层级管控架构尚未完全建立，部分责任主体仍待完善，各级单位职责和业务范围有待进一步明确，相应制度体系建设仍需健全。二是对新能源业务的差异化管控和授权机制有待进一步探索完善。对新能源业务开展关键领域，如何与油气产业采取有所差异的管控模式和授权有待进一步探索。三是投资监管政策要求方面，油气企业的新能源业务目前仍未能纳入主业管理，也未能纳入“拟培育主业”，因此，新能源业务作为集团非主业进行管理，决策效率相对欠缺，与当前新能源业务发展要求存在不匹配问题。

4 建议与启示

企业集团的管控模式是一个复杂的体系，并不存在最优的管控模式，而是应结合企业自身特点，最大限度地发挥集团总部与下属子企业之间的协同效应，有效防控风险的同时实现集团利益最大化。油气企业在借鉴新能源头部央企的管控经验时，需充分考虑各类内外部因素——如企业自身在监管政策、行业特点、战略、业务发展阶段等多方面与其存在的异同。

4.1 在新能源业务起步阶段，采取偏严格的管控模式

相较于处于新能源运营领域占领先地位的电力企业，油气企业的新能源业务有三方面差异。一是从国资委监管角度来看，电力企业已将新能源业务纳入主业管理，不需要任何投资决策都上报集团，授权空间更大。国家电投和中广核集团作为国有资本投资公司试点，集团总部的投资管理能力及授放权空间均更大。二是各电力电企业进入新能源行业较早，集团下属新能源企业已发展较为成熟、业务规模更大、分布更广，针对新能源业务设立的共享平台较多，集约化管理与支持能力更强，逐渐走向分权管理控制的道路。三是从企业文化与业务特点来看，电力企业形成了更直接灵活参与市场竞争经验和文化。

在发展新能源业务的多元化战略实施过程中，电力央企均不同程度地存在过于依赖规模扩张，圈占资源的导向。因而导致投资管控不严，产业链过度延伸，低效无效资产包袱沉重。建议油气企业在发展新能源业务的过程中，避免盲目扩展，过度延伸产业链，将有限的资源集中到优势区域和优势项目中，实现与传统产业板块的深度协同融合发展。油气企业在新能源业务的培育发展起步阶段，应坚持以“高质量发展、确保收益率”为基本原则，对新能源业务采取“战略+运营”且更偏向于运营的严格管控模式，严格落实执行集团公司相关制度，在投资决策等重要环节坚持分级管控。在新能源业务发展进程中，油气企业集团层面应仔细跟踪并关注新兴业务经营进展情况，但不应设定硬性的业绩指标，更适合设定明确的“里程碑”。随着业务成熟，建议逐渐推进分级授权和差异化授权，逐步增加下属单位管理权限，实现放权与管控效率提升。

4.2 完善组织机构设置，明确职责界面

借鉴新能源头部央企的组织机构设置，建议本着“管运分离”原则，将新能源业务管理部门与新能源业务实施主体分设，完善各自内部机构设置，并明确职责界面。新能源业务管理部门主要承担资源管理、项目管理、技术管理职责。未来随着业务发展进程，可视情况分拆或新设新能源业务管理部门内设机构，例如设立独立的资源管理部门，以

加强集团、有限公司层面的资源统筹、获取和协调工作，分解资源获取任务、监督考核，以及适时成立电力与碳交易管理部门，统管集团绿电交易与碳交易工作。建议完善制度建设，在相关制度中明确新能源管理部门与其他职能部门在各管理流程上的衔接，做到项目全生命周期各环节无缝链接、有效管控。

新能源业务实施主体是资源获取、工程建设、生产和运维、安全管理的责任主体。建议有序推进区域公司的设立，明确各级单位业务范围和职责划分，并完善各主体间协同发展机制，在新能源业务起步阶段，不采取跨区竞争模式。对于油气行业企业而言，建议明确油气田周边新能源业务的管理主体，实现各油气分公司与各区新能源公司的一体化发展。

4.3　推进分级授权和差异化授权，逐步增加下属单位管理权限，实现放权与管控效率提升

油气企业在发展新能源业务的过程中，建议根据不同产业特点采取差异化管控机制。在集团层面，对传统油气业务和新能源业务，在投标、投资、战略合作、招标采办等关键领域实行差异化管控。在投标方面，对投标项目进行分类审批，对于风险较小的项目，适当简化审批流程。在投资方面，建议适当放宽各级投资审批权限，并借鉴电力企业投资授权管理经验，逐步试行给予新能源业务实施主体投资决策授权，并最终向业内同行平均20亿～30亿元的自建项目投资决策授权，5亿元左右的股权投资项目投资决策授权看齐。在战略合作方面，按照签署对象性质和级别分级，对新能源分公司和区域公司进行分级授权。在招标采办方面，借鉴主要电力企业的做法，多采用公开招标的方式让内部企业充分参与市场竞争，提升服务能力。在区域公司层面，建议随着新能源业务的逐渐成熟，探索对各区域公司的分类授权机制。可在投资以外业务中，根据区域公司的发展规模、经验积累、能力建设等情况，在生产运营、招标采办、战略合作、风险管理等领域授予一定的权限。对于工程建设等强监管业务采取新能源分公司垂直管理模式进行严格管控。

4.4　探索建立投资审查“一步决策”机制，提升投资决策效率

新能源项目与油气开发项目存在较大差异，油气项目从勘探到投产用时较长，对油藏的认识随着勘探活动逐步加深，并且能够依据勘探情况选择是否开发，两步投资决策的机制对其较为适用；新能源项目整体实施速度较快，其投资决策以可行性研究为主要决策点，可行性研究报告经过审查决策后，初步/基本设计工作开展较快，并快速过渡至施工和建设阶段，同时，不可退出的惯例使得“两步决策”机制与其快速建设速度存在不匹配。

为适应新能源行业的快节奏竞争模式，提升投资决策效率，建议油气企业借鉴电力

企业的“一步决策”模式，根据项目类型进行分类决策。对于光伏项目，由于可研与基本设计阶段差异较小，建议探索进一步放权的可能性，在项目报告达到基本设计深度的情况下，对光伏项目实行“一步决策”；对于海上风电项目，由于投资数额较大、风险较高，在新能源业务起步阶段建议仍然按照“两步决策”严格审查，控制风险。

4.5 发挥上市公司平台作用，探索资金与业务分离管控的“双管机制”，并注重新能源业务发展背景下的投资者关系管理能力建设

可借鉴中核汇能独特的“双管机制”，探索业务发展由集团把控，资金拨付由上市平台承担的业务管理与资金管理分离管控模式。此外，由于新能源业务投资收益率现阶段仍低于传统油气业务，未来或面临投资者关系方面的挑战。建议上市公司投关部门提前做工作，对小股东及投资者做好宣传引导工作。同时，随着国家建设“绿色一带一路”战略出台，可适当考虑在国际资源优势地区布局优质新能源项目，从总体上提升新能源业务投资回报水平。

4.6 打造共享平台，提升集团公司的管理与服务支撑能力

各职能领域共享平台打造方面，建议借鉴各电力企业做法，充分利用集团的相关共享中心，并通过集团信息技术中心及有效的数字化管理手段，将采办、财务、法律、审计等共享职能，纳入新能源业务区域共享中心管理。油气企业在电力营销方面经验相对欠缺，建议可探索在新能源业务实施主体下设立平台中心的模式，为所有区域公司提供专业化服务。随着未来电力市场改革方向和集团电力业务发展与管控模式的明确，可考虑设立全集团统一的电力营销中心。

4.7 推进数智化场站建设，实现精细化管理

建议建设智慧场站及区域中控中心，探索将云平台、大数据、物联网、移动互联、人工智能等技术融合于新能源场站的运营管控，满足新能源场站管理安全环保、节能高效、少人值守、精细管控、灵活和谐等需求。

参考文献

[1] 国家能源局. 国家能源局发布2022年可再生能源发展情况［EB/OL］. http://www.gov.cn/xinwen/2023-02/14/content_5741481.htm.

[2] 吴谋远，康煜，范旭强，等. “双碳”背景下我国油气企业绿色转型研究与实践［J］. 石油科

技论坛，2022，41(4)：7.

［3］国际能源网．5大发电集团2022年成绩单发布［EB/OL］. https://m.in-en.com/article/html/energy-2322021.shtml.

［4］段磊．企业集团管控：体系、实践与案例［M］. 北京：企业管理出版社，2020.

［5］任伟林．国有企业集团母子公司管控模式研究［D］. 武汉：武汉理工大学，2012.

［6］王钦，张云峰．大型企业集团管控模式比较与总部权力配置［J］. 甘肃社会科学，2005(03)：212-214.

［7］国务院国资委．中央企业投资监督管理办法［EB/OL］. http://www.gov.cn/xinwen/2017-01/18/content_5160910.htm#allContent.

［8］中央企业管理提升活动领导小组办公室．企业集团管控［M］. 北京：团结出版社，2013.

Study on the Parent-subsidiary Control of Renewable Energy Business of China's State-owned Power Enterprises

Rihan WU, Xueqin YANG, Yuqi ZHANG, Yichi ZHANG, Yingtao LIU

CNOOC Energy Economics Institute

Abstract: Guided by China's carbon peak and carbon neutrality goals and the internal need for the company's sustainable development, the major power and oil and gas state-owned enterprises of China actively expand renewable energy businesses, and accelerate green and low-carbon transition, leading to the vigorous development of China's renewable energy industry. However, in the field of renewable energy operations in China, state-owned power enterprises always occupy the core position. This article analyzes the parent-subsidiary control structure as well as the model (it refers to the organizational management in the style of a head office with various branches across the regions), and the key mechanisms of the major power state-owned enterprises of Chine. Based on the analysis, this article provides suggestions for the oil and gas enterprises on improving the parant-subsidiary control structure, model, and key mechanisms.

Keywords: Renewable energy businesses; Group control; State-owned power enterprises; State-owned oil and gas enterprises

关于企业集团资金运营管理模式的探讨

周莉*，魏艺颖

中海石油财务有限责任公司

摘要：历经三十余年的发展历程，企业集团逐渐形成以财务公司为核心的资金集中运营管理模式，在管理体系、资金归集、业务开展、风险监控等多方面都积累了丰富的实践经验，为集团资金管理提供坚实保障。本文将在阐明企业集团资金运营管理模式的构建背景及必要性的基础上，梳理分析五种典型的企业集团资金运营管理模式特点，重点从企业集团角度出发，发掘现有运营管理模式存在的问题，并提出进一步完善运营管理模式的改进建议，助力企业集团规范高效开展资金运作，保障集团资金安全稳健增值。

关键词：企业集团；资金管理；财务公司

0 引言

随着中国经济过去几十年的快速发展，各行业大型企业集团不断崛起，逐步形成一批资产规模庞大、组织架构层级丰富的企业，随之而来的是企业集团的资金集中管理、资金使用效率、风险管控等问题。为满足企业集团快速发展带来的资金统筹高效管理需求，企业集团财务公司应运而生。财务公司是以加强企业集团资金集中管理和提高企业集团资金使用效率为目的，为企业集团成员单位提供财务管理服务的非银行金融机构。财务公司业务范围涵盖原银保监会允许开展的各类业务类别，主要包括集团内部的吸收存款、发放贷款、结算清算，以及投资、票据、外汇等业务。同时，财务公司逐步建立并不断完善集团资金集中运营管理模式，在企业集团的资金归集、账户管理、资金收支、信贷投放、投资业务、风险监控等多方面都积累了丰富的实践经验，不断提升资金管理效率，持续增强资金保障能力。

现有文献研究主要集中于论证企业集团资金集中管理的必要性，比较各类资金运营管理模式，以及注重结合企业案例提出实证研究方面的问题及优化措施。张莉（2006）[1]提出企业集团实行资金集中管理，有助于合理运用闲置资金、提高资金内部周转效率以

* 周莉，女，硕士，中级经济师，主要从事公司投资及同业业务配置工作。E-mail:zhouli3@cnooc.com.cn

及风险控制水平。吴宛玲（2019）[2]认为随着对国有资产的监管越发严格，结合企业实际精细化、优质化完善资金集中管理模式，对企业集团整体转型发展具有重要意义。然而，结合财务公司业务模式特点及相应监管要求下如何优化企业集团资金运营管理模式的研究较少，对资金富裕型企业集团资金运营管理模式探索的借鉴作用不够充分。

本文将在监管导向日趋严格的最新背景下，通过调研多家企业集团资金集中运营管理模式现状，重点从资金富裕型企业集团角度出发，比较不同模式的优势与不足，发掘现有模式存在的问题及解决措施。通过多维度深入分析现有运营模式，探索适应企业发展需要的新型资金统筹管理模式，研究并提出符合不同企业集团管理特点的集团沉淀资金保值增值经营管理优化建议。在发挥集团总部整合和调配金融资源的管理优势的同时，发挥财务公司金融平台专业化优势，引入统一的操作平台、统一的投资策略、统一的风控体系，充分运用不同的金融工具，规范高效开展资金运作，保障集团资金安全稳健增值，实现集团全局利益最大化的目标，有力支撑集团转型升级和健康发展。

1　企业集团资金集中管理的必要性

企业集团作为现代企业的先进组织形式，具有资产规模大、成员单位众多的特点，下属成员单位在经营范围与管理目标等方面存在一定差异，资金需求不同，因此资金集中管理的需求应运而生。资金集中管理的本质是发展企业内部资本市场，实现集团内部资金资源整合与宏观调配，提高资金使用效率、降低资金成本和金融风险。

1.1　从企业集团总体战略角度的必要性

1.1.1　降低集团整体融资成本

加强资金集中管理是企业集团提升内部管理的需要，也是企业集团加强统筹管理成员单位的需要，更是企业集团发挥资源聚合优势、降低集团整体融资成本、提高沉淀资金投资效益的需要。集团公司成员单位受所处地域、市场条件、资源、所处产业链环节等因素影响，一些资金富裕型成员单位无法高效利用资金造成资源闲置，另一些成员单位业务增长快速、资金短缺，需要向金融机构贷款，产生了较大的融资成本。企业集团构建资金池，规划资金集中管理，能够统筹整合各成员单位的资金需求，通过集团公司的统一调配，实现沉淀资金的集中管理，优先集团内部融资，无法满足时再外部融资，降低集团公司整体融资成本，消除存贷双高现象。在集团内部，通过资金的集中管理、有序调度、统筹运作、合理分配，有效降低集团整体融资成本，提高资金池使用效能，确保集团战略目标的实现，达到集团整体利益最大化。

1.1.2 提升集团沉淀资金收益

成员企业日常业务的结余沉淀资金，及时归集到集团财务公司，财务公司加强沉淀资金投资管理，通过定期跟踪宏观经济、金融市场情况及政策变化，动态调整投资策略，灵活组合配置债券、基金、同业存款、同业存单、回购等各类产品，丰富产品谱系，抢抓月末、税期、降准降息前的配置机会，统筹构建多主体、多元化动态资产组合，精益资金运作，在保障成员单位资金支付的前提下，最大限度提升大类资产组合回报，有效增厚集团沉淀资金整体收益。

1.1.3 持续加强风险管控

一是集团统筹融资行为，能够降低成员单位融资成本，减轻其债务压力，压降债务风险，进一步降低企业集团整体财务风险。二是在集团集中管控模式下，企业的决策和投资是严格控制在集团总体战略规划下的，起到了降低成员企业投资风险的作用。三是防止资金散落在各二级、三级、四级、五级单位，降低资金收支不规范带来的道德及操作风险，将资金规范化管理要求统一嵌入资金管理体系，对审批权限、流程、控制点、风险点等在系统中进行固化，促进企业资金管理信息化水平和金融创新能力提升，强化资金风险防范，保障集团整体资金安全平稳运营。

1.2 从成员单位角度的必要性

在资金集中管理模式下，成员企业优先在集团内部融资，可以取得相对外部银行更优惠的条件，融资成本更低，贷款申请及审批流程更加高效，免去了向外部金融机构贷款的冗杂环节和不必要的财务信息暴露。在成员单位建设初期，筹资规模和能力受到限制的情况下，可以通过内部融资解决项目资金问题，同时，可以运用集团公司的高主体信用评级，在外部银行筹集项目建设及企业经营发展所需的资金。在市场瞬息万变的情况下，助力成员单位抓住稍纵即逝的机遇，不断发展壮大企业。

2 现有集团资金运营管理模式分析

2.1 现有企业集团资金运营管理模式

经调研多家企业集团，目前企业集团资金运营管理模式主要包含五种：授权模式、财务顾问模式、独立法人模式（财务公司资金集中管理模式）、内部银行模式、委托投资模式。从国内企业集团的资金管理实践来看，财务公司运营管理模式应用较为广泛，下面分别从五种模式具体分析。

2.1.1　授权模式——以A企业集团为例

管理架构方面，形成以金融投资和金融服务为两翼的“一体两翼”发展思路搭建金融平台，实现资金集约管控、产融高效协同。

投资模式方面，通过财务公司“自营投资”+集团公司“授权投资”模式运作，将集团资金增值运作职能下放至财务公司，充分发挥财务公司专业平台优势，实现集团收益率最大化。集团董事会定期批复决定业务品种及规模，同业业务不需要董事会批复；业务开展依照相关管理规定执行（表1）。

表1　A企业集团投资业务模式开展情况

Table 1　Investment mode of enterprise group A

<table>
<tr><th>总授权投资额度</th><th colspan="7">N元</th></tr>
<tr><td rowspan="8">授权投资品种</td><td>项目</td><td>额度（亿）</td><td>久期（年）</td><td>收益率</td><td>交易对手</td><td>管理产品数量</td><td>备注</td></tr>
<tr><td>理财</td><td>N</td><td>5</td><td>3%～4%</td><td>银行、理财子公司</td><td>100+</td><td>产品波动性较大</td></tr>
<tr><td>固收+</td><td>N</td><td>—</td><td>3.5%～5%</td><td>银行、券商十几家，每家10亿～40亿额度</td><td>—</td><td>产品波动性较大</td></tr>
<tr><td>基金</td><td>N</td><td>—</td><td>2.5%～5%（考虑免税因素后）</td><td>易方达、华夏、南方、银行等</td><td>—</td><td>定制式，提前约定波动率、风险偏好</td></tr>
<tr><td>（1—3年期）存单</td><td colspan="6">作为流动性管理工具</td></tr>
<tr><td>固收</td><td colspan="6">自营投资品质，授权投资未开展该业务</td></tr>
<tr><td>优先股</td><td>N</td><td>长期</td><td>4%～5%</td><td>大行+股份行优先股</td><td>—</td><td>股息红利，现无法开展</td></tr>
<tr><td>定期存款</td><td colspan="6">未开展该业务</td></tr>
</table>

2.1.2　财务顾问模式——以B企业集团为例

在管理架构方面，财务公司具有金融管理职能，为集团公司主业的资金归集、资金结算和资金监控等提供服务。

在系统模式方面，搭建的资金管理系统包含三个功能模块：资金计划、资金支付、融资管理。实现内外部连接：向外连接财务结算系统，向内连接财务公司的资金结算系统。业务范围有效覆盖：集团成员单位的境内账户管理、支付核算、债务融资业务。

在投资模式方面，采用财务顾问模式。财务公司与集团签署财务顾问协议，按规模收取管理费，为集团提供询价、配置建议，不开展具体操作（表2）。

表2　B企业集团投资业务模式开展情况

Table 2　Investment mode of enterprise group B

业务开展模式	未开展授权管理集团资金业务，与集团签署财务顾问协议，按规模收取管理费，为集团提供询价、配置建议，不管理集团账户及预留印鉴，不开展具体操作
品种	开展了理财，期限1～1.5年，2022年收益率在2%～3.6%

2.1.3 独立法人模式——以C企业集团为例（主流模式）

财务公司运营管理模式运作体系如图1所示，在此模式下，财务公司是集团资金集中管理的依托，以企业集团的整体财务战略为目标，采取集中管理、统一调度、灵活分配的运作方式，形成“收支两条线”。一是成员单位银行账户资金归集至集团总部资金池，二是成员单位根据生产经营资金支出需求，向集团总部上报资金预算，通过审核后从资金池下拨资金并实现支付。一方面，能够系统深入地了解集团内成员单位的资金特点，通过集成成员单位的融资渠道，将已有资金下放至需求单位，降低成员单位的外部融资成本、避免集团内部资金闲置；同时提供更加个性化的金融服务，满足各单位的资金需求，相较于银行等外部金融机构具备不可替代的优势。另一方面，财务公司通过归集集团整体资金，有助于发挥规模效应、拓宽投资渠道，捕捉有利投资机会，进一步发挥集团资金优势提高整体投资收益。

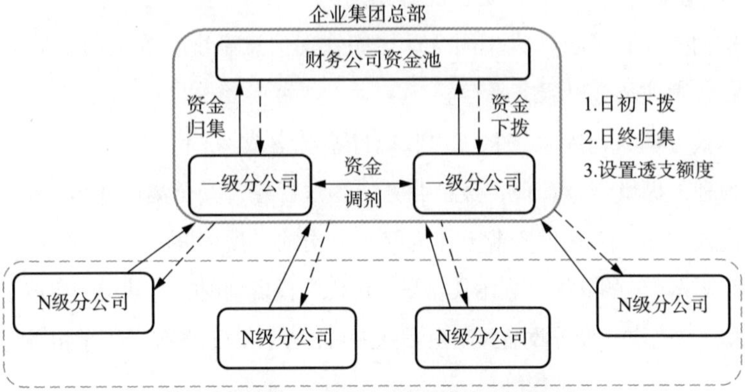

图1　财务公司对企业集团资金集中管理模式

Figure 1　Centralized fund management mode of enterprise groups with the financial corporation

管理架构方面，企业集团以财务公司为载体，财务公司明确自身作为集团公司的“内部银行”的职能定位，做好资金结算、提供金融服务，加强集团资金集中管理，提高资金使用效率。

系统模式方面，国务院国资委在《关于推动中央企业加快司库体系建设进一步加强资金管理的意见》中明确提出，中央企业要加快构建“三位一体”的司库管理体系，依托财务公司管理平台，加强集团资金的集约、高效和安全管理。持续推进资金管理体系建设，不断提升资金管理效率，持续增强资金保障能力。

投资模式方面，财务公司将归集后资金通过投资及同业等渠道进行资金运作，牢牢把握价值贡献者职能，充分发挥专业管理经验和业务资源，强化流动性管理，保障资金安全稳定，提升资金运作效率。

2.1.4 内部银行模式——以D企业集团为例

在管理架构方面，企业集团资本公司承担金融板块的管理职能，控股内部银行、财务公司、保险、金融租赁、信托等公司。其中内部银行及财务公司主要承担资金归集职能，内部银行由于受到关联交易监管要求，集中规模存在上限，其余资金主要归集至财务公司。内部银行相较于外部银行等金融机构具备行业知识优势，能够更好地开展投资及信贷等业务，有力支撑集团内部成员单位资金需求。

在业务模式方面，企业集团银行主要开展公司金融、金融市场等业务。在公司金融业务领域，重点服务成员单位及优质产业链客户，推进负债业务和服务创新、产品创新。在金融市场业务领域，债券业务以防范市场风险为主线，降低交易频率、缩短债券久期、规避利率风险，综合运用债券借贷等手段，捕捉市场利率有利时机增厚收益；资金业务充分调动各类融资工具，运用质押式回购、拆借、同业存单等工具保障流动性安全，提升盈利能力。

2.1.5 委托投资模式——以E企业集团为例

在管理架构方面，通过建设集团全球司库管理信息系统，为集团成员单位提供全流程一体化的资金管理及金融服务平台。

在系统模式方面，司库系统将境内和境外系统集成运行，支持多币种、多语言、多时区全球化管理，提供资金管理、金融业务、运营管控、安全集成四大类业务功能。

在投资模式方面，委托投资业务作为财务公司的一项中间业务，并不运用自有资金，而是接受集团成员单位的委托，利用其自身优势代为投资理财，并从中间收取手续费。投资方向由委托人自身确定，投资收益风险由委托人自行承担，财务公司不承担委托业务风险。

2.2 企业集团资金运营管理模式比较分析

从资金集中管理方式、投资模式等方面，调研了五种企业集团资金运营管理模式，为更好了解五种资金运营管理模式特点，梳理总结各种模式的资金集中运营情况及优势不足并进行对比分析（表3）。

表3 五种资金运营管理模式对比表

Table 3 Comparasion of five fund management modes

企业集团	A	B	C	D	E
投资模式	授权模式	财务顾问模式	独立法人模式	内部银行模式	委托投资模式
资金集中度	高度集中	不负责集中	高度集中	相对集中	不负责集中
优势	投资品种广泛，流程简便，操作效率高	仅提供询价、配置建议，不开展具体操作	资金集中度高，使用方式较为灵活	了解行业情况，便于开展投资信贷业务	不承担委托业务风险
不足	承担投资风险和考核指标	已开展投资品种较少	投资品种及规模受监管限制	资金集中规模受到关联交易限制	投资方向由委托人确定，不够灵活

3 现有运营管理模式局限性分析

3.1 监管合规角度

2022年11月13日，中国银行保险监督管理委员会修订的《企业集团财务公司管理办法》正式实施。为进一步加强企业集团财务公司监管，引导企业集团财务公司坚守主责主业，强化服务集团内部的定位，防控金融风险，提升服务实体经济质效，《企业集团财务公司管理办法》对投资业务范围进行调整。其中，取消了财务公司对成员单位提供委托投资、融资租赁等业务，因此委托投资运营管理模式不符合最新监管要求，未来不具有开展的可行性。

3.2 资金归集角度

3.2.1 资金集中程度受到监管限制

财务公司在对集团及成员单位中的上市公司进行资金归集时，受到监管、交易规则及上市公司关联交易限额的限制，造成各上市公司需独立管理关联交易限额外资金，各上市公司资金配置管理与风险管理专业化水平存在差异的情况，增加了资金集中运营管理的难度。

3.2.2 资金预算管理能力不充足

资金预算管理是企业集团对成员单位资金监管的重要手段，需要根据各成员单位定期上报的资金预算情况，统筹安排资金划拨。然而目前存在资金预算编制不及时、归集计划和管控能力较弱、资金规划和使用效能不足的情况。可通过逐步完善、细化资金预算，提交资金计划及时性和准确性。增加“日计划”对集团账户资金进行每日调度，在满足账户资金合理备付需求的基础上，为金融平台资金运作需求提供更多空间。增加“月计划”以便编制月度资金计划，包括资金收支计划、融资计划和资金运作计划，提升对于月末资金余额的预估精度，在保证集团资金流动性安全的前提下，减少不必要的头寸占用，有效提升资金运作效率。

3.2.3 投资效益角度

针对资金富裕型企业集团财务公司，存在将归集至财务公司的沉淀资金通过投资等渠道开展合理运作、保值增值的客观需求，但是在资金运作上，目前存在归集资金可配置品种较为单一、运作效率偏低的情况。

一方面，受到监管制约的客观条件影响，财务公司开展自营投资的额度和范围受到限制。《企业集团财务公司管理办法》中规定自营投资额度为净资本70%。同时，《企业集团财务公司管理办法》压缩了原办法中规定的业务范围，取消发行财务公司债券、对金融机构股权投资、信贷资产证券化、衍生品交易、保险代理、对成员单位提供担保、委托投资、融资租赁等业务，修改财务公司有价证券投资为固定收益类有价证券投资。

另一方面，财务公司开展同业投资业务主要包括同业存款、买入返售等业务，但同业业务久期不能超过一年，且定价权在于整个资金市场的流动性和发行方自身资质，业务类型较为单一且收益受限。

此外，可能存在集团内成员单位自有资金较为充裕，内部融资需求不足的情况，集团沉淀资金的规模优势、渠道优势未能充分释放。

3.2.4 管理效能角度

在资金集中管理的模式下，企业集团财务公司在合作银行开通了资金结算账户，各成员单位在该账户下开设二级账户，从而组建成集团整体资金池。为确保资金的安全完整，部分企业集团委托银行作为第三方进行资金监管，但由于资金的使用需要银行、企业集团上层、财务公司等的共同确认，存在多方监管导致资金集中管理效能不高的情况。

4 新运营管理模式探讨

4.1 构建新运营管理模式目标

为进一步提升各家企业集团沉淀资金整体运作效能，财务公司作为企业集团的“内部银行”，应当发挥平台公司专业管理经验和业务资源优势，构建企业集团和财务公司协同运作的新运营管理模式，灵活发挥企业集团和财务公司配置优势，有效增厚企业集团沉淀资金收益，通过新运营管理模式，强化企业集团资金统筹运作职能，为集团产业发展提供资金管理和金融服务。

4.2 新运营管理模式规划

以财务公司为依托，构建企业集团整体资金池，结合资产结构，资金池资金可分为投资资产、信贷资产、备付金、准备金、短久期资金、长久期资金等资产，为提升整体沉淀资金收益，加强短久期配置资金和长久期配置资金管理，是构建新运营管理模式的关键（图2）。一是短久期配置资金运作方面，结合财务公司流动性管理工具职能，为有效加强业务风险管理，加强久期管控和流动性管理，通过运用财务公司账户逐日盯市、实时比价，抢抓市场高点实现配置。二是长久期配置资金运作方面，为企业集团提供财务顾问服务，集团自有资金可运用自有账户进行配置，通过拉长久期方式，增厚资金整体收益，在严格把控风险的前提下，多措并举有效增厚收益。通过多方询价，3年企业存款收益率≥1年结构性存款收益率>1年同业存款收益率>1年企业存款收益率（表4）。

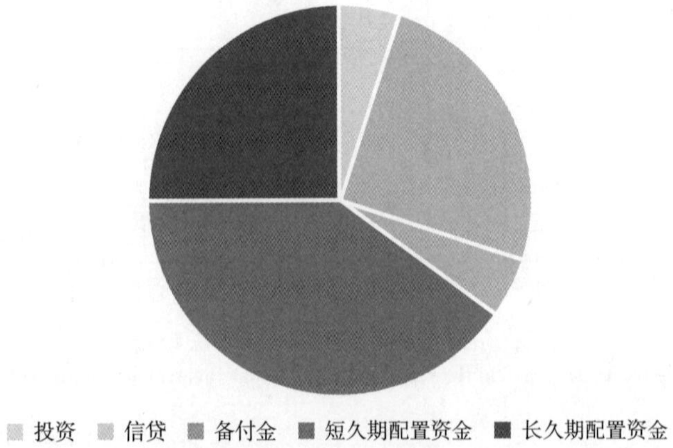

图2　财务公司管理资金池结构（依据业务占比构建资金池）
Figure 2　Fund pool structure under management of finance corporation

表4　各类投资品种收益率情况
Table 4　Return rate of various investment products

投资主体	品种	期限	最高价	最低价
企业	定期存款	1Y	2.20%	1.65%
		3Y	3.30%	2.60%
	结构性存款	1Y	3.30%	2.55%
	大额可转让存单	1Y	2.20%	1.95%
		3Y	3.25%	2.95%
同业	定期存款	1Y	2.73%	1.70%

注：价格参考各银行2023年3月20日报价。

通过测算，企业集团总部自有资金，通过每调配100亿元资金由1年同业存款至1年结构性存款，可增加收益5700万元，但该部分收益受底层挂钩产品波动影响，存在一定回撤可能。每调配100亿资金由3年企业存款至1年理财产品，可增加收益4300万，但理财产品净值化管理后波动较大。总之，在沉淀资金总量保持不变的情况下，结合不同交易主体、不同金融工具的比较优势，统筹实施跨资金池、跨账户资金调度，开展多元化金融资产组合配置，持续优化资产结构，最大化提升集团富余资金的价值增值效应（图3）。

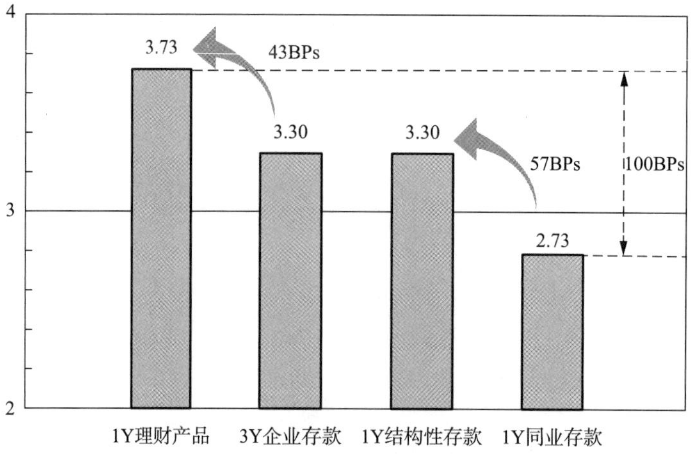

图3　各类投资品种收益率增厚情况（%）

Figure 3　Increase in the return rate of various investment products(%)

5　结论

财务公司作为集团“内部银行”，遵循“安全性、流动性、收益性”的资产配置原则，充分发挥平台公司专业优势，加强企业集团资金集中管理，优化结算体系，降低企业集团整体融资成本，提升金融服务质量，同时，通过灵活运用财务公司账户和集团账户，结合短久期配置资金和长久期配置资金需求，多主体多元化组合开展沉淀资金配置工作，提升资金运行效率，为集团产业发展提供资金管理和金融服务。

参考文献

［1］张莉．企业实施资金集中管理的必要性、可行模式及对策［J］．会计之友（下旬刊），2006(06)：34-35.

［2］吴宛玲．ZNJ集团资金集中管理模式研究［D］．南昌：南昌大学，2019.

［3］严刚．浅谈集团公司资金集中管理存在的问题及应对措施［J］．纳税，2020，14(06)：253-254.

［4］中国银行保险监督管理委员会．企业集团财务公司管理办法［EB/OL］．［2022-10-13］．http://www.gov.cn/zhengce/2022-10/14/content_5725782.htm.

［5］谢朝晖．企业集团资金集中管理的必要性［J］．纳税，2020，14(03)：278.

［6］贾中天．TM集团资金集中管理优化研究［D］．沈阳：辽宁石油化工大学，2021.

［7］龚孟希．财务公司——企业集团资金集中管理模式研究［J］．现代企业文化，2022，600(21)：43-45.

Discussion on the Fund Management Mode of Enterprise Groups

Li ZHOU, Yiying WEI
CNOOC Finance Corporation Ltd.

Abstract: After more than 30 years of development, the enterprise group has gradually formed a centralized fund management mode with the financial corporation as the core, and has accumulated extensive practical experience in management system, fund collection, business development, risk monitoring and other aspects to provide a solid guarantee for the enterprise group's fund management. This paper will analyze the necessity of establishing the fund management mode, and conclude five typical enterprise group fund management modes. This paper will explore problems of the existing management modes and put forward suggestions for the well–capitalized enterprise group to improve fund operation efficiency and ensure the safety of capital preservation and appreciation.

Keywords: Enterprise group; Fund management; Finance corporation

以交易所债券质押式回购为例的资金头寸精细化运作管理解析

高雅*，李欣妍，苏文静

中海石油财务有限责任公司

摘要： 石油板块公司多呈上下游一体化、资金高度集中的特征，此类公司较注重头寸精细化管理，即通过精细化运作，使资金头寸在安全基础上兼顾流动与收益，保障和支持主营业务稳健发展。交易所债券质押式回购是常见的资金头寸管理工具，具备低风险、现金流稳定的特征，可承担稳定收益和调节流动性的功能。本文通过解析交易所债券质押式回购，对资金头寸的精细化运作管理进行研究。研究内容包括现有理论、交易策略及交易执行等。首先，通过文献分析法引入交易成本理论与算法。其次，通过对标研究、描述性研究以及访谈研究法构建交易策略并分析策略影响因素。最后，针对不同场景设计最优执行策略，以提升运用该工具进行资金精细化管理的效率。

关键字： 流动性管理；头寸管理；精细化交易管理；交易所质押式回购；交易策略

0 引言

交易所债券质押式回购具有双重保障（交易场所安全性保障，质押品价值保障）、安全性高、流动性强、现金流稳健等特征，其日均交易体量超3万亿元，是交易活跃的资金头寸管理工具。石油企业多为国企，经营风格稳健、资金流动规模较大[1]，通过运用交易所质押式回购，助力企业精细化资金头寸管理、精益化经营，实现短期资金融通及存量资金收益增厚的目标。

石油企业资金流动规模较大、季节性强等特征使得其在进行回购交易时，经常需要在较短的时间内达成较大规模成交，这种交易行为往往会推高（或压低）市场资金价格，导致自身的买卖委托不能立即全部成交，或只能以更高（或更低）的价格才能全部成交，推升交易的隐性成本。交易所债券质押式回购具有成交价反馈实时、价量冲击性可比的特征。本文以交易所债券质押式回购为例，对交易成本及策略进行研究，以进一步提升该产品的精细化管理效能。通过调研访谈，我们发现机构在进行交易所质押式逆回购操

* 高雅，女，硕士，主要从事公司同业资金配置工作。E-mail:gaoya4@hyfinance.com.cn

作时，主要依靠资金管理人员自身的“交易经验”，或比较初级的“经验体系”进行交易，如果资金管理人员经验不足或交易金额超出其日常交易的范围，容易在月末、季末等价格波动剧烈时期发生交易混乱，从而推升隐性交易成本。

由此，我们对交易所债券质押式回购的交易策略展开研究。首先通过整体分析，从实际交易场景调研入手，在宏观、微观两方面识别交易所债券质押式回购的影响因素，构建两类常见的交易场景，其次应用Holy Grail模型测算、VWAP算法交易策略，分别设计不同场景下的大额交易策略。最后通过策略梳理，协助石油企业资金管理人员精细化管理质押式回购交易，使其在面临大额质押式回购交易需求时，能够迅速导航到具体策略场景，完成执行目标，妥善控制整体业务风险，从精细化管理入手提升石油企业资金运作的经济效益。

1 现有基础

1.1 文献综述

随着资金精细化管理的发展，资金交易执行策略（尤其是算法交易）的研究近年来逐渐兴起，以TWAP为代表的算法交易开始应用于债券市场。Perold's（1988）提出交易执行所产生的成本对策略具有较大影响，总交易成本是重要的经济因素，且交易难度与市场流动性正相关。郭朋（2012）[2]研究交易策略及算法交易监管，陈梦根（2013）[3]对算法交易在中国的应用和发展前景，以及未来的研究方向进行了研究。吴伟平（2018）[4]则将交易成本与投资组合结合进行了建模分析。

1.2 交易成本理论

因交易执行而产生的成本被称为交易成本，交易成本分为显性成本及隐性成本，其中显性成本主要包括佣金、过户费、印花税等直接在交易过程中体现的成本；隐性成本[5]包括冲击成本、择时成本、机会成本等。冲击成本指的是在交易中需要迅速且大规模地买进或卖出证券，未能按照预定价位成交，从而多支付的成本，其中还可细分为瞬时冲击成本、暂时冲击成本和永久冲击成本。择时成本指拆单交易过程中，交易延迟带来的成本。机会成本指的是当投资品出现流动性短缺等问题导致无法完全完成交易，未成功交易部分对应损失的本应有的获利。机会、择时成本往往和冲击成本无法兼得，而这也构成“交易员困境”。

现阶段对冲击成本的研究主要集中在股票市场，主要落地形式是使用算法进行拆单交易，通过计算在冲击成本与机会、择时成本之间进行平衡。相较股票市场，质押式回购业务的交易标的同质化属性较强（均为交易所标准券），因此冲击成本在其中占据更为主导的因素。

冲击成本的计算模型在学术界和业界均有广泛的研究。学术界最经典的研究包括Almgren和Chriss的衡量冲击模型、Robert Kissell 和 Morton Glantz的Holy Grail模型，业界ITG、摩根大通、德意志银行和Barra等也开发了冲击成本的数学模型。本次研究中将采用实际业务中适用性较强，易于为投资者所接受的Holy Grail模型对冲击成本进行测算。

Holy Grail模型主要包含交易单大小、交易对象波动率、交易强度及交易对象流动性四个因素，并基于五条基本假设进行计算：

（1）市场冲击与交易方向无关；

（2）市场冲击与交易单大小成比例；

（3）暂时冲击成本不会影响下一次的交易；

（4）只有流动性需求者需要承担暂时冲击成本；

（5）所有交易者都承担永久冲击成本。

1.3 算法拆单

实际交易中，为减少市场冲击成本，高频交易者通常会考虑将大额指令分拆为小额指令逐个提交，这种方法也被称为算法交易。算法交易的关键在于根据市场环境的预判，结合交易目的设计相应的交易策略，确定提交指令的时间、价格及数量，从而降低交易成本。

交易拆分方面，常用的拆分方法包括交易量加权平均价格（Volume Weighted Average Price，VWAP）、时间加权平均价格算法（Time Weighted Average Price，TWAP）及交易量固定百分比交易策略（Volume Participation，VP）等方式。

交易量加权平均价格交易策略是将大额订单拆分为多个中、小规模的子订单，根据市场环境的变化择机逐次提交，使其成交价尽可能接近市场交易量加权平均价格的一种交易策略。此交易策略可以有效地减少短时间内大额订单对证券价格的冲击，是较为常用的一种算法交易策略[6]。

时间加权平均价格算法是交易人员将整个交易时期划分为多个特定的时间段，在每个时间段内平均提交订单的交易策略。它是一种相对简单的拆单方式，可用于在不了解市场历史走势的情况下帮助交易人员获取相对平均的交易价格。

交易量固定百分比交易策略是指交易人员按照市场交易量的某一比例提交订单的交易策略。需要交易人员时刻关注市场交易情况，根据市场动向跟进下单。

理论上，VWAP交易策略能够更好地拟合交易人员对于加权价格均价获取的要求，该策略需要交易人员根据历史交易情况，将交易日划分为多个时间段，预测各个时间段交易量占整个交易日内市场交易量的比例，按照这一比例将总订单拆分为多个子订单，并在每一交易时段初期提交。但实际中，由于VWAP交易策略对于成交量的主观预测与实际情况存在误差，因此许多机构在实际成交中更多地使用TWAP交易策略，以便更加稳定地以平均价格实现交易。

2 策略影响因素

2.1 场景层面策略影响因素

2.1.1 市场环境

交易所债券质押式回购业务的交易策略选择会受市场环境影响[7]，不同环境下交易价格（利率）的走势会有显著区别。影响市场环境主要包括以下三个方面[8]：

（1）经济基本面（PMI等基本面指标）和通胀（CPI等物价指标）的变动间接影响中长期资金面走势。经济数据与通胀数据影响货币政策的取向和实体经济的融资需求，进而影响整体货币市场的定价，以及交易所资金的利率。2020年至今，政策层通过“货币先行”引导整体货币市场定价，推动金融系统发力达成政策目标。

（2）央行的公开市场操作（OMO）从货币供给角度直接影响质押式回购的价格。当公开市场操作量高于市场预期时，资金面趋于宽松，质押式回购价格大概率下行，当公开市场操作量低于市场预期时，资金面趋紧，质押式回购价格大概率上行。

（3）当日资金面情绪：资金面情绪受资金供需、短期博弈等因素影响，在大额利率债发行、缴税期、OMO到期、月末季末等特殊时点，参与者博弈对资金面情绪影响显著，收益率波动相对剧烈。

以2022年6月30日跨半年末时点交易所债券质押式回购价格波动为例。部分市场参与者认为，货币政策维持稳健偏宽态势持续，央行连续多日放量续作7天逆回购，释放呵护资金面平稳跨季信号，因此选择滚动交易隔夜资金，以获得最低资金融入成本。另一部分市场参与者认为，社融数据向好，经济增长趋势抬头，跨季末时点资金面紧张不可避免，因此选择6月初至月底提前进行资金交易，月中以较高的价格融入跨季资金，从而不承担季末资金面骤紧带来的高价融入风险。由于市场参与者对货币政策操作预期的不同，交易所债券质押式回购通过价格变化消化预期。

2.1.2 交易额度

不同的交易额度对质押式回购业务交易策略有显著影响。基于公开的交易量、价格数据，可以对大额指令执行的平均价格和当日全部交易执行的平均价格进行对比，从而得出交易额度对价格冲击的影响。以2023年3月14日至3月20日的204007（GC007）为例，全天成交量在1500亿～2500亿元，筛选单次成交大于10亿元的成交价格与全天总成交价格相比，加权价格平均相差2～3个基点。

当单日拟交易额度超过当日成交总量0.5%时，应格外关注大额交易对价格产生的影响。此外由于日间成交非线性，即有一些时间点成交较为密集，另外一些时间点成交较松散。交易额度是否“显著”到能够影响价格，也需要与交易时点的成交量进行对比。

2.2 执行层面策略影响因素

2.2.1 交易渠道

以上交所为例，上交所债券回购交易分为[9]债券质押式回购（也可以称为“债券通用质押式回购”）[10]、债券质押式报价回购[11]及债券质押式三方回购[12]。其中债券质押式回购交易资金融入方将符合要求的债券申报质押，以相应折算率计算出的质押券价值为融资额度进行质押融资，交易双方约定在回购期满后返还资金同时解除债券质押的交易。完全按照“价格优先、时间优先”原则撮合成交匿名交易，高效便利。

债券质押式报价回购，简称“报价回购”，由回购双方自主协商约定，两个结算参与人之间进行结算，实时全额逐笔非担保交收，由交易参与人对交易对手方进行授信的方式实现风险控制。

债券质押式三方回购由上交所、中国结算提供相关的担保品管理服务。三方回购是两个结算参与人之间的结算，实行的是实时全额逐笔非担保交收。从风险管理上看，上交所和中国结算对三方回购的担保品进行持续管理，上交所可根据市场情况对质押券篮子的设置、各质押券篮子债券清单以及折扣率等进行动态调整。

在价格影响方面，债券质押式回购价格采用匹配成交的价格，由于日内的资金供给和需求不可能随时同步，会导致日内价格产生波动，而单笔大额操作也会对市场价格产生冲击。债券质押式报价回购及债券质押式三方回购需要参与者之间协商确定，价格除了受市场环境影响，也受交易对手信用资质及质押品自身的信用质量（利率债或信用债）等因素影响。由于报价回购及债券质押式三方回购的价格透明性较弱，因此在交易过程中，价格受到大额交易影响较间接，可以通过预先协商额度、收益等要素锁定大额交易，减少大额交易对市场价格的冲击。

2.2.2 交易时段

根据万得数据库统计，交易所回购9:30～11:30时段成交寡淡，14:45～15:15之间成交量活跃，15:10后成交量逐渐萎缩。

以2023年3月14日～3月20日隔夜回购市场成交情况为例，2023年3月20日交易所质押式回购交易全天每分钟成交57亿，其中，9:30～11:30时段每分钟成交33亿，13:30～15:30时段每分钟成交73亿，此时段成交量占全天成交量50%～75%，成交量峰值出现在15:00前后（图1）。从满足交易额度需求考虑，14:45～15:15市场交投活跃期间完成大额交易，可有效降低潜在交易成本，而避免在15:15之后交易量萎缩时段进行大额交易，规避了大额交易对市场价格扰动的可能性，从而进一步降低资金头寸调节的交易成本。

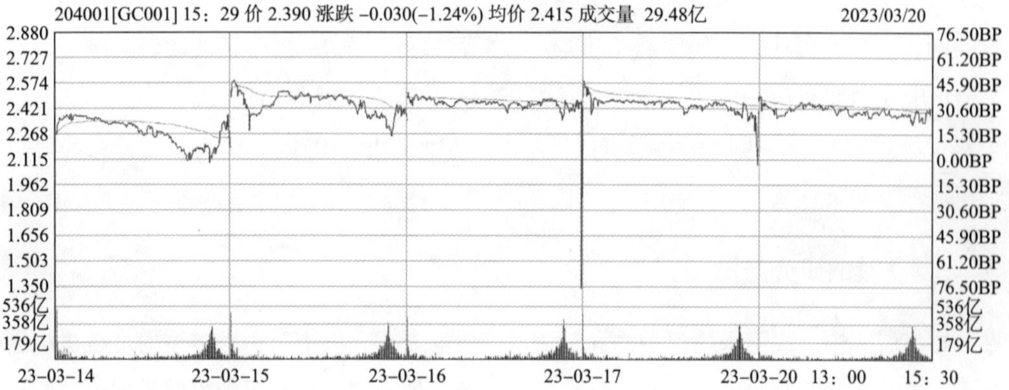

图片来源：Wind数据库

图1　2023年3月14日—3月20日GC001回购市场成交情况

Figure 1　GC001 repo market transactions(3/14/2023-3/20/2023)

2.3　分析结论

通过对影响交易策略的因素进行分析，我们将其划分为场景层面影响因素和执行层面影响因素。场景层面因素影响交易策略执行的优先级顺序，即成交优先或价格优先。根据场景因素可将交易分类为大额紧急单（大额且执行优先）、大额非紧急单（大额且价格优先）、小额单。执行层面因素影响交易最终的执行选择，即采用何种策略执行交易。

3　策略分析

3.1　策略场景介绍

通过分析交易策略影响因素，我们可以在交易前构建不同的交易场景，并对不同场景设计不同的交易策略，从而形成交易策略体系。

市场头部金融机构交易部门的调研结果显示，回购通常以额度大小、交易紧急与否两个维度构建差异化执行策略。大额交易的额度界定受回购期限及交易时段影响，当交易额度超过对手方挂单平均规模的1/2时，该笔交易被认为是大额交易；以质押式逆回购为例，正回购方挂单买1至买5额度均值的1/2为界，高于此额度即为大额交易。当交易员每5分钟根据此额度进行下单（对手方平均规模的1/2），却仍无法在规定时间或收盘时间内完成全部交易额度目标时，此类情况被认为是紧急场景；若可以完成全部交易，则为非紧急场景。

以石油企业交易所债券质押式逆回购为例，当公司有大量资金融出需求，而资金面出现超预期宽松、市场的融入需求没有显著变化时，交易人员可合理预期短期市场利率将会下行，可将此场景判定为大额紧急单（大额且执行优先）。当交易时间距离收盘时间较近，也可计入大额紧急单场景（大额且执行优先）；当市场波动较为平缓，交易时间充足时，可应用大额非紧急单场景进行交易（大额且价格优先）。小额单交易由于对市场影响较小，可以在判断市场环境后，参照拆单后的大额单直接选择交易时点下单。

3.2 策略研究方法

本次研究中，我们采用模型测算及访谈调研的方式，集中对多种类型的金融机构进行考察，范围涵盖基金公司、券商、私募基金及其他公司，旨在了解不同类型公司的交易所债券质押式回购交易需求、特质及流程。通过调研南方基金、易方达基金、嘉实基金的基金经理及交易员，以及国泰君安、晨乐资管、中石油财务公司的投资人员，综合交易经验得出不同场景下交易所债券质押式回购交易策略，调研的机构专业性高，调查覆盖面广。其次应用Holy Grail模型测算及VWAP算法交易策略，设计各场景下的具体交易策略，协助石油公司在不同场景下迅速导航到具体策略场景，实现收益最大化。

3.3 Holy Grail模型测算

我们采取研究冲击成本的Holy Grail模型对质押式回购交易中的瞬时冲击成本进行测算。根据Holy Grail模型，冲击成本可被分为暂时冲击成本和永久冲击成本，其中暂时冲击成本大小仅与当期交易的交易量有关，且成正比；永久冲击成本则由市场总的不平衡程度决定，由前j次交易单大小之和决定。

在此，我们设交易金额为x，瞬时冲击成本为$I(x)$，暂时冲击成本为$k(x)$，永久冲击成本为$f(x)$。

假设第j次交易的冲击成本为：

$$MI(x_j) = x_j k + \sum_{i=1}^{j} x_i f \qquad (1)$$

在交易n次后，其产生的总的交易冲击成本为：

$$I = MI_n = \sum_{j\in \text{side}} x_j k + \sum_{j=1}^{n}\sum_{i=1}^{j} x_i f \tag{2}$$

同时，可假设暂时冲击成本占总冲击成本的比例为α：

$$I=\alpha I+(1-\alpha)I \tag{3}$$

$$I = MI_n = \sum\nolimits_{j\in \text{side}} x_j k + \sum\nolimits_{j=1}^{n}\sum\nolimits_{i=1}^{j} x_i f \tag{4}$$

α值可以通过参数估计求得，通常学术界认为较为合理的α参数值为0.95，即合理地假设永久冲击成本占总成本的比例只有5%，占比较小。

将（3）（4）两个公式联立，对应项相等，可得到平均暂时冲击成本和平均永久冲击成本：

$$MI(X) = X\left(\frac{\alpha I}{V_{\text{side}}} + \frac{(1-\alpha)I}{Q}\right) \tag{5}$$

由此可得交易k次后产生的冲击总成本：

$$MI(x_k) = \sum\nolimits_{k=1}^{n} x_k\left(\frac{q_k}{Q}\cdot\frac{\alpha I}{V_{\text{side}}} + \frac{(1-\alpha)I}{Q}\right) \tag{6}$$

式中，V_{side}为与供求不平衡方向一致的交易量总和，Q为所有交易方向的交易量总和，衡量市场整体的不均衡程度，此两项由交易量数据计算得到；q_k为k时刻的供求不平衡程度；$\frac{q_k}{Q}$为k时刻市场供求不平衡程度占n期整体不平衡程度的比例。

由于在交易前难以判断其他市场参与者将要执行的买卖方向，因此假设市场的不均衡全部由本方交易产生，即：

$$Q=X \tag{7}$$

$$x_k=q_k \tag{8}$$

假设市场其他交易者的供求是平衡的，得到市场上流动性需求者的总成交量：

$$v_{k,\text{side}}=x_k+0.5v_k \tag{9}$$

将预测值代入模型，得到我们预测的冲击成本公式：

$$\hat{K}(x_k) = \sum\nolimits_{k=1}^{n} x_k\left(\frac{x_k}{X}\cdot\frac{\alpha I}{x_k+0.5v_k} + \frac{(1-\alpha)I}{X}\right) \tag{10}$$

由于永久冲击成本占比较小，且由市场总的不平衡程度决定，在此只考虑暂时冲击成本，通过最小化（10）中暂时冲击成本：

$$\mathrm{Min}\left(\mathrm{I}\sum\frac{x_j}{X}\cdot\frac{x_j}{x_j+0.5\widehat{v}_j}\right) \tag{11}$$

对目标函数进行一阶求导之后使一阶导为0，其解为每单交易量大小：

$$x=X\cdot\frac{v_j}{\sum v_j}=X\cdot\mu_j \tag{12}$$

由测算可得，当我们只需要考虑最小化冲击成本来构建交易策略时，采取VWAP拆单方式能够降低瞬间冲击成本，我们在后续的策略构建中也将使用这一结论。

3.4 大额紧急场景下的交易策略

在大额紧急单场景中，交易人员应以完成计划交易额度为主要目标，在高于资金使用机会成本的基础上，淡化对交易价格的要求。可使用以下两种交易策略，一是通过交易所债券质押式报价回购及债券质押式三方回购等方式，在非公开市场以一次性集中撮合的方式完成大额交易，这种方式较为方便快捷，当有较为合适的对手方时，可能获得比场内市场价更优的价格。缺陷其一可能存在无法及时找到合适交易对手导致交易失败的风险；其二该策略由于对手方和质押券均需沟通，信用风险有可能大于通用质押式回购；其三另外报价回购价格相比场内市场存在更大的偶然性和波动性，可能存在为达成交易给出较大价格折让的情况。二是继续通过场内竞价方式完成交易，使用“大额紧急单策略”进行交易，这种交易模式可通过挂单策略的设计，帮助交易人员尽可能在时限内完成交易额度，在资金成本允许范围内适当淡化资金收益。执行建议如下文交易时点及下单方式。

3.4.1 交易时点

依据调研访谈及统计分析可知，交易所债券质押式回购成交量峰值主要集中在下午，在有大量资金交易额度且交易时间有限的情况下，建议选择市场成交量大的交易时点，以增加每笔交易成交规模，来降低总体交易挂单的执行时间，在有限的时间内提升交易执行效率。

3.4.2 下单方式

价格方面，在大额紧急场景下，交易人员应依据市价直接下单，也可以略低于市价的价格进行下单。

额度方面，建议在计划交易时段内通过TWAP方式辅助交易人员进行拆单，并以不影响市场价格走势的最大金额进行下单，在实际操作时，如为交易的拟回购方，也可适当参考买一至买五的平均下单量进行下单，在卖盘较厚、成交量较大的时间段可随成交情况增加下单额度，如为交易的正回购方，下单执行思路与前述逆回购方相同，但需依据卖一至卖五的成交量，以及买盘的变动情况灵活调整下单额度。

3.5 大额非紧急场景下的交易策略

在大额非紧急单场景中，交易人员由于没有较强的时限要求，可以“以时间换空间”，通过采用“大额非紧急单策略”的交易策略，尽可能提升目标收益。

调研结果显示，寻常（非跨月）交易日的上午普遍资金价格较高，因此为了尽可能增加有效交易时间，捕捉日内高点，需要尽早完成交易前的审批、划款等准备工作。

3.5.1 交易时点

全年维度，提前关注跨月末、季末、年末等关键时点的资金情况，提前交易前的相关准备工作。日间维度，通过观察近期价格走势，分析前日加权价格及市场成交情况，通过以VWAP方式设计全天参考下单分布，并结合市场情绪进行调整。在此基础上，在上午预先完成大部分的交易额度，以保证在价格较高的时段完成大部分交易量，下午可继续完成剩下额度，用于博取市场更优价格。

3.5.2 下单方式

以逆回购方为例，在价格方面，首先，预先挂几档价格相比市价较高的单，待市场价格抬升时陆续成交。其次，在准备现价成交时，可参考买一价格，挂比市价略高的价格。额度方面，参照买一至买五的均值额度的1/2进行下单，以减少对市场价格的影响。

如为交易的正回购方，价格、额度的下单思路与前述逆回购方相同，但需依据卖一的价格、挂比市价略低的价格，并参照卖一至卖五的均值额度的1/2进行下单，以减少对市场价格的影响。

在下单频度方面，结合自身预期额成交额度，判断对市场冲击成本，下单频度可视市场成交额情况灵活调整，当市场成交量较大时，可2～3分钟挂一单，当市场成交量较小时，可延长至5分钟一单。

4 结论

本文以交易所债券质押式回购为切入点，通过分析对石油企业大额交易的交易策略，对精细化资金头寸运作管理进行了研究。通过对交易所债券质押式回购的交易成本、策略影响因素解构，构建了三类常见的交易场景，并通过理论文献研究、模型测算及访谈调研等研究方法，分别拟定了对应的交易策略，协助参与者降低隐性交易成本、优化交易效能，有效达成执行目标。

石油企业资金管理人员在进行大额资金融入、融出操作时，应首先建立市场环境判断，通过识别当前货币市场政策及资金面波动规律，对交易所债券质押式回购一段时间内的走势建立预测，并依据自身对资金融入、融出的需求，判断是否处于当前市场交易市场的有利方。其次完成交易场景判断，根据交易量的需求结合市场环境判断，锁定交易场景（大额紧急单、大额非紧急单及小额单）。最后确认交易执行策略，根据交易场景导航至对应的交易策略，并根据实际业务情况明确日间交易时点、算法拆单方式及下单价格等策略执行要素。

石油企业资金管理人员通过环境判断—场景判断—策略确认这一路径进行交易操作，可有效规避大额交易对市场的冲击，降低交易成本，提升交易效益，以精细化管理赋能，提升企业资金运作效率。

参考文献

［1］胡晓博．简析现金流管理与控制对石油企业的借鉴价值．2016年度中国总会计师优秀论文选［中国会议］，2017：1-18.

［2］郭朋．国外高频交易的发展现状及启示［J］．证券市场导报，2012(07)：56-61.

［3］陈梦根．算法交易的兴起及最新研究进展［J］．证券市场导报，2013(09)：11-17.

［4］吴伟平．带有市场约束的动态投资组合优化与交易执行的建模与控制［D］．上海：上海交通大学，2018.

［5］燕汝贞，李平，曾勇．基于市场冲击成本与机会成本的算法交易策略［J］．管理学报，2012，09(07)：952-959.

［6］燕汝贞．基于隐性交易成本的算法交易策略研究［D］．成都：电子科技大学，2014.

［7］林吟．我国银行间债券质押式回购利率的影响因素探究［D］．上海：复旦大学，2014.

［8］龚亮波．影响银行间债券回购利率的宏观因素分析［J］．金融视线，2013，87(12)：87-88.

［9］上交所债券专栏品种介绍［EB/OL］. http://www.sse.com.cn/assortment/bonds/home/.

［10］上海证券交易所债券交易规则适用指引第2号——债券通用质押式回购交易上证发〔2022〕26号［EB/OL］.［2022-01-27］. http://www.sse.com.cn/lawandrules/sselawsrules/bond/trading/currency/c/c_20220422_5701333.shtml.

［11］关于发布《上海证券交易所债券质押式协议回购交易暂行办法》的通知：上证发〔2015〕26号［EB/OL］.［2015-02-16］. http://www.sse.com.cn/lawandrules/sserules/trading/bond/c/c_20150912_3985915.shtml.

［12］关于发布《上海证券交易所中国证券登记结算有限责任公司债券质押式三方回购交易及结算暂行办法》的通知：上证发〔2018〕22号［EB/OL］.［2018-04-24］. http://www.sse.com.cn/lawandrules/sselawsrules/bond/trading/tripartyrepo/c/c_20220422_5701305.shtml.

Refine Cash Position Management through Exchange Traded Bond Pledge Repurchases

Ya GAO, Xinyan LI, Wenjing SU
CNOOC Finance Corporation Ltd.

Abstract: Most of the oil sector companies are upstream and downstream integrated with highly capital intensive characteristic. These firms focus on refining cash position to ensure their liquidity and profitability meet the demand of business development. Exchange-traded bond pledged repurchases(repo) has low risk, stable cashflow characteristic, and is commonly used by companies in their asset portfolio to obtain stable income and to adjust cash position level. The analysis on exchange-traded bond pledged(repo) is a good example to illustrate the methodology of refining cash position management. The research includes existing theoretical foundations, trading strategies and execution techniques. First, the transaction cost theory and execution algorithm are introduced through the literature analysis method to explore the optimized transaction cost model. Secondly, the influencing factors of constructing strategies are analyzed through benchmark research method, descriptive research and interview research method. Finally, the transaction execution strategies under different scenarios are designed in conjunction with operational characteristics to enhance the return of asset portfolio.

Keywords: Liquidity management; Cash position management; Refine trading management; Exchange-traded bond pledged repurchase; Trading strategy

后疫情时代油田服务行业海外市场发展思考

才晓宇*，赵璧，陈月飞，席自彬

中海油田服务股份有限公司

摘要： 近年来，在疫情、低油价及能源转型的冲击下，上游勘探开发企业投资策略的变化对传统油田服务行业带来极大负面影响；叠加国际政治经济集团之间的竞争日益激烈，大国争端、乌克兰危机等重大国际事件对全球政治经济秩序造成严重冲击，这些均对国内油田服务公司开拓国际业务造成显著影响。以往以跟随油公司和机遇型为主的开拓模式较难适应新的环境要求，中国的油田服务行业未来发展国际业务面临巨大挑战。文章通过建立中短期海外市场评估模型，对海外市场发展重点进行量化分析，以确定战略重点区域及目标客户；通过海外市场拓展策略和模式研究，提出国际化成功的基础是跨文化、本地化，在保障权益能源生产安全的同时完成过剩资产的海外创效及资产在地化。

关键词： 后疫情时代；油田服务行业；海外市场；资产创效；在地化

0 引言

2019年底迅速席卷全球的新冠疫情对于全球经济以及能源行业造成深刻影响：一方面新冠疫情很大程度上改变人类的社交、出行习惯；另一方面交通运输业的大幅度降低也对石油和天然气产生冲击。疫情暴发后，全球石油需求在2020年3月急剧下滑了30%至35%，原油价格一度跌至-37美元/桶。疫苗投入使用后，全球经济开始复苏，全球原油和成品油库存开始减少，原油价格随之上涨[1]。进入2021年10月份，全球石油需求实际上仍低于疫情暴发前的水平，原油价格却已涨到2014年以来最高。多个行业咨询公司表明，对石油和天然气的需求在短期内不会消失，未来几年实际上将以高价和投资不足为特征[2]。

能源转型也对传统能源行业产生深刻影响，中国科学院院士邹才能[3]等也分析了世界能源未来消费发展的趋势（图1），世界能源体系逐渐形成了煤炭、石油、天然气和新能源“四分天下”的格局。能源消费结构中，新能源的消费量和占比稳步上升，能源低碳化、去碳化的趋势持续加强[4]。但是到2050年的30～50年甚至更长时间，全球一次能

* 才晓宇，男，硕士，高级工程师，主要从事公司战略研究、能源行业政策研究、能源产业发展研究等。E-mail: caixy7@cosl.com.cn

源消费的替煤化使得石油、天然气消费绝对值在30～50年内稳步增加，直到2100年后才会出现下降。

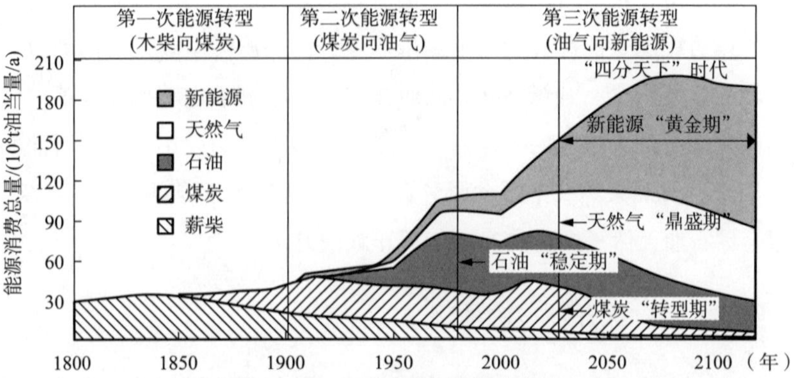

图1　世界能源未来能源消费发展趋势

Figure 1　World energy future energy consumption development trend

英国bp公司2020年9月发布的《bp世界能源展望报告（2020年版）》显示，以欧美为首的西方发达国家大力推动能源转型，加快清洁能源的发展速度。在舆论、政策、法规推动及要求下，欧美的主要国际石油公司（IOC）纷纷承诺了净零排放或大幅减少碳排放的目标，并对公司的发展战略、业务或产品结构、投资方向进行了大幅调整。西方国际石油公司一般通过提高能效/减少直接排放、调整产业结构/能源转型（能源多元化）、CCUS、碳交易市场及森林碳汇等途径进行碳减排，其中欧洲石油公司在转型发展方面更为积极[5,6]。

1　后疫情时代全球油田服务市场展望

1.1　2021年底的“能源危机”加剧了对传统能源需求的预期

在全球倡导“碳中和”的背景下，煤炭、石油等高碳排放商品却涨势迅猛。这一现象反映出世界能源体系的安全问题，而这一问题将在未来数十年里影响生活的方方面面。随着全球迈向“零碳排放”的目标，煤炭本应该出现供应过剩，天然气应该保持充足，电力的边际成本应该接近于零。但现实中动力煤和液化天然气（LNG）价格均接近历史最高水平。欧洲天然气价格上涨反过来又导致电力价格的急剧上涨。受到连锁反应的影响，全球布伦特油价在2022年3月一度飙至139美元/桶（数据源于Rystad），创自2008年以来新高。

1.2　中长期全球石油天然气市场预测

受新冠疫情的严重冲击，IHS数据显示，2020年的全球石油天然气勘探开发投资已同比下降30%左右[7]。再加上能源转型，人们对化石能源的信心普遍下降，石油公司“不敢投、不愿投、不能投”的心理暗示更加强烈[8]。人们不得不反思能源转型和能源安全的平衡之间的矛盾，可以看到全球发达国家和新兴经济体的能源短缺，未来数年业界和能源需求大国将更注重能源安全而不是采取激进的能源转型政策。回到原点，因地制宜，宜电则电、宜气则气、宜煤则煤，同时按照既定计划推进转型和改革。这将在未来的一段时期内拉动石油天然气的勘探开发生产，使得未来的数年内全球石油勘探开发投资将向利好回升，石油天然气上游含服务业将再次迎来能源转型前的第二春。来自IHS数据表明，全球石油天然气投资在2020年后止跌回升。

1.3 全球上游勘探开发投资预测

2021—2022年，全球经济处于“带疫”重启后的复苏阶段，世界石油市场将逐步回暖。新冠疫情发展、“欧佩克+”产量政策、美国新政府的政策取向、伊朗与委内瑞拉石油出口前景、中美关系、美元走势等因素均导致了油价超范围异动[9]。原油价格上升助推勘探开发投资快速增长，如果油价保持稳定，预计投资可能会以每年10%左右的速度逐步复苏（图2）。

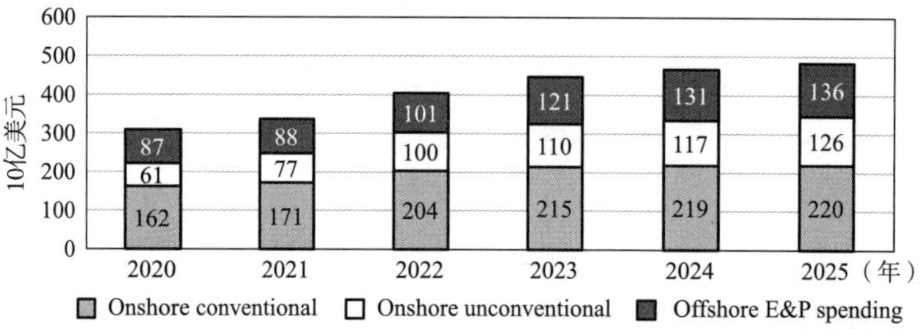

数据来源：IHS

图2　2020—2025全球上游勘探开发资本支出
Figure 2　Global upstream E&P capex 2020—2025

1.4 中长期全球油田服务市场预测

2014—2020年期间的两次行业冲击和新冠疫情影响，导致全球油田服务市场规模大幅降低，国际油公司盈利能力大幅度降低，从而降低了油田勘探开发预算，消减了大量油田服务项目，大幅降低服务费用。经过这一轮行业重构后，2021年起全球油田服务市场规模将逐渐恢复。2021年全球油田服务市场规模为2190亿美元，同比2020年上升9.5%。扭转了从2014年以来油田服务市场下跌的趋势。“十四五”期间，各大机构预测呈平缓上升趋势（图3）。

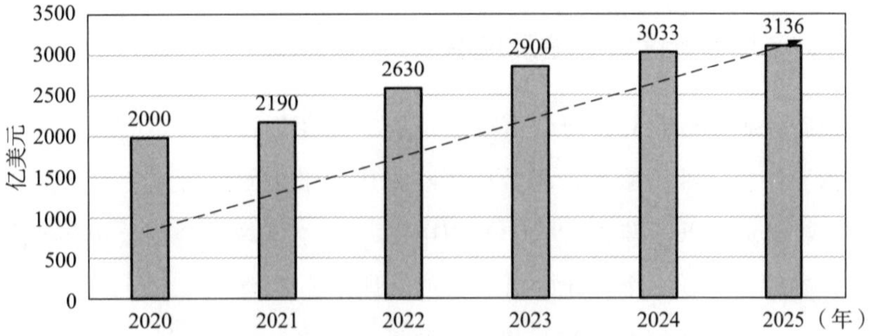

图3　2020—2025年全球油田服务市场规模
Figure 3　Global oilfield services market size, 2020—2025

2　后疫情时代油田服务行业海外市场方向分析

为有效应对能源短缺和价格暴涨的困境，保证能源安全，我国对内应加大油气勘探开发力度，确保年产2亿吨原油和2000亿方以上天然气的“基本盘”。可以看到2018年提出的石油“七年行动计划”中，中国石油天然气行业在技术和大型装备上取得长足的进步，促进和保障了国内的石油天然气勘探开发，为国家能源安全起到压舱石的作用。同时，也可以看到目前的装备以及技术能力已经远超国内石油天然气的产量需要，产能已经达到国内石油天然气产能需要的近一倍，产能的溢出只能寻求在海外市场的消化。根据国家对外“一带一路”倡议，真正将“一带一路”建设作为新时期改革开放的“升级版”对待，本着互利共赢的原则，和平开发利用带路沿线国家的能源矿产资源，真正将“一带一路”打造成为全球规模最大、运作最实、经营最好、质量最高的经济合作平台，以高质量建设“一带一路”对冲大国博弈带来的各种挑战。

2.1　海外市场战略分析

中国能源支柱越来越依靠进口石油，进口石油来自两个方面：一方面是直接进口原油或成品油，另一方面是在海外开发权益石油。海外权益石油对国家能源供给的战略起着重要意义。这种权益石油的选择一定要选在国力可以控制的地区，才能保障未来的国家能源安全。同样，作为油田服务公司，首选国家权益石油的所在地或所在国进行发展将起到保障国家石油安全的作用，同时伺机扩大海外市场以实现能源安全以及经济效益。作为中国的油田技术服务公司，其国家和社会责任就是配合国家的能源战略，从远东地区，到东南亚、安达曼湾、阿拉伯湾以及北非进行市场开拓并进行巩固，最后是国家对于这一地区的稳固控制，从而实现中国复兴之征程的稳定能源供给。

2.2 海外市场目标区域评估及模型

鉴于中国能源服务行业开拓海外市场还是从2000年以后才开始的，为了更好地起到分析结果的指导作用，油田服务市场分析策略采用了量化的分析方法。从诸如探明可开采石油和天然气储量（以标准油当量计）、中国海外权益区块、中国公司在各国是否有海外机构等设置参数，达到一个量化的可参考值。该模型的构想是笔者在2011年根据从事十年国际能源服务行业的经验，初步建立起的模型，包括下一节海外市场目标公司的模型均经过十余年的验证，在2021年再次优化形成的模型。可供根据使用者的不同进一步参考修改，譬如增加资源国（或地区）是否有出海口或同中国直连的管道或铁路。

表1　量化参数说明

Table 1　Quantization parameter description table

序号	参数	参数说明
1	石油探明可采储量	（数据来源《bp世界能源统计年鉴2021》）：石油以1亿吨为1点，天然气以1000亿方折合一亿吨标准油为1点。
2	天然气探明可采储量	（数据来源2021 bp能源统计年鉴）：天然气以1000亿方折合1亿吨标准油为1点。
3	中国油服在各石油出产国是否有海外机构	中国为5，其他国家有则增加0.5分，没有则为零。
4	中国公司在各石油出产国是否有海外权益	即分成合同或区块国内为10，其他国家有则加2个点，没有则为0。
5	各产油国基础建设与生活水平	中国为8，发达国家为8，最低非洲国家为1。
6	各产油国财税制度指数	为了方便简化财税制度制定指数，仅将各国对企业赋税进行简单累加。此项指数为负数。如赋税水平较高的中国为115，核算为-11.5，赋税较少的卡塔尔只有-0.5。即赋税越重的国家，减分越多。
7	各产油国市场成熟度	本项指标为负数，如自我保护较为强烈的印度为-8，中国为0，而中东不设本地劳务保护的国家如阿联酋也为0。
8	各产油国技术门槛	本项指标为负数，如开发或使用高新技术发达国家如美国、沙特为-10，东南亚主要产油国基本为-6等。
9	各产油国劳务保护	本项指标为负数，如自我保护较为强烈的印度为-8，中国为0，而中东不设本地劳务保护的国家如阿联酋也为0。
10	各产油国政治与安全情况	本项指标有正有负，如中国为2,发达国家等为0，伊拉克为-1等，涉及可能或正在发生战争地区为-10（如乌克兰）。
11	各产油国同中国的领海领土争议	本项指标为负数，最高为-15，如越南为-15，没有为0。
12	“双碳”及能源转型激进国家	本项指标为负数。其中按征收碳税高低百分比进行，尚没有碳税征收国家如中东产油国为0，中国为-2。
13	贸易战影响	由于中美贸易战，部分国家选边站队，譬如“五眼联盟”及极具倾向性的国家和地区等。五眼联盟国家为-10，跟随国家如越南、印度等为-5。

根据上述参数（表1），可以累加出全球产油国的市场发展指数：市场发展指数评估表（表2）。通过建立中短期海外市场评估模型，可以对海外市场发展重点进行量化，从而更具备参考依据。

表2　市场发展指数评估表

Table 2　Market development index evaluation table

国家	O储量	G储量	常设海外机构	海外权益	基建水平	财税指数	市场成熟度	技术门槛	劳务保护	政治&安全	领土争议	双碳压力	贸易战影响	合计
委内瑞拉	480	63	1	2	4	0	−3	−3	−2	2	0	0	0	544
伊朗	217	321	1.5	2	6	0	−4	−4	−2	−2	0	0	0	535.5
俄罗斯	148	374	1.5	2	8	−7.7	−6	−4	−4	2	0	0	0	513.8
沙特	409	60	1.5	0	8	0	−10	−10	0	2	0	0	0	460.5
伊拉克	196	115	1.5	2	6	0	−4	−4	−2	1	0	0	0	311.5
卡塔尔	26	247	1.5	2	8	−1.2	−10	−8	0	2	0	0	0	267.3
加拿大	271	24	1.5	2	8	−10.6	−10	−10	−6	0	0	−3.2	−10	256.7
阿联酋	130	59	1.5	2	8	−1.8	−10	−8	0	2	0	0	0	182.7
美国	82	126	1.5	1	8	−11.5	−10	−10	−6	0	0	0	−10	171
科威特	140	17	1	2	8	0	−10	−10	0	2	0	0	0	150
土库曼斯坦	1	136	1	2	6	0	−6	−4		2	0	0	0	138
中国	35	84	5	10	8	−16	−8	−6	0	2	0	0	0	114
尼日利亚	50	55	1.5	2	4	0	−6	−4	−4	0	0	0	0	98.5
利比亚	63	14	1	0	5	0	−6	−4	−2	−1	0	0	0	70
哈萨克	39	23	1	2	6	−7.9	−6	−6	−6	2	0	0	0	47.1
缅甸	0.2	4	1.5	2	3	−4	−6	−1	0	1	0	0	0	0.7
阿尔及利亚	15	23	1	2	5	0	−6	−4	−2	2	0	0	0	36
阿塞拜疆	10	25	1	2	6	0	−6	−4		2	0	0	0	36
埃及	4	21	0.5	0	5	0	−6	−6	−2	2		0	0	18.5
阿曼	7	7	1	0	6	0	−6	−6	0	2	0	0	0	11

通过全球产油国市场发展指数排序（前15名）可以看出，中东地区和委内瑞拉都将是中国油田服务公司扩大市场的重中之重。同时2021年《bp世界能源统计年鉴》也反映出全球最大储量以及储量-产量比最高的地区依次为：中东、中亚、非洲和中南美洲，而北美和欧洲则是最难以进入的地区。

中东：进军中东市场必须发挥各油公司以及油田服务公司在中东机构的作用，中东海湾六国地区的市场潜力巨大，但是中东稳定国家的市场准入门槛都比较高（主要集中在质量安全健康环保管理体系（QHSE）和技术门槛较高）。但是总体来讲，中东各国对于中国企业基本上没有歧视性政策门槛，而美国、澳大利亚、英国均有隐形的歧视性政策门槛。由于中东主要产油国市场进入服务门槛较高，只有技术、QHSE管理在业界过硬的队伍，才可以打进这个世界最大的油田服务市场。所以在短中期内，推动中国大型装备和主流油田服务技术进入中东主流服务市场是海外市场开拓的一个重要工作，这里的大型装备和主流技术包括陆地高端钻机、海洋高端自升式钻机以及高端测井、定向井以及化学增产服务。随着2019年初全球彻底剿灭ISIS恐怖组织以及美国在伊拉克的大规模撤军，短期内伊拉克的安全形势趋于稳定，同时伊朗在短期内政治和安全形势处于相对稳定的阶段，所以中东主要产油国都应该作为市场的开拓方向。

远东及中亚：俄罗斯市场（含远东）以及中亚市场总体分值也非常靠前。这个市场潜力堪比中东，但市场进入门槛并不高，部分中国公司在俄罗斯以及中亚市场已经完成商务模式的探索并积累了一定的市场开发经验和商业情报。需要指出的是俄乌冲突为进入俄罗斯市场带来很大困难。中亚的油田服务市场进入的难度较大，市场保护和税务较为复杂，单项的油田服务市场进入成本较高，只有产业链进入产生规模效应才会有收益或进行部分的资产在地化。

东南亚：由于文化相近，中国与东盟国家的全面经济合作框架协议以及超近的动复员距离，从目前总的形势来看东南亚的市场是最容易进入。这里要指出缅甸市场，缅甸是一个富气少油的国家，单纯市场进入难度较小，由于该国的地缘位置，使得该国中长期来看无论哪一方执政，在国家经济发展和安全上都不得不依赖中国。目前在缅有业务的主要国企和民企已经纷纷返回缅甸重启作业，中长期看这个市场不应被短期的政权变更所影响。

拉美市场：虽然拉美市场进入门槛不高，对于中国油田服务行业来说基本没有技术以及QHSE门槛障碍，但是拉美市场最大的障碍来自拉美政治文化生活，尤其是南美主要国家有强烈的贝隆主义，造成油服在进入南美市场时将会遭遇全球最严重的劳工保护主义阻碍。

非洲市场：类似于拉美市场，在市场进入门槛上对于中国的油田服务行业也基本没有技术和装备的阻碍，尤其是在东非发现蕴藏巨型天然气气田后，中东部非洲会是中国的能源战略的重大目标之一，这些国家的进入难度主要是文化教育上的极端落后以及基础建设的落后，使得单项的油田服务市场进入成本极高，只有包括产工贸以及产业链进入产生规模效应才会有收益。同时非洲稳定国家的能源主要由欧洲的油气公司所掌握，进入这些油气公司的市场门槛就相对较高。

2.3 海外市场目标公司分析

后疫情时代海外市场不仅仅进行区域市场分析，还要由面到点，具体到目标市场的能源公司。文章依旧建议采取量化分析模型分析全球石油天然气公司，量化参数设置原则同上述区域市场评估一致。

表3 量化参数说明

Table 3 Quantization parameter description table

序号	参数	参数说明
1	石油＆天然气储量和产量	（取自2020 PIW石油情报周刊）：石油以1亿吨为1点。 2.各产油国技术门槛：本项指标为负数，如勘探开发或使用新技术、高标准的发达国家如美国为-10、沙特为-8，东南亚较强国家公司基本为-6等。
2	油公司技术门槛	本项指标为负数，如勘探开发或使用新技术、高标准的发达国家公司如美国公司为-10、沙特为-8，东南亚较强国家公司基本为-6等。
3	信誉度	主要参考标普的系统A\B\C\D，分别为5、4、3、2。
4	各石油公司在中国有海外机构	有则加10分，无则是0。
5	各石油公司是否和中国公司有战略合作	有为10，没有则为0。
6	各石油公司是否受地缘政治影响	譬如同中国的领海领土争议、是否有隐形政策歧视等：本项指标为负数，最高为-10，领土争议为-5、政策性歧视为-5，无则是0。
7	各石油公司同中国公司是否有海外业务往来	譬如中国公司为沙特阿美有服务则为5分，没有则为0。
8	各石油公司在中国是否设立IPO（投资采办中心）	有则为10分、没有则为0。
9	各石油公司对中国服务公司的文化认同	文化相融为10分，文化相近为5分，存有文化差异但不冲突为0，有文化差异且存在隔阂的为-5。
10	各石油公司是否在一带一路上的区域化国家	是则5分，不是为0。
11	是否接受中国服务公司的产品销售和服务	单项为5分，总分10分。
12	各石油公司执行的法律体系影响	大陆法系为2分，岛屿法系为-2分。
13	“双碳”及能源转型激进公司	本项指标为负数，负值最高为-5、如挪威石油等欧洲公司，无激进转型为0。
14	资产指数	按10亿美元市值为一个点计算，如沙特阿美为2000点，中国石油为162.6。

根据上述参数（表3），建立中短期海外市场目标公司评估模型，可以对海外市场发展目标公司重点进行量化（表4），从而更具备参考依据。

表4 全球主要能源公司市场进入指数

Table 4 Market entry indexes of major global energy companies

石油公司	储量/亿吨	产量/（亿吨/年）	市场门槛	信誉度	投资中国	战略合作	地缘政治	海外交易	IPO	文化认同	区域化国家	销售与服务	法律体系影响	激进转型	指数合计
委内瑞拉石油公司	425	0	−4	3	0	10	0	5	5	−5	0	10	−2	0	447
沙特阿拉伯国家石油公司	319	6	−8	5	10	10	0	5	5	0	5	10	−2	0	365
伊朗国家石油公司	218	2	−4	0	0	10	0	5	5	−5	5	10	−2	0	244
伊拉克国家石油公司	203	2	−4	4	0	10	0	5	5	0	5	10	−2	0	238
科威特国家石油公司	142	2	−8	5	10	10	0	5	5	0	5	10	−2	0	184
阿布扎比国家石油公司	138	1	−8	5	10	10	0	5	5	0	5	10	−2	0	179
中国石油天然气集团公司	48	2	−8	5	10	10	0	5	5	10	5	10	2	0	104
俄罗斯石油公司	36	2	−4	4	10	10	0	5	5	0	5	10	2	0	85
利比亚国家石油公司	46	0	−4	4	0	0	0	5	0	0	5	10	2	0	68
中国海洋石油集团有限公司	5	1	0	5	10	10	0	5	5	10	5	10	2	0	68
俄罗斯天然气工业股份公司	15	1	−4	4	10	10	0	5	5	0	5	10	2	0	63
尼日利亚国家石油公司	25	1	−2	3	0	10	0	5	5	0	5	10	−2	0	60
中国石油化工股份有限公司	2	0	−8	5	10	10	0	5	5	10	5	10	2	0	56
卡塔尔石油公司	15	1	−8	5	10	10	0	5	5	0	5	10	−2	0	56
道达尔	15	1	−10	5	10	10	0	5	5	0	5	10	2	−5	53
泰国国家石油公司	0	0	−6	5	10	10	0	5	5	5	5	10	−2	0	47
意大利埃尼团体	5	0	−10	5	10	10	0	5	5	0	5	10	2	0	47
BP	16	1	−10	5	10	10	0	5	5	−5	5	10	−2	−5	45
墨西哥国家石油公司	8	1	−4	4	0	10	0	5	5	0	0	10	2	0	41
马来西亚国家石油公司	2	0	−6	5	10	10	−5	5	5	0	5	10	−2	0	39

从得分排序来看，中东沙特和南美的委内瑞拉排序相近，都应当是油田服务公司的首选目标公司。考虑到委内瑞拉主要是重油，由于地理位置的原因，最重要的目标市场依旧是中东以沙特阿美为首的国家石油公司。另外的重点市场就是以壳牌、bp、道达尔、埃尼为代表的西方跨国石油公司以及亚洲的泰国国家石油公司和马来西亚国家石油公司。需要特别指出欧洲的壳牌、bp、道达尔、埃尼既是全球业界顶尖公司也是全球行业技术、管理最强的公司代表，进入并且扩大这些公司在亚洲、非洲、南美洲的高端市场，无疑是打造中国油田服务公司海外市场的金字招牌。这些公司在中国均设有国际采办办公室（IPO），并主动邀请QHSE合格的中国公司进入这些公司的服务市场。即使在能源转型下，中国的油田服务公司也应该积极参与到这些高端石油公司的服务中，同时进一步打造过硬的国际队伍以及优良的QHSE纪录。对于美国、加拿大公司，由于地缘政治的冲突以及敏感时期的临近，这些公司的市场门槛将会越来越高甚至会对中国公司进行封锁，对于美加石油公司的判断不仅仅适用于服务公司，同时未来的海外资产收购也应该避开这些公司和地区，无论是从国家能源安全的角度或中国金融投资角度来看，这些国家和公司是最需要谨慎考量的。

3 国际市场与国际作业者发展建议

3.1 国际化成功的基础是跨文化、本地化

国际化首先就要跨文化，跨国经营涉及国家多、业务环节多、利益相关方多，由于不同国家之间价值理念、沟通方式和语言、宗教信仰和风俗习惯、项目管理模式等方面存在差异，使得跨国投资在生产经营目标、管理方式、文化理念等问题上存在冲突。成功的跨文化管理能够减少项目发展与运营中由于文化摩擦和冲突带来的管理成本，形成文化合力，带给项目新的活力，实现海外项目的成功运营。国际化基础之一就是本地化，要秉着求同存异的方针，扩展本地化，不仅操作岗位可以本地化、技术岗位可以本地化、管理岗位甚至管理的高级岗位也可以本地化，外籍或者本地籍足够优秀，也认同我国的管理文化，可以担当海外国家业务的干将良才。要善于学习和使用海外发达国家已经建立的一整套科学有效甚至是量化细致的西方管理制度、管理方法和借鉴西方发达企业的企业文化，将这种管理体系推广到海外广大的地区尤其是相对落后的国家和地区，要用制度管人，而不是用人来管人。

3.2 海外市场开拓要紧密贴合中国海外权益能源，保障权益能源的生产安全

截至2020年中国海外权益石油已达2.1亿吨，这些海外权益可在未来的敏感时期发

挥保证中国石油供应安全的作用。对于中国油田服务公司而言，就是充分利用在国内市场培育起来的技术能力、人力资源、工程技术服务能力反哺到海外业务上，无需在海外再次产生技术研发和转让成本、高端人才转让和高薪酬成本，同时达到资金回流，双赢的目标。要发挥中国油田服务公司的一体化的比较优势，在国内可以充分竞争，在海外市场布局要充分靠近中国的权益石油，相互合作，互相补台，形成以中国利益圈为背景的海外朋友圈。一是国内的人才、技术、装备充分服务于中国的海外权益石油。二是中国的海外权益石油拉动中国能源服务公司进入海外市场并提供历练与成长的基础，无论这种权益石油是否是作业者。三是在敏感时期保证海外石油权益的生产，比如在2014年后由于俄乌克里米亚半岛冲突引起的西方国家对俄的制裁，此时中国的服务公司在保障海外权益油气生产中就起到了关键作用。

3.3 过剩资产的海外创效

随着行业不断发展，近年我国海洋工程装备行业供给能力稳步提升，同时骨干海洋工程装备企业紧盯市场变化，推动国内高附加值海洋工程装备供应能力稳步提升，在LNG动力守护供应船等LNG相关海洋工程装备，以及海上风电安装平台、自升式海洋牧场平台、海上风电多功能抢修船、海上风电安装船和智能化渔场等新型海洋工程装备领域取得了重大突破。

由于西方的发达国家进入操作金融资本收益时代，金融资本收益过高，导致产业资本收益下降。目前中国的发展也到了金融资本阶段，中国作为制造业大国不得不承受成本上涨以及进口通胀的压力。解决的建议是在进行产业结构和技术迭代更新的同时，利用金融资本去影响进而控制我国发展所需要的海外资源[10]。一方面利用金融资本运作在全球能源下行的时机收购海外有潜力的常规油气资源，即延伸到资源国以获取海外能源权益。另一方面，通过金融资本运作，将目前的部分大型装备和技术，即10～20年即将淘汰的产能“转移”，这些产能和技术一旦到了淘汰期则毫无意义，建议将目前尚有价值但短中期的落后产能转移到“一带一路”或拉丁美洲国家。同这些国家的国家石油公司合作合资，由于这些国家缺少基本的勘探开发能力，这些装备和技术可以协助这些国家建立有限制的勘探开发能力。经过十年左右这些技术和装备则留在被投资国，完成产业转移。

3.4 资产的在地化

在地化（Localization）是相对于全球化而来的另一种趋势和潮流，是指一个地区或国家，任何一种经济或商品流动，必须适应地方需求，才有可能加速发展。在油气领域，虽然发达国家的跨国＆国家石油公司控制着全球能源资本、技术和管理的主流，但是全球的传统石油、天然气大约80%分布在发展中国家和能源资源依赖型国家（如沙特虽然人均GDP已经是发达国家水平，但工业体系严重依赖传统石油）。对于能源资源依赖性的发展中国家和落后国家，都有着一定的本地化保护率，同时这些国家由于工业化水平低，没有资金，这样的国家和地区一旦进入，对于服务公司来说，只能进入已经进入这些地区和国家的跨国石油公司的服务市场，对于类似于中国服务公司的新进入者来说无疑门槛是很高的，同所属国的国家石油公司进行商务活动，存在极大的付款问题以及受到政治不稳定因素的影响较大。

目前中国国有油田服务公司面临资本、资产和产能过剩需要进行产业升级，同时随着能源的转型，目前所拥有和掌握的技术，较大的比例将在10～20年彻底淘汰。文章提出资产在地化这个概念，可否将目前常规重型装备和常规技术，进行资产转移，转移到能源资产依赖型国家，将资产变成这些国家的债务，条件稍好的国家可以用这些资产在该国家融资上市，利用融资的现金流运营合资/合作公司，同时利用国内的金融机构，把成本和投资以石油、天然气的方式回收，而数年完成成本回收后，这些常规重型装备和常规技术留在在地国。由于这些国家多数缺少油气勘探开发的能力，同时缺少资金和现金流，使用能源偿付的方式是这些在地国最佳方式，同时在地国也获得一定能源勘探开发的能力。这种方式对于在地国来说是将地下的资源变成工业化发展的资本和现金流，达到双赢。这种情况下，在地国即便发生政治更迭，但是任何一个政权都不会拒绝现金流，所以这种方式在一定程度上可以规避政治风险。在资产转移的同时我们可以集中力量进行石油天然气高端和创新科技的研发，占领制高点，同时开发绿色能源技术，完成能源转型。这种方法供从业者思考。

4 结束语

随着人类的科技进步，能源转型是必然的，仅仅是时间问题，绿色能源真正走进人类的千家万户可能还有比较长的路，传统的石油天然气勘探开发及服务行业应该抓住这灿烂行业的秋季，在收获的季节完成华丽的转身，利用余晖的20～30年完成产业转移，在未来拥抱绿色能源。

参考文献

［1］柯晓明．后疫情时代世界石油市场变化趋势研判［J］．国际石油经济，2020，28(05)：27-34．
［2］《bp世界能源统计年鉴》报告［R］．2021．

[3] 邹才能，潘松圻，马锋．碳中和目标下世界能源转型与中国能源人新使命［J］．北京石油管理干部学院学报，2022，29(03)：22-32.

[4] 刘晓慧．“双碳”目标下实现能源资源转型的重要意义［N］．中国矿业报，2022-04-15(003).

[5] IHS Markit. Global upstream spending［R］．2021.

[6] 王化玉．我国风电产业竞争力及影响因素研究［D］．无锡：江南大学，2014.

[7] 陆如泉．我国能源产业面临三大挑战［J］．中国石油和化工产业观察，2022，292(07)：68-69.

[8] 陆如泉．当前是否存在全球性能源危机［J］．中国石化，2021，434(11)：60-63.

[9] 刘朝全，姜学峰，戴家权，等．疫情促变局 转型谋发展——2020年国内外油气行业发展概述及2021年展望［J］．国际石油经济，2021，29(01)：28-37.

[10] 温铁军．全球资本化与制度性致贫［J］．中国农业大学学报（社会科学版），2012，29(01)：14-27.

Thinking on Overseas Market Development of Oilfield Service Industry in Post-epidemic Era

Xiaoyu CAI, Bi ZHAO, Yuefei CHEN, Zibin XI
China Oilfield Services Co. Ltd.

Abstract: In recent years, under the impact of the epidemic, low oil prices and energy transition, the change of investment strategies of upstream E&P companies has had a great negative impact on the traditional oilfield service industry. The competition among superimposed international political and economic groups is increasingly fierce, major international events such as the great power dispute, the Ukraine crisis and so on have a serious impact on the global political and economic order, which has a significant impact on domestic oilfield service companies to develop international business. It is difficult for China's oilfield service industry to adapt to the new environmental requirements based on the previous development mode of following oil companies and opportunities, and the future development of international business faces great challenges. This paper establishes the short - and medium-term overseas market evaluation model, carries on the quantitative analysis to the overseas market development focus, in order to determine the strategic key regions and target customers; Through the study of overseas market expansion strategy and model, it is proposed that the foundation of successful internationalization is cross-cultural and localized, and the overseas efficiency of excess assets and the localization of assets can be achieved while protecting the rights and interests of energy production safety.

Keywords: Post-epidemic era; Oilfield service industry; Overseas market; Effect of assets; Localization

理论方法

Theoretical Methodology

氦气资源可持续供应的综合评估与分析

王江[*1]，王丽娟[2]

1.北京化工大学；

2.全国人才交流中心

摘要： 基于系统动力学模型对氦气资源可持续供应进行了综合评估与分析。从长期供应安全角度来看，因为缺乏有效的回收循环利用，目前氦气资源供应不具有可持续性。研究表明，目前由于氦气回收量低，导致氦气被浪费。分析显示，氦回收、氦储备和需求管理计划能够显著改善氦的长期供应状况，形成适宜我国国情的氦气资源可持续供应模式。当氦气系统回收率提高到80%以上时，氦需求增量和氦回收量之间可以达成供需平衡，意味着氦气的回收循环利用成为一种可持续的、高效的氦供应途径。在全球氦气资源供应紧缺的情况下，我国应加强氦气资源勘探开发、保护和资源储备，重视氦气资源回收利用，加强国际合作，促进氦市场有序运行，推动我国氦气资源可持续供应和消费。

关键词： 氦气；循环利用；系统动力学；可持续供应

0 引言

氦气（He）是仅次于氢的世界第二轻的元素，具有较小的分子尺寸和最高的电离电位，具有沸点低（–269℃）、导热性好、渗透性好、性质稳定、绝对零度不固化、超高声速等独特性能，是国防军工和高科技产业发展的战略性不可再生资源，目前从天然气中提取氦气是全球范围内唯一的工业化来源[1,2]。

氦气资源在全球范围内的分布极不均匀，全球已知氦气资源总量约15.85 × 10^6t（约940 × $10^8$$m^3$），主要分布在美国（5.296 × 10^6t，313 × $10^8$$m^3$）、卡塔尔（1.998 × 10^6t，118 × $10^8$$m^3$）、阿尔及利亚（1.693 × 10^6t，100 × $10^8$$m^3$）、俄罗斯（1.438 × 10^6t，85 × $10^8$$m^3$）、坦桑尼亚（1.471 × 10^6t，87 × $10^8$$m^3$）、南非（1.1 × 10^6t，65 × $10^8$$m^3$）、加拿大（0.369 × 10^6t，22 × $10^8$$m^3$）等国家[3]。美国是全球氦气资源最丰富的国家，氦气储量占全球总储量的30%以上[4,5]，也是最大氦气生产国家，2021年美国氦气产量约占全球

* 王江，男，博士，教授，主要从事创新与战略管理，工业生态学与可持续发展，科技政策与管理等领域研究 . E-mail: wangj_yx@163.com

氦气产量的一半，其次是32%来自卡塔尔[6]。根据中国工业气体工业协会统计，2020年全球氦气需求量$1.94 \times 10^8 m^3$。随着5G、半导体、航空航天等领域的高速发展，未来几年氦气需求量将继续增长，预计2025年将达到$2.11 \times 10^8 m^3$。我国氦气资源需求量较大，占全球总需求量的11%，但我国氦气资源探明储量少，仅占全球总量的2%。已探明的少量氦气资源分散于松辽、苏北、海拉尔、渤海湾、塔里木、渭河、四川、柴达木等多个地区，开采进展缓慢，均不能形成规模效益，我国氦气资源的对外依存度高达95%以上[7]。

天然气中伴生的氦气有大气源、壳源和幔源3种来源，氦主要来源于壳源氦气，上地壳富含放射性元素的酸性花岗岩、变质岩等为主要的生氦气源岩，氦气富集成藏几率提高，是主要勘查和开发对象。氦气均为伴生气，目前氦气提取以与烃类天然气伴生为主要原料气，少部分与CO_2、N_2等非烃类气体伴生，然而非烃类含氦气天然气藏可能含氦气较高，已发现开发的气藏氦气含量可高达10%以上[8]。美国主要含氦的气藏集中在美国中南部地区和东北部地区，美国具有少量特高含氦气藏[9]，例如，美国亚利桑那州阿帕奇县 Pinta Dome 氦气田被称为“世界上有史以来最富的含氦气体”，1961年至1975年生产商业氦气，氦含量8%～10%、氮含量90%、二氧化碳含量1%，平均深度为1050ft[8]。我国学者认为，依据氦气与天然气共伴生产出特征，应从盆（含天然气）山（高放射性基底凸起构造）耦合、相对高地温度梯度选区入手开展天然气井氦含量重点取样分析，选择塔里木（塔西南、塔中等）、鄂尔多斯、四川威远、青海四大气区开展工作，加大氦气资源的勘探开发[8]。

富氦天然气是目前氦气生产的唯一来源。天然气中的典型气体成分包括甲烷（CH_4）（70%～90%）、C_2～C_3碳氢化合物（0～20%）、重烃（1%～3%）、二氧化碳（CO_2）（0～10%）、氮气（N_2）（0～10%）以及少量硫化氢（H_2S）和氦[10]。在典型的天然气工艺（方案A）中（图1），需要去除粗天然气中的杂质，如H_2S、CO_2、H_2O和重烃，以防止它们腐蚀管道和设备，并满足天然气的热值规定。去除大部分甲烷后，氮气成为剩余气流中的主要成分，然后使用氦回收装置（Helium Recovery）将氦从1%～3%浓缩到50%～70%（也称为“粗”氦）[11]，富氦产品被送往氦升级装置（Helium Upgrading）进行进一步净化。氦气回收和升级装置不需要位于同一位置。最近提出了另一个计划（方案B），在不干扰现有设施条件下实现天然气工艺改造的可能性[12]，即在脱水和脱臭工艺预处理后直接从天然气中提取氦。

传统上研究氦市场及其资源的模型局限性在于无法捕捉供应、需求、价格、市场结构和短缺行为之间的复杂相互作用，而系统动力学以其动态反馈结构来反映复杂系统的关系。全球氦市场可以被视为一个多因素系统，其中每个部分都具有许多复杂的特性，这些特征包括惯性、相互关联性、副作用以及短期和长期权衡等等，称为多回路非线性

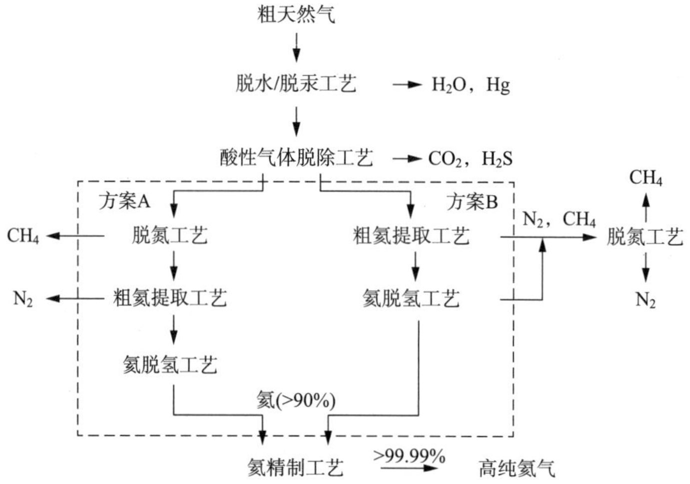

图 1　天然气提取氦气的工艺流程[12]

Figure 1　Process flow of helium extraction from natural gas[12]

反馈系统[13-15]，如Cai等[11]从系统动力学角度研究氦生产，他们认为在系统动力学的所有参数中，经济增长速率的驱动作用最强，产生强劲的氦资源需求，价格变动主要由两个因素造成：一个是生产成本，另一个是供需不平衡，在模型中称为过剩需求[16]。Cai等认为只要出现供应短缺，存在更多的资源需求，只要生产商仍有剩余产能，他们就会倾向于尽快增加供应，即需求的快速增长造成了产能短缺，近年来氦行业也出现了这种情况[11]。新的生产技术或生产工艺不一定会降低生产成本，而只是从质量较低的资源中提取氦气，例如卡塔尔North Field，从天然气资源中经济地生产氦气，氦气浓度仅为0.04%，这也意味着氦相关技术的总体增长轨迹对未来的氦供应具有重要意义[16]。

对于储备（库存）量的作用，有学者认为美国Cliffside的土地管理局库存具有消除供需不正常现象的关键功能[17]。Massol和Rifaat[18]试图利用基于代理的模型和市场一般均衡模型的混合，对美国战略氦储备的逐步取消对氦供应的影响进行建模，然而一般均衡经济模型背后的假设对现实的描述有限。Olafsdottir等[19]认为使用中的存量是对资源当前效用的衡量，使用中库存的减少，而不是替代品的增加，将是服务提供减少的一个指标，提供了额外的资源补给。Olafsdottir等利用系统动力学的WORLD7综合模型评估了氦生产、供应和使用的可持续性，结论是从长期供应安全角度来看，氦气的使用是不可持续的，因为缺乏大量的回收利用。他们认为回收利用的作用明显，如果50%的废物流被回收，那么内部通量将增加50%，或者在供应量减少50%的情况下保持不变[19]。随着氦气价格的上涨，价格达到较高水平，氦气需求将减少[13]，库存增加，因而氦气价格与其库存量存在正相关性，例如1996年出售战略储备的决定导致氦市场泛滥，从而降低了价格。稀缺性和资源质量的变化，意味着未来的供应来源将产生更高的生产成本[9]，根据正常市场行为的规律，产量也会随着价格的上涨而增加，因为利润会增加[19]。

基于以上分析，现有的研究对氦气资源可持续供应及其相关问题缺乏研究。本文在借鉴前述学者研究基础上，采用系统动力学方法来研究氦气资源可持续供应模式，评估氦气未来发展趋势，预测氦资源的可用性，分析氦回收利用技术的必要性，为我国氦市场在长期内实现供需平衡提供建议。

1 模型构建

1.1 模型框架

中国氦总供应包括国内氦生产（勘探、提取、提纯等）、进口、回收利用，以及氦气储备（库存）。氦可持续供应模型框架见图2，该模型框架存在四个主要循环回路，首先氦供应量要满足各种氦用途的需要，而目前氦需求量与未来的需求增长率确定了未来需求总量，影响氦生产量以及生产速率（回路一），另外也影响来自各国的氦进口资源供应（回路二）。第三条回路，氦在使用过程中可以回收利用，较高的氦回收量为氦可持续供应提供了一条有效的循环使用来源。第四条回路，氦气储备（库存）量、氦气的勘探储量和氦生产成本一起影响氦价格，进而促使氦产量以及氦生产速率发生调整，影响氦供应总量。

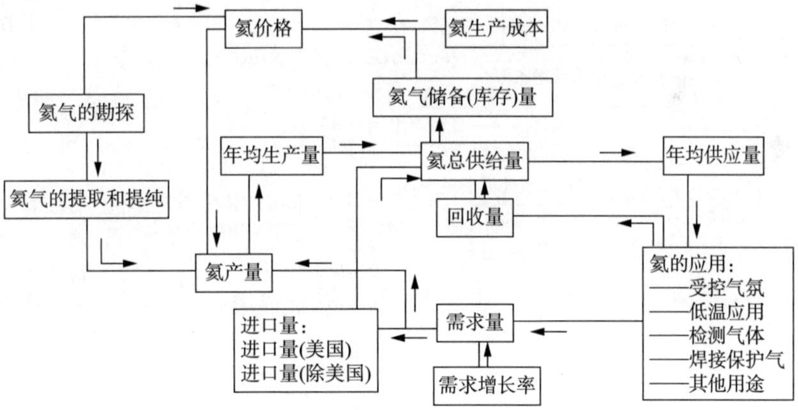

图2 氦气资源可持续供应的模型框架

Figure 2 Model framework of helium sustainable supply

1.2 系统动力学模型的流图和因果关系

氦可持续供应的系统动力学模型的流图见图3。对于上述的五类氦应用场合，除了供应商提供资源，也是汇集未来氦需求总量的基础。氦需求量主要分配给国内氦生产商和国外氦进口，美国作为氦出口大国，对于我国氦进口量也有重要的影响，由于中美关系的原因，本文动力学模型将国外进口氦分为来自美国的氦进口量和除美国外的氦进口量进行分析。另外，由于氦气资源的稀缺性，在尚未寻找到合适的应用替代品之前，利用现有的氦资源变得尤为重要，因而，若经济性可行，氦的回收利用是一条有效的途径，可以大幅度缓解系统性氦短缺的情况。本文动力学模型将氦应用场合与系统性回收利用相关联，将回收资源作为氦有效供应渠道，与生产资源、进口资源、储备资源一起，形成氦供应的四个组成部分。氦价格主要影响因素包括氦生产成本和氦气储备（库存）量，氦价格和氦生产成本均影响氦生产量，氦价格包括氦市场价格和氦长短期合同价格，加上期货、资源、股市对价格的影响，使得氦价格的表现更为复杂，本文动力学模型简化了氦价格的影响，以较间接的方式将氦价格参与到氦资源供求关系的综合系统中。

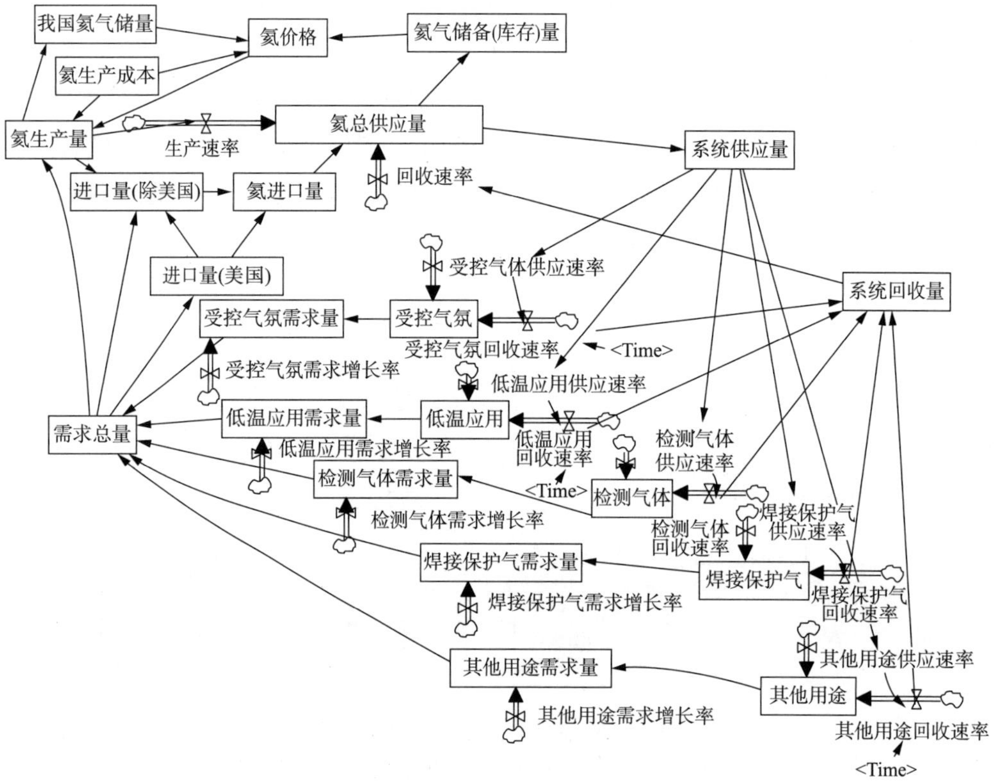

图3　氦气资源可持续供应的系统动力学模型的流图

Figure 3　Flow diagram of system dynamics model for helium sustainable supply

氦可持续供应的系统动力学模型的因果关系见图4。因果循环图由因果关系相关的变量组成，箭头表示变量之间的因果关系，链路极性+（或-）意味着，如果原因要素增加，则影响因素增加（减少）超过（低于）原本的水平。随着氦的系统供应量的增加，各种用途的供应速率同时增加，通过各种应用场合的氦消耗，形成新的氦需求量，氦需求总量也随之增加，氦需求情况再分解给国内外的氦生产商和国外氦供应商，然后将满足增长需求的各种氦资源汇集成氦供应量，形成了氦资源供求关系的主要正反馈回路。伴随着氦资源的供应，氦的回收利用资源也形成了一个反馈回路，随着系统供应量的增加，各种用途的氦回收速率也增加，增加了氦的系统回收量，氦供应量减少。氦气储备（库存）量减少，一方面有更多的氦投入市场，缓解供求的紧张关系，另一方面氦气储备（库存）量与氦价格正向联动，氦价格随之下降，氦生产量也呈现下降趋势，氦供应量也下降，减少氦资源投入市场，供求关系变得紧张，因而氦气储备（库存）量具有双向调节能力。同时随着氦资源的稀缺性和垄断性增加，导致生产成本上升或垄断性定价机会增加，也将导致价格上涨，氦生产量也呈现上升趋势。氦气勘探开发能力不足，氦供应量减少，也会引起氦价格上涨，使供求关系趋于紧张。

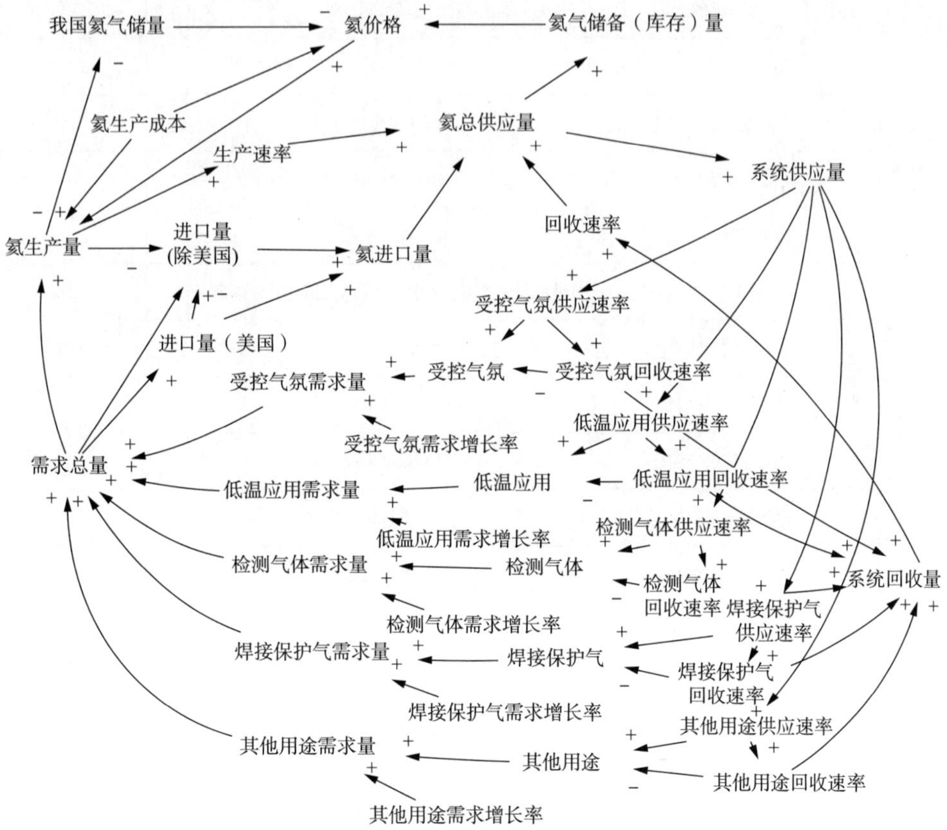

图4　氦气资源可持续供应的系统动力学模型的因果关系

Figure 4　Causal relationship of system dynamics model for sustainable helium supply

1.3 模型设定和数据

采用Vensim PLE软件对氦可持续供应系统进行仿真，具体的系统动力学模型设定见表1，总时间步为20，仿真循环单位为年，误差项数值为0.01，初始值设定参照2019年、2020年我国氦市场数据估算[3,20]。本研究的系统动力学模型中，氦气的生产速率、供应速率、回收速率分别代表每年氦气的生产量、供应量以及回收量，单位为 $\times 10^4m^3$/年，供应速率按照表2中的市场份额分配给各种应用情景（受控气氛、低温应用、检测气体、焊接保护气、其他用途），需求增长率表示百分值，其单位为%。在最大程度上，所有常数和初始值设置均基于氦市场观察到的系统参数，以消除模型校准的需要，提供接近氦资源供求关系实践的仿真结果。

表1　系统动力学模型设定

Table 1　System dynamics model setting

类型	维度	影响因素	系统动力学模型	初始值 / $\times 10^4m^3$
氦气资源供应情况		氦供应量	生产速率-回收速率+氦进口量-氦气储备（库存）量	2320[20]
		生产速率	每年氦生产量	
		氦气储备（库存）量	增长量dRe=10	100
		回收速率	每年系统回收量	
		氦进口量	进口量（美国）+进口量（除美国外其他国家）	2280[20]
使用与需求情况	供应	系统供应速率	每年氦供应量	2320[20]
		受控气氛供应速率	0.56×系统供应速率	
		低温应用供应速率	0.23×系统供应速率	
		检测气体供应速率	0.07×系统供应速率	
		焊接保护气供应速率	0.04×系统供应速率	
		其他用途供应速率	0.1×系统供应速率	
	应用	受控气氛	受控气体供应速率-受控气氛回收速率	1234[20]
		低温应用	低温应用供应速率-低温应用回收速率	518[20]
		检测气体	检测气体供应速率-检测气体回收速率	162[20]
		焊接保护气	焊接保护气供应速率-焊接保护气回收速率	93[20]
		其他用途	其他用途供应速率-其他用途回收速率	232[20]

续表

类型	维度	影响因素	系统动力学模型	初始值/$\times 10^4 m^3$
使用与需求情况	回收利用	系统回收速率	受控气氛回收速率+低温应用回收速率+检测气体回收速率+焊接保护气回收速率+其他用途回收速率	84
		受控气氛回收速率	（0.05+Time/20 × 0.25）× 受控气体供应速率	
		低温应用回收速率	（0.03+Time/20 × 0.77）× 低温应用供应速率	
		检测气体回收速率	0.001 × 检测气体供应速率	
		焊接保护气回收速率	0.001 × 焊接保护气供应速率	
		其他用途回收速率	（Time/20 × 0.3）× 其他用途供应速率	
	需求	需求总量	受控气氛需求量+低温应用需求量+检测气体需求量+焊接保护气需求量+其他用途需求量	2400[3]
		受控气氛需求量	受控气氛 × 受控气氛需求增长率	1271
		低温应用需求量	低温应用 × 低温应用需求增长率	538
		检测气体需求量	检测气体 × 检测气体需求增长率	163
		焊接保护气需求量	焊接保护气 × 焊接保护气需求增长率	93
		其他用途需求量	其他用途 × 其他用途需求增长率	233
生产与价格	氦生产量		0.05 × 需求总量 –0.001 × 氦生产成本 +0.002 × 氦价格	120[3]
	氦生产成本		60+Time/10	60 元/m^3
	氦价格		氦生产成本 +0.001 × 氦气储备（库存）量	65 元/m^3
	我国氦的储量		190000– 氦生产量	110000[3]
进口情况	进口量（美国）		0.24 × 需求总量	580[3]
	进口量（除美国）		需求总量 – 氦生产量 – 进口量（美国）	1700[3]

我国氦的主要用途有受控气氛、低温应用、检测气体、焊接保护气四种，占我国氦气应用市场份额的90%，目前受控气氛和低温应用有部分回收的可能性，例如中国科学院物理研究所以智能型液化器为核心的液氦回收方案实现了液氦的循环利用[21]。根据我国的整体情况，估算回收程度较低，系统回收率（= ∑某用途的系统回收率 = ∑某用途的市场份额 × 回收率）仅有3.5%，氦的主要用途和氦的可用回收情况见表2。随着氦回收利用技术的发展，氦气的可能回收程度将大幅度提高。本文研究中以可能的系统回收率39%为背景，进行未来回收利用程度的预测分析。氦的主要用途的未来需求及系统增长率（= ∑某用途的系统增长率 = ∑某用途的市场份额 × 增长率）设定见表3。

表2　氦气的主要用途和氦气的可用回收情况

Table 2　Main uses of helium and available recovery of helium

用途	市场份额	替代品	回收可能性	目前回收率/%	系统回收率/%	可能回收率/%	可能系统回收率（R）/%
受控气氛（光纤、半导体、光伏）	56	部分有	部分可能	5	2.8	30	17
低温应用（核磁共振、低温超导、国防军事、大科学研究）	23	部分有	部分可能	3	0.7	80	19
检测气体	7	有	–	0	0	0	0
焊接保护气	4	氩，N_2	–	0	0	0	0
其他用途	10	有	–	0	0	30	3
总计					3.5		39

表3　氦气的主要用途的未来需求设定

Table 3　Future demand setting for main uses of helium

用　途	市场份额/%	增长率/%	系统增长率/%
受控气氛（光纤、半导体、光伏）	56	6%[22]	3%
低温应用（核磁共振、低温超导、国防军事、大科学研究）	23	16%[23]	4%
检测气体	7	>3%	0.5%
焊接保护气	4	>3%	0.5%
其他用途	10	>3%	0.5%
总计			6.5%

2　结果分析

由于国内氦供求关系的历史数据不足，本文的动力学模型仅在2019年和2020年的数据基础上来模拟国内氦的短期趋势，这也增加了未来氦资源的不确定性。模拟整个系统相关要素的各种调节性测试，可以获得确定性结果，验证这些要素在模型中的敏感性[16]，对实践具有一定程度的指导意义。验证过程主要基于历史观测数据与氦资源的常规业务模拟输出之间的比较，当观测数据和模拟输出之间的拟合良好时，假设模型结构能够很好地表示基础系统，以便进行预测。

2.1　系统回收率与氦供应量的关系

由系统回收率与氦供应量的关系曲线（图5），可以看到，随着系统回收率R值的增强，回收资源作为氦供应资源的一条途径，氦供应量也随之快速下降。按2020年的氦供应量$2320\times10^4m^3$，氦气储备（库存）维持在较低水平，每年增长量dRe= $10\times10^4m^3$来计算，预计20年后，保持目前系统回收率R=3.5%，氦供应量增加了约$500\times10^4m^3$，达

到 $2829\times10^4m^3$。由仿真结果可知，系统回收率每增加10个百分点，预计20年后，氦供应量将下降约 $200\times10^4m^3$，例如 R=15%、25% 和35%，氦总供应量分别为 $2543\times10^4m^3$、$2327\times10^4m^3$ 以及 $2133\times10^4m^3$。表中2025年左右出现的氦供应量低值，主要由于满足一定量的氦储备初始值（$100\times10^4m^3$/年）产生氦供应量下降的波动现象。

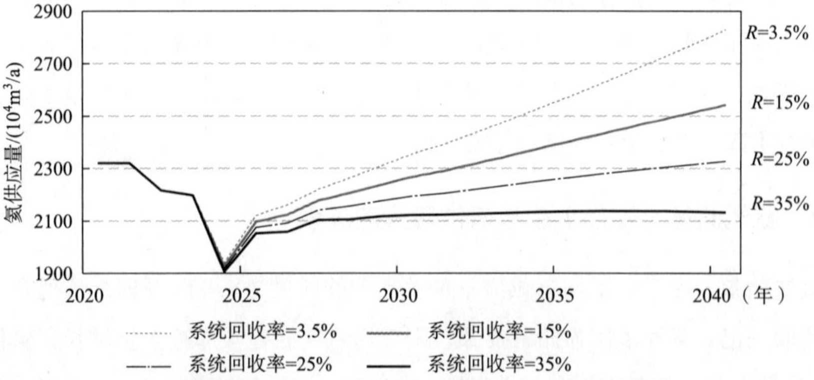

图5 系统回收率与氦供应量的关系曲线［氦气资源储备（库存）增长量=$10\times10^4m^3$］

Figure 5 Relation curve between system recovery effect and helium supply［Helium reserve (inventory) growth =$10\times10^4m^3$］

2.2 系统回收率对氦需求量、氦回收量及氦供应量的影响

由系统回收率对氦需求量、氦回收量与氦供应量的影响曲线（图6），可以看到，随着系统回收率的增强，氦需求量稍有波动下降，氦回收量大幅增加，氦供应量出现一定幅度的下降。按2020年的氦供应量 $2320\times10^4m^3$，氦气储备（库存）维持在较低水平，年均增长量 dRe=$10\times10^4m^3$ 来计算，保持目前系统回收率 R=3.5%，预计20年

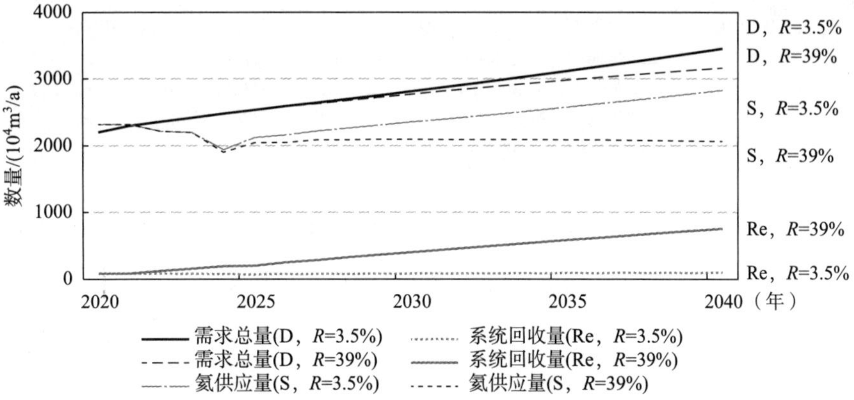

图6 系统回收率对氦气资源需求量、氦气资源回收量和氦气资源供应量的影响曲线
［系统回收率=3.5%，39%；氦气储备（库存）年均增长量=$10\times10^4m^3$］

Figure 6 Influence curve of system recovery effect on helium demand, system recovery rate and helium supply
［System recovery effect =3.5%, 39%; Helium reserve (inventory) growth =10］

后，氦需求量、氦回收量、氦供应量分别为$3451\times10^4m^3$、$97\times10^4m^3$、$2829\times10^4m^3$；系统回收率R=39%，预计20年后，氦需求量、氦回收量、氦供应量分别为$3162\times10^4m^3$、$755\times10^4m^3$、$2065\times10^4m^3$，系统回收量增加了$658\times10^4m^3$，氦供应量下降了$764\times10^4m^3$，相当于目前氦需求量的三分之一。产生这一现象的原因是系统回收率与系统回收量正相关，间接影响着氦应用资源的供应，提高系统回收率提供了更加充分的总体氦供应资源，所需的氦供应量大幅下降。同时在氦的系统动力学模型中，氦需求主要受到供给量和增长趋势的影响，在保持稳定增长率的情况下，提高系统回收率使氦供应量下降，实际需求总量稍有下降，更易于实现氦的供需平衡。

2.3　氦气储备（库存）量与氦供应量的关系

由氦气储备（库存）量与氦供应量的关系曲线（图7）可以看到，从现有的氦供应体系中获取一定的氦气量作为储备资源，则年均氦气储备（库存）量增长，氦供应量快速下降，甚至长期持续低于目前氦供应量；在保有一定氦气储备（库存）量的前提下，年均氦气储备（库存）量负增长，即从氦气储备（库存）提供氦资源，氦供应量快速增长。

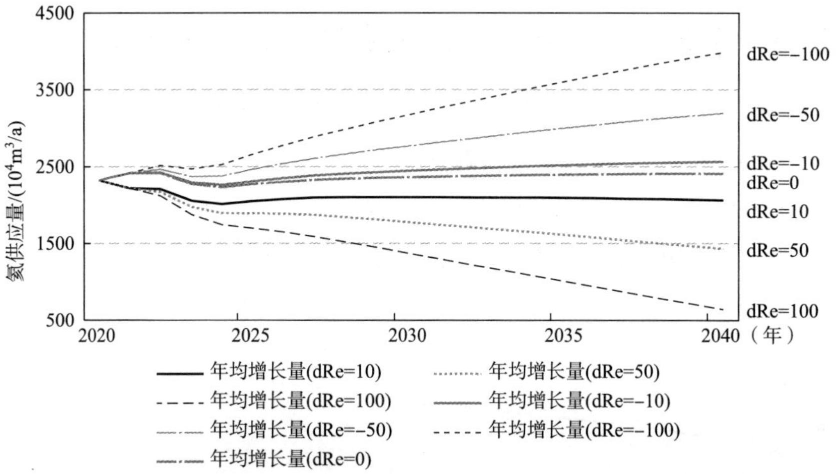

图7　氦气资源储备（库存）量与氦气资源总供应量的关系（系统回收率=39%）

Figure 7　Relationship between helium reserve (inventory) and helium supply (System recovery effect =39%)

按2020年的氦供应量$2320\times10^4m^3$，系统回收率R=39%来计算，在年均氦气储备（库存）量dRe=0时，预计20年后，氦供应量为$2405\times10^4m^3$；年均氦气储备（库存）量持续向市场供应，分别以dRe=$-10\times10^4m^3$、$-50\times10^4m^3$、$-100\times10^4m^3$推算，预计20年后，氦供应量大幅增长，分别为$2563\times10^4m^3$、$3194\times10^4m^3$以及$3983\times10^4m^3$，比dRe=0的情况，氦供应量增加了约$158\times10^4m^3$、$789\times10^4m^3$以及$1578\times10^4m^3$，分别占氦供应量（dRe=0时，预计20年后）的6.6%、32.8%、65.6%，提供充分的氦供应量，可以避免氦

短缺情况的发生。

以某一年均氦气储备（库存）量持续储备，分别以 dRe=10 × 10^4m^3、50 × 10^4m^3、100 × 10^4m^3 推算，预计20年后，氦储备（库存）量大幅增加，氦供应量大幅下降，分别为2060 × 10^4m^3、1429 × 10^4m^3 以及 641 × 10^4m^3，比 dRe=10 × 10^4m^3 情况（目前设定）的氦供应量2060 × 10^4m^3，dRe=50 × 10^4m^3 和 dRe=100 × 10^4m^3 两种情况的氦供应量需要减少约631 × 10^4m^3 和1419 × 10^4m^3。对于 dRe=100 × 10^4m^3 情况，呈现出过度储备的状态，氦供应量甚至长期持续、大幅度地低于目前氦供应量（2020年），无法满足正常的氦供求平衡。

对于 dRe=50 × 10^4m^3 的情况，在系统回收率为 R=39%时，预计20年后，需要增加约氦供应量的四分之一作为氦气储备量，即实际氦供应总量为3036 × 10^4m^3，以用于缓解氦短缺可能产生的供需冲突。保障这样的储备状态也需要额外的氦资源来源，以满足氦市场的供求平衡，例如勘探提取更多的氦资源，以及提供更加强大的系统回收率（>80%），意味着大部分的氦应用都需要具备完全的氦回收利用能力，这无疑是对氦的勘探技术、回收利用技术以及进口资源等方面提出了艰巨的挑战。

2.4 氦需求总量与国外进口量的关系

由氦气需求总量与氦进口量的关系曲线（图8），可以看到，随着氦气需求量的增长，氦进口量也将呈现出快速增长的趋势。按照2020年的氦需求量2320 × 10^4m^3，系统回收率 R=39%，以2020年美国进口量和其他国家进口量的比例来计算，则预计20年后，美国进口量、其他国家进口量分别达到756 × 10^4m^3 和2247 × 10^4m^3，几乎是目前美国进口量和其他国家进口量的1.3倍左右。对于20年后的来自美国的进口量而言，由目前来自美国的进口量占目前美国总出口量的12%，增长为占目前美国总出口量的15%，增长量

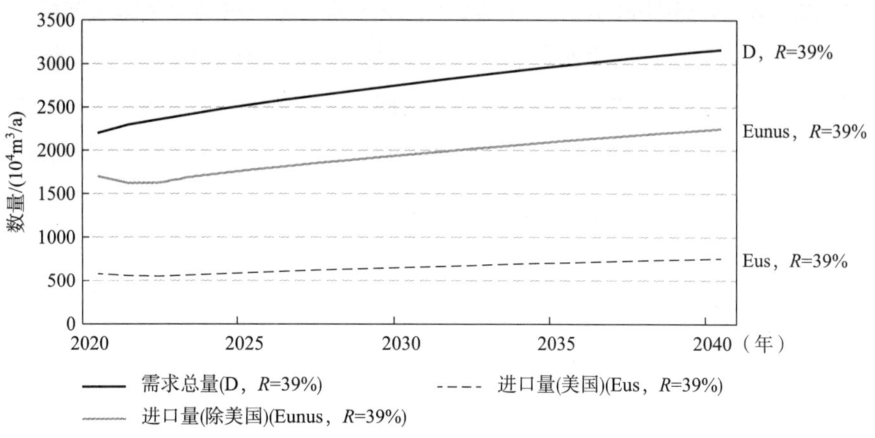

图8 氦气资源需求总量与氦进口量的关系曲线［系统回收率=39%；氦气资源储备（库存）增长量=10 × 10^4m^3］

Figure 8 Relation curve between total helium demand and helium import［System recovery effect =39%; Helium reserve (inventory) growth =10×10^4m^3］

为$176 \times 10^4 m^3$。另外，近年来美国氦出口量持续下降，更加强化中国从美国进口氦资源的需求占比，同时中美关系给保障资源供应也提出了更高的要求。

通过对中国氦可持续供应和消费的系统动力学分析，可以得出如下定量化判断：

（1）系统回收率每增加10个百分点，预计20年后，氦供应量将下降约$200 \times 10^4 m^3$，例如R=15%、25%和35%，氦供应量分别为$2543 \times 10^4 m^3$、$2327 \times 10^4 m^3$以及$2133 \times 10^4 m^3$，提高系统回收率提供了更加充分的氦供应资源，满足实际需求，氦供应量大幅下降；

（2）对于氦气储备（库存）年均增长量为$50 \times 10^4 m^3$的情况，在系统回收率为39%时，预计20年后，需要增加约氦供应量的四分之一作为氦气储备量，即实际氦供应总量为$3036 \times 10^4 m^3$，以用于缓解氦短缺可能产生的供需冲突，保障这样的储备状态也需要额外的氦资源来源，进而满足氦市场的供求平衡；

（3）以年均氦气储备（库存）量分别以dRe=$-10 \times 10^4 m^3$、$-50 \times 10^4 m^3$、$-100 \times 10^4 m^3$推算，氦供应量增加了约$158 \times 10^4 m^3$、$789 \times 10^4 m^3$以及$1578 \times 10^4 m^3$，分别占氦供应量（dRe=0时，预计20年后）的6.6%、32.8%、65.6%，提供充分的氦供应量，可以避免氦短缺情况的发生。

（4）按照2020年的氦需求量$2320 \times 10^4 m^3$，系统回收率目标为39%，以系统增长率为6.5%来计算，则预计20年后，来自美国的进口量、来自其他国家的进口量分别达到约$756 \times 10^4 m^3$和$2247 \times 10^4 m^3$，几乎是目前来自美国的进口量和来自其他国家的进口量的1.3倍左右。

进一步分析可以看出，如果从低温应用中回收的氦气提高到80%，受控气氛中回收的氦气提高到30%，以及其他用途中回收的氦气提高到30%，或者说，系统回收率达到39%，则根据模拟结果，与2020年情况相比，氦供应减少量约$764 \times 10^4 m^3$，而2020年、2040年的氦需求量分别为$2320 \times 10^4 m^3$、$3162 \times 10^4 m^3$，氦供应减少量相当于目前氦需求量的三分之一以及2040年需求量的四分之一。本文前述的系统动力学研究发现，系统回收率每增加10个百分点，预计20年后，氦供应量将下降约$200 \times 10^4 m^3$，以系统回收率达到39%的氦供应量$3162 \times 10^4 m^3$来计算，则系统回收率达到80%的氦供应量=$3162 \times 10^4 m^3 - 4.1 \times 200 \times 10^4 m^3 = 2342 \times 10^4 m^3$，接近目前氦供应量水平，表明较高的系统回收率提高了氦的回收循环利用量，考虑系统回收情况的氦供应量保持现有的供应来源，即可满足我国经济增长所需的各种用途的氦气需求，极大地缓解了氦市场供应紧张的趋势。

保持目前系统回收率R=3.5%，预计20年后，系统回收量为$97.2 \times 10^4 m^3$。系统回收率R=39%，预计20年后，系统回收量为$755.7 \times 10^4 m^3$，与R=3.5%的情况相比，系统回收量增加了约$658.5 \times 10^4 m^3$。而系统回收率为R=80%时，预计20年后，系统回收量为$1172 \times 10^4 m^3$，与R=3.5%的情况相比，系统回收量增加了约$1075 \times 10^4 m^3$，氦需求的增量部分完全可以由氦气的系统回收部分来平衡。

3 结论、讨论与建议

3.1 结论

氦气是一种有限的资源。由于高度依赖进口资源，目前我国氦供应存在着严重的短缺风险，供应状况不具有持续性。需要建立适宜我国国情的氦气供应和消费模式。分析结果表明，目前的氦回收速率明显过低，导致氦在使用中被浪费，这种浪费的使用又推高了氦气价格。

系统动力学分析表明，当系统回收率提高到80%以上时，预计20年后，系统回收量接近甚至超过目前氦供应量的二分之一，氦需求的增量可以由氦气的系统回收部分来达成供需平衡，氦供应量保持现有的供应来源，即可满足我国经济增长所需的各种用途的氦气需求。这也表明，随着氦资源的用途的不断增长，氦气的回收循环利用成为一种可持续的、高效的氦供应途径。

本研究认为氦储备措施可以有效地调节氦气价格。系统动力学模型分析了每年氦储备（库存）量设置在（-100～100）$\times 10^4 m^3$之间的氦供应量情况，认为一定程度的氦气储备量，可以有效地缓解氦短缺产生的短期冲突，也有利于长期供应的可持续性。实际的氦储备或从氦储备中向市场供应的过程不会是单一的设定值，为了降低氦气价格或增加氦气供应量，氦储备就会向市场供应而实现释放过程，市场供应充足或氦气价格低于市场预期时，增加氦储备量而实现补充库存过程。

研究表明，持续的氦回收、氦储备和保护计划，加上禁止浪费使用的政策制度，能够显著改善长期的氦供应状况。氦回收、氦储备和需求管理计划为我国氦气的供应和使用模式提供了有力的工具，可以有效地缓解我国氦气严重依赖进口的趋势，避免引发国际关系的紧张局势，促进氦市场有序运行，是推动中国氦气可持续消费，保障供应安全的有力措施。

3.2 讨论

本文结论是根据系统动力学模型运行的模拟结果而得出，涉及不确定性假设。有些输入数据的不确定性较大，这会影响结论。但系统性的评估意味着它是根据现有信息做出的最佳估计，这要优于不做出一定的判断。

我国是氦资源相当贫乏的国家，以目前储量$11\times 10^8 m^3$，每年氦产量$120\times 10^4 m^3$以及氦需求的系统增长率为6.5%来计算，则未来20年需要消耗氦储量$2850\times 10^4 m^3$，国内氦资源储量可以满足生产所需的资源供应。从天然气提取氦的工作虽取得一定成果，但成本高、产量少，远远满足不了国内需求，除了进口国外氦资源，以资本投资勘探开发国内外各种氦资源及相关的提纯技术，以及实施氦回收、氦储备和需求管理计划，对于做好氦资源的合理利用就显得尤为重要。随着全球氦气需求的持续增加，世界范围内又出现了氦气勘探开发的浪潮，最近的氦气勘探开发活动都集中在“绿色氦”的富氮非烃气体上[9]。我国氦气的资源规模和分布还需要进一步深入研究,包括氦气资源评价、天然气藏中氦含量的分析方法和标准等[24]。我国自20世纪60年代开始探索从天然气中提取氦气的技术，开发了拥有自主知识产权、自主设计、安装建设的天然气提氦装置。近年来，已组织实施若干闪蒸气（BOG）提氦产业化示范项目，开展氦气生产基地建设。目前来看，我国在氦气勘探开发、氦气规模化提取、氦液化技术及储运装备等方面与先进国家还存在较大的差距。

绝大多数工业生产的氦气来自天然气[25]。有的学者通过膜分离法来预浓缩天然气中的氦[26]，也有的学者经石英玻璃的毛细管扩散提取氦气，或用溶剂吸收法提取氦气，但都存在一些问题，未能实现工业应用[4]。当前，全球氦产量的分布正在发生转变，强烈转向从天然气加工生产液化天然气（LNG）过程中提取氦。2016年，阿尔及利亚和卡塔尔占全球氦气总产量的40%左右[27]，而2007年，它们的氦气完全是液化天然气生产的副产品，这一比例约为15%[28]。近年来，美国大量生产来自页岩气的液化天然气[9]，这种页岩气通常甚至不含最低含量的氦气（0.015%～0.04%He），在天然气加工生产液化天然气过程中，这一最低标准可能是盈利的氦气生产所必需的[29]。

随着氦气价格不断攀升，氦的回收循环使用也具有了经济上的可行性。诺贝尔物理学奖获得者Robert C. Richardson认为，氦价格上涨让人们更愿意循环利用，是缓解当前氦资源紧缺比较可行的办法。一些公司，例如美国真空仪器公司，开发了氦回收循环使用技术，并应用在西欧、日本等地区的某些领域[4]。2017年，我国中科富海设计了液化速率为40L/h的氦液化器投放运行，用于污氦的回收、纯化及液化过程，填补了国内大型低温领域的空白。也有的机构购置已有的氦液化回收系统，例如中国科学院物理所，氦回收率在90%以上，不仅投资回报速率高、经济效益可观，而且对物理所的低温科学研究、大型科学仪器运行起到了重要的支撑和保障作用。

氦供应似乎存在寡头垄断的情况[30]。Hotelling认为垄断者倾向于以比竞争性企业更低的速度开采资源[31]。在Massol和Rifaat[32]模拟了两种不同政策情景，结果表明，与2013年氦管理法案相比，另一种政策，即允许美国联邦氦气储备作为利润最大化的企业运营到2034年左右，可以增加联邦收入，降低氦排放，并增加全球福利。历史上，在氦短缺期间，我国大量用氦的仪器设备运行受阻，科学实验开展不彻底，依托氦供应的企业被迫停产[33]。最近，供应全球市场的美国联邦氦气储备，于2022年停止向公众出售，从而引发供应紧张[34]。俄罗斯是世界第五大氦生产国，与乌克兰的持续紧张局势也可能影响俄罗斯的生产。近十年来，氦气短缺现象更加频繁出现，我国氦气市场的可持续供应和消费面临着巨大的挑战。随着我国综合国力的不断提升，供需各方面冲突也会加剧，一旦发生国际形势的突变，寡头垄断氦供应，会限制我国发展，导致氦供应危机，危及我国更大范围内的科学仪器与装置的运行，许多基础研究和技术创新项目将因氦短缺而被迫间断，恰如达摩克利斯之剑，必须做好预判和风险评估，建立基于我国国情的可持续氦供应模式。

对氦气供应的一个不可预见的威胁是，到2030年，由于减少碳排放以及碳达峰、碳中和目标的需要，我国化石燃料应用达到峰值，这是一个全球能源转型引发的现象。然而，氦气生产完全依赖于天然气生产，天然气生产的停止或增长停滞可能导致氦气生产的停止或停滞，届时，人们将为氦气支付更高的价格，包括从天然气中提取氦气（将天然气抽回地面）的价格。对于重要的医疗用途和优先科学用途来说，保持较高的氦气回收速率可能是可以接受的，但对于其他用途来说，也可能寻求氦气的替代品而得到持续应用。

3.3 政策建议

基于以上分析和讨论，本文提出如下建议，供研究者和决策者参考。

（1）加快氦气资源勘探开发和保护。加快富氦天然气的勘探开发工作，重点建设和田河气田、阿克气田等若干大型富氦气田，尽快甩掉“贫氦国”帽子。相对于目前全球从烃类天然气中提取氦，从非烃类天然气藏中开发和生产氦气将减少排放量，属于“绿色氦”。在当前绿色经济转型背景下，更加重视非烃（氮气、二氧化碳等）类含氦天然气藏中氦气资源潜力的勘查评价和非烃类氦气矿床的勘探工作。在积极开展氦气勘探开发的同时，需要重视氦气田的保护和利用，对达到一定含氦量（≥0.01%）的烃类或非烃类天然气资源应建立强制提取政策，避免我国有限的氦资源流失。

（2）加强氦气提取、储运等关键技术研发。加快贫氦天然气规模化低成本提取关键技术突破和创新，形成具有我国自主产权的贫氦天然气低成本提氦工艺技术，为大规模提氦提供充足的技术支撑。推动液氦储运技术研发和关键设备国产化，尽快启动大型固定式液氦储罐研制。支持我国科学家围绕氦的人工制取新理论和新方法加强基础研究，探索氦气制取的新理论和新方法，不断开拓新的科学领域，力争在粒子加速器中用高能质子轰击其他原子（如锂或硼）获取氦等方面贡献更多中国方案。

（3）加强氦气战略储备体系建设。建立统一、规范的储气设施设计、建设、验收、运行等行业标准，尽快形成储气设施标准体系。启动储气库基础设施建设的论证工作，包括选址、储藏方式、建设规模、技术方案、管理运行模式以及安全维护等，根据需求从国家层面规划建设若干座地下储气库（含枯竭油气藏、含水层、盐穴等）。鼓励和支持企业建设液氦储罐和压缩氦气储罐，发挥储罐宜储宜运、调运灵活的特点，推进液氦储罐、压缩氦气储罐多式联运试点示范，多举措提高氦气储备能力。通过战略储备机制，发挥兜底作用，降低国际氦气市场波动对我国产业发展、科技创新的不利影响，增强国家氦气储备和保供能力。

（4）加强氦气资源的节约循环使用，合理采用氦替代品。氦是不可再生资源，应节约使用氦资源。从政策立法的角度，淘汰那些性能落后并且氦的耗费量大的仪器设备。对于用氦规模较大的科学仪器与装置，要求设备的密闭性优越，以防止液氦蒸发，以及配套可回收循环利用的设施。重视研究低品位含氦气藏等氦资源中提取氦气，各种工业部门的氦尾气应保障能收尽收，进行循环再利用。对于一些可使用氦的替代品的环境，应当尽可能地使用氦替代品，如改用无液氦的制冷机，采用氖气制备潜水员的深海潜水用的人造空气，采用氩气作为高精度的电焊用保护气等[28]。

（5）加强氦气开发利用的国际合作。推动我国相关企业和科研院所积极参与氦气资源勘探开发和利用、装备制造、运输存储、回收利用等方面的国际科技合作，构建全球氦气资源开发利用创新网络。与俄罗斯和中东等国家和地区的氦气和油气生产企业进行氦气开发利用的商业性战略合作，拓展国际战略合作网络，构建多元化的进口渠道，巩固优化全球氦气资源供应链，以应对复杂多变的氦气供应市场，有效保障我国的科技创新和产业安全。

综上，加强氦气资源勘探开发、保护和资源储备，重视氦气资源回收利用，加强国际合作，促进氦市场有序运行，是推动中国氦气资源可持续供应的有力措施。

参考文献

［1］秦胜飞，李济远．世界氦气供需现状及发展趋势［J］．石油知识，2021(5)：44–45.

［2］刘贵洲，窦立荣，李鹏宇，等．氦气珍稀 亟需发展［J］．天然气与石油，2022，40(05)：126–131.

［3］中国工业气体协会．2019年氦气行业市场发展现状分析［EB/OL］．［2020–03–09］．http://www.cigia.org.cn/v/xxsc/ ztdy/4227.html.

［4］王熙庭，任庆生．氦资源、应用、市场和提取技术［J］．天然气化工（C1 化学与化工），2012，37(1)：73–78.

［5］张亮亮，孙庆国，刘岩云，等．氦气全球市场及我国氦气安全保障的建议［J］．低温与特气，2014，32(3)：1–5.

［6］National Minerals Information Center. Helium Statistics and Information［R/OL］// U.S. Geological Survey, 2022. https://www.usgs.gov/centers/national–minerals–information–center/helium–statistics–and–information.

［7］王晓锋，刘文汇，李晓斌，等．氦气资源的形成聚集与中国氦资源前景［C］// 中国矿物岩石地

球化学学会第17届学术年会论文摘要集．[出版者不详]，2019：1154–1155.

[8] 陈福利，李欣，闫林，等．中国氦气资源特征与氦资源勘查储备战略［C］// 中国地球物理学会．首届全国矿产勘查大会论文集．[出版者不详]，2021：638–652.

[9] Anderson S T. Economics, Helium, and the U.S. Federal Helium Reserve: Summary and Outlook [J]. Natural Resources Research, 2018, 27: 455–477.

[10] Rufford T E, Chan K I, Huang S H, et al. A review of conventional and emerging process technologies for the recovery of helium from natural gas [J]. Adsorpt. Sci. Technol., 2014, 32: 49–72.

[11] Mineral commodity summaries 2021 [R]. Reston: Mineral Commodity Summaries, 2021: 200.

[12] Alders M, Winterhalder D, Wessling M. Helium recovery using membrane processes [J]. Sep. Purif. Technol., 2017, 189: 433–440.

[13] Naill R F. Managing the energy transition: a system dynamics search for alternatives to oil and gas [D]. United States: Ballinger Publishing Co., Cambridge, MA, 1977.

[14] National Academy of Sciences. The impact of selling the federal helium reserve [M]. Washinton, DC: US National Academy Press, 2000.

[15] Epple D, Lave L. Helium: investments in the future [J]. The Bell Journal of Economics, 1980, 11: 617–630.

[16] Cai Z, Clarke R H, Glowacki B A, et al. Ongoing ascent to the helium production plateau—Insights from system dynamics [J]. Resources Policy, 2010, 35: 77 – 89.

[17] Crawford M. Dismantling the helium empire [J]. Science, 1987, 237: 238 – 240.

[18] Massol O, Rifaat O. Phasing out the U.S. Federal Helium Reserve—Policy insights from a world helium model [J]. Resource and Energy Economics, 2018, 54: 186–211.

[19] Olafsdottir A H, Sverdrup H U. Assessing the past and future sustainability of global helium resources, extraction, supply and use, using the integrated assessment model WORLD7 [J]. Biophysical Economics and Sustainability, 2020, 5: 6.

[20] 华经产业研究院．2020年氦气市场供需现状分析，国内对外依存度仍将处于较高水平［EB/OL］.［2022–04–24］. https:// baijiahao.baidu.com/s?id=1730954074407535335.

[21] 教育装备采购网．氦气保护日丨保护珍贵资源，我们在行动［EB/OL］. https://www.caigou.com.cn/news/20200 72425.shtml.

[22] I Market. Helium [R]. London: IHS Markit, 2019.

[23] 张宁，胡忠军，李青．全球氦供求形势及其回收利用［J］．低温与特气，2010，29(6)：1–6.

[24] 贾凌霄，马冰，王欢，等．全球氦气勘探开发进展与利用现状［J］．中国地质，2022，49(05)：1427–1437.

[25] 刘苏民．天然气提氦工业现状及发展建议［J］．天然气化工，1990(6)：41–43.

[26] Froehlich P, Clausen J J. Large scale helium liquefaction and consideration for site services for a plant located in Algeria[C]. Advances in Cryogenic Engineering: Transactions of the Cryogenic Engineering Conference, July 16–20, 2007. Chattanooga: Tennessee, USA.

[27] Hamak J E. Helium U.S. Geological survey mineral commodity summaries[R]. USGS, 2017: 78–79.

[28] Pacheco N. Helium U.S. Geological survey mineral commodity summaries [R]. USGS, 2009: 74–75.

[29] Clarke R H, Nuttall W J, & Glowacki B A. Endangered helium—Bursting the myth[EB/OL]. London, UK: The Chemical Engineer, 2016[2016–12–15]. http://www. thechemicalengineer.com/media/ Documents/ TCE/ free–features/870helium.pdf.

[30] Nuttall W J, Cai Z, Glowacki, et al. The dynamics of the helium market[M]. //Nuttall W J, Clarke R H Glowacki B A. The future of helium as a natural resource. London: Rout–ledge, 2012: 157–173.

[31] Hotelling H. The economics of exhaustible resources [J]. The Journal of Political Economy, 1931, 39(2), 137–175.

[32] Massol O, Rifaat O. Phasing out the U.S. Federal Helium Reserve—Policy insights from a world helium model [R]. Montpellier, France: French Association of Environmental and Resource Economists, FAERE Working Paper, 2016.

[33] 凌辉，周勇义，张黎伟，等. 氦资源对科学仪器及科研项目的影响与对策[J]. 科学管理研究，2012，30(6)：21–24.

[34] 随着美国改变存储战略，氦供应紧缩迫在眉睫 [EB/OL]. [2022–2–24]. https://www.chemicalbook.com/ Supplier News _73138.htm.

Comprehensive Evaluation and Analysis of Sustainable Supply of Helium Resources

Jiang WANG[1], Lijuan WANG[2]

1. Beijing University of Chemical Technology;

2. National Talent Exchange Center

Abstract: Based on the system dynamics model, the sustainable supply of helium is comprehensively evaluated and analyzed. From the perspective of long-term supply security, the current helium supply is not sustainable due to the lack of effective recycling. The research shows that helium is wasted due to the low recovery of helium. The analysis shows that helium recovery, helium storage and demand management plan can significantly improve the long-term supply of helium and form a sustainable supply mode of helium suitable for China's national conditions. When the recovery rate of the helium system is increased to more than 80%, the supply and demand balance can be reached between the helium demand increment and the helium recovery amount, which means that the recovery and recycling of helium has become a sustainable and efficient way of helium supply. Under the situation of global shortage of helium resources, China should strengthen the exploration and development, protection and reserve of helium resources, attach the importance to the recovery and utilization of helium resources, strengthen international cooperation, promote the orderly operation of helium market, and promote the sustainable supply and consumption of helium resources in China.

Keywords: Helium; Recycling; System dynamics; Sustainable supply

油价波动常态下海外风险勘探项目钻井决策方法

段绪强*

中国海油集团能源经济研究院

摘要： 国际油价波动常态化、波幅扩大化给我国海外风险勘探项目投资决策造成巨大挑战。在研究油价波动对钻井成本的影响基础上，建立一套成本不确定下的钻井决策方法，使用最小二乘蒙特卡洛模拟法中的动态规划通过对模拟现金流的逆向归纳来估算每个时期的最优钻井决策策略。相较传统折现现金流法，该方法更适用于路径依赖和各种不确定因素的情况，具有更好的计算效率。

关键词： 油价波动；海外风险勘探；钻井决策；最小二乘蒙特卡洛模拟法

0 引言

21世纪以来国际原油价格呈现出剧烈波动常态化、波幅扩大化的特点，给中国油气企业的海外勘探开发项目带来很大冲击，海外投资风险加剧。随着油价波动幅度和频率日趋加大，海外油气投资项目能否取得预期的经济效益存在较大不确定性，亟需对油气产业链中风险最大的海外油气风险勘探区块的投资决策方法展开深入研究。

1 油价波动常态化和波幅扩大化

全球油价呈现出波动常态化、震荡幅度扩大化的特点现象（图1），需要引起警惕。宏观方面，国际油价波动常态化整体上对我国宏观经济发展造成诸多不利影响[1, 2]，油价过高将显著增加社会运营成本，而油价过低不利于中国经济社会在“双碳”目标下的绿色发展与能源转型。中国经济社会正处在新旧动能转换的最关键时期，油价过高过低都对宏观经济的整体运行弊大于利，只有保持实体经济平稳运行才可能实现经济高质量发展。

微观方面，国际油价波动常态化、波幅扩大化的现状给我国海外油气投资项目带来巨大的挑战和风险。油价波动进一步恶化了海外油气投资环境，各海外项目存在不断变

* 段绪强，男，博士，主要从事油气资源技术经济评价、海外油气投资决策方法、能源经济及项目管理。E-mail:duanxq2@cneei.com.cn

化的投资风险，油气资源国会因为油价波动不断调整合同要求和投资政策，对油气投资方的发展战略规划、项目投资决策提出严峻考验。

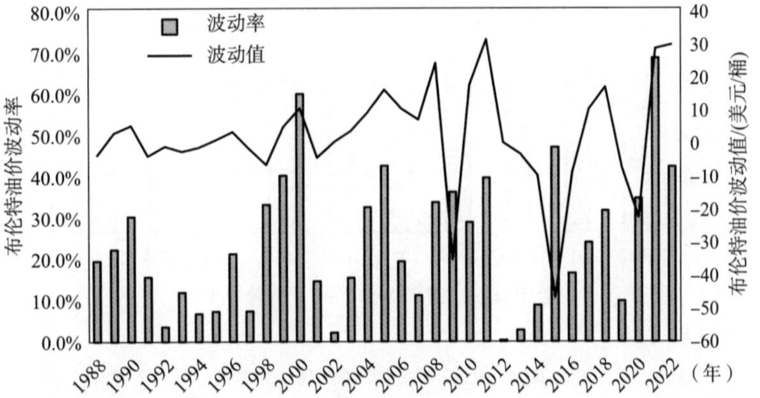

数据来源：EIA

图1　布伦特油价波动常态化、波幅扩大化

Figure 1　The fluctuation of Brent oil price normalizes and amplifies

2　油价波动对钻井成本的影响

油价波动影响钻井决策。钻井和信息解释都耗费大量时间，钻一口井需要几周到几个月不等。获取和解释从钻屑、岩芯样本、垂直地震剖面等来源获取的钻井数据则需要更长时间，加上计划、准备和安装钻机的时间，下一口井很可能在一年后开钻，钻多口井可能要历时几年的时间。这个漫长时间跨度足以让市场因油价等外部环境的变化而演化成完全不同的状态，并因此改变未来钻井决策的经济性。

油气勘探活动涉及地震、钻井、测井、录井、固井、井下作业等多道生产工序，而钻井工程是其中一项经济耗资巨大的工作环节，在勘探开发总投资中的占比高达50%～80%。在海外钻一口探井的总投资通常耗费从几百万到上亿元不等，在一些地质条件复杂、边远地区、深海、极地及非常规等产区领域的钻井成本越来越高。普遍观点认为，低油价时期，油气投资方会减少甚至取消勘探钻井等大型投资，过去10年内全球勘探钻井活动与布伦特原油价格走势表现出的一致性证明了这一点（图2）。

勘探钻井投资的减少促使钻井服务商压低报价来维持市场竞争力，部分服务商甚至把价格压低至盈亏平衡临界点，从而更进一步降低油气投资方的前期支出。在低油价或油价下跌期间，油气投资方投资的减少对勘探钻井活动决策过程有显著影响。

“低油价”一般指油价大幅下跌后处于油价曲线波谷的时期，如2008年到2009年期间布伦特年均油价由96.94美元/桶降到61.74美元/桶，以及2014年到2015年期间布伦特年均油价由98.97美元/桶降到52.53美元/桶并在随后两年里在低位震荡。但52.53美元/

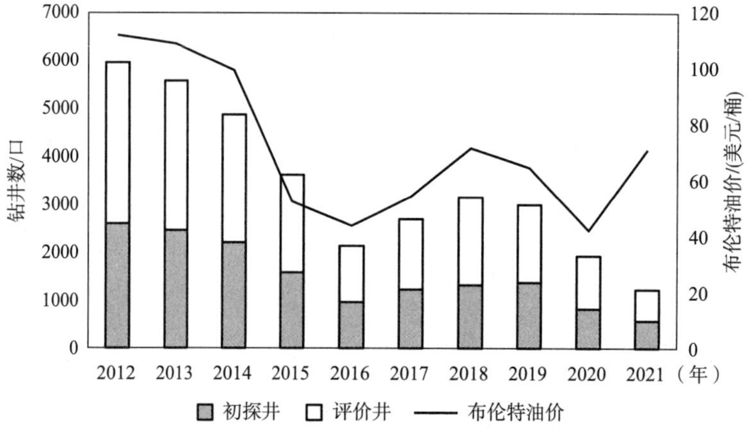

数据来源：IHS，EIA

图2　近10年来全球勘探评价井总数

Figure 2　Global exploration and appraisal wells number during the past 10 years

桶的“低油价”比1987年到2006年这20年来的年均油价25美元/桶高了一倍，与这期间最高年均油价持平（2005年的54.57美元/桶和2006年的65.16美元/桶）。因此“低油价”凸显的更多是突然或持续的油价下跌会对油气投资方和服务商的经营状况、投资策略造成一定影响，如大部分油气商选择削减投资、推迟对新资产的投资甚至取消新项目。尤其是在风险勘探领域，巨大的风险使得油气投资方容易对油价的波动过度反应从而采取规避风险的保守策略，这容易导致潜在投资机会的丧失。

勘探钻井成本中，工程费占98%，主要包括材料成本费、人工成本费、仪器设备费及一些其他直接间接费用和利税等（表1）。低油价或油价下跌期间，钻井活动经常会减少，导致钻井服务商的服务需求下降，从而迫使服务商降低费率，这种相关性在市场上显而易见。钻井服务商等工程技术服务企业会因为上游油气投资方投资削减而减少收益，从而迫使他们降低服务成本如钻井投标报价，从而降低了油气投资方的勘探成本。勘探钻井成本在风险勘探项目投资中占比很大，勘探钻井成本的下降会显著影响风险勘探项目的期望经济价值。

表1　钻井工程费的构成

Table 1　Composition of drilling costs

项目	所占比例
人工费	11.80%
材料费	52.40%
设备费	8.70%

续表

项目	所占比例
其他直接费	8.60%
间接费	10.50%
风险费	2%
利税	4%
工程建设其他费	2%

资料来源：司光，黄伟和，刘海，等，2012[3]

在勘探钻井成本中占比较高的材料费、设备费等与原油价格呈正相关关系。钻机成本与原油价格相关性很高（表2）。

表2　钻机成本与原油价格相关系数

Table 2　Correlation coefficient between rig cost and crude oil price

相关系数	布伦特原油价格与北海平台		WTI原油价格与墨西哥湾平台	
	300ic 自升式	浅水半潜式	300ic 自升式	浅水半潜式
无时间偏移	0.79	0.77	0.78	0.76
有时间偏移	0.87	0.87	0.88	0.87

数据来源：Willigers（2008）[4]

钻井材料（以柴油为主）成本与原油价格（WTI）间从短期（2～4个月）到长期（64～128个月）均呈现较显著的关联关系，且二者价格波动趋于一致；钻井设备（以钢铁为主）成本与原油价格（WTI）波动在长期（32个月以上）显现出相似性且呈现较强的正相关性（0.61），原油价格波动滞后于钻井设备成本波动1～3个月[5]。

3　钻井成本不确定下的钻井决策方法——实例分析

将钻井成本的不确定性分为宏观（市场不确定性如原油价格、市场供需等）和微观（自身技术不确定性）两部分进行估值，其中宏观不确定性使用风险调整概率模型，微观不确定性使用基于专家偏好的评估概率模型。不确定性被计入使用无风险利率贴现的现金流中，通过估计原油价格水平并与之相关联来建模钻井成本。由于原油价格波动的随机性，用几何布朗运动来描述钻井成本的不稳定，用公式表示为：

$$\mathrm{d}C_{\mathrm{d}}=\mu\theta\mathrm{d}t+\sigma\theta\mathrm{d}W_{\mathrm{t}} \tag{1}$$

其中，C_{d}表示钻井成本，μ表示漂移百分比，σ表示波动百分比，$\mathrm{d}W_{\mathrm{t}}$表示布朗增量。

参数取值应考虑不同风险勘探区块的钻井市场需求。如北美、亚洲等需求旺盛地区与非洲、南美等需求规模小的地区相比，钻井成本会有显著不同。钻井需求主要集中在北美、亚洲、澳大利亚和俄罗斯，这些地区在2017年的钻井数量占全球新钻探井数的88%，约为52500口/年。近几年北美仍是全球钻井的主要驱动力。钻井需求在亚洲趋于平稳，在俄罗斯出现微幅增长。欧洲、非洲、南美和中东等地区需求较少，约占全球总量的12%，为7400口/年①。此外，不同埋深和不同地理位置的钻井速度和难度不同。由于勘探成本更多在中短期内（与区块许可证期限相当）受供需平衡的影响，勘探成本的布朗增量与前一年油价相关联。

在油价下行和低位震荡期间，钻井服务商会调整日费率以确保其市场占有率，进而降低油气投资方的勘探钻井成本。随着油价的上涨，勘探钻井成本也会相应上涨，因此投资决策者需要评估最佳钻井时间。实践中，投资决策者不仅要评估勘探项目全生命周期的期望经济价值，还要结合公司现金流状况和勘探开发项目组合的整体情况来分配投资预算。风险勘探作为不确定性最大的环节，会造成投资决策者偏向于风险厌恶。

为了便于研究，本文进行了以下假设：风险中立假设，假设投资决策者是风险中立的；必须投资假设，假设投资方拥有大量勘探开发项目组合，但为了保持合理的勘探开发投资比例，必须寻求风险勘探投资；低成本假设，假设与已有区块相比，该风险勘探项目的勘探成本低于平均值，否则决策者会倾向于在油价低位震荡时期否决该风险勘探项目；动态决策假设，假设投资决策是动态的，即投资方可以在获取区块后立即钻探井，也可以等到下一年观察油价等市场条件变化后再做钻井决策；立即执行假设，假设在风险勘探许可证有效期内钻井决策做出后被立刻执行。

采用了最小二乘蒙特卡洛模拟法，来衡量最佳期望经济价值。最小二乘蒙特卡洛模拟法（Least square Monte Carlo simulation method）[6]是预测期权价格的有效方法，先获得标的资产价格的所有样本路径，而后在期权到期日前逆向计算每一条样本路线上的最佳期权执行时间以及对应的投资期权收益，把所有期权收益都用无风险利率贴现后取平均数，从而得出仿真期权价值。最小二乘蒙特卡洛模拟法不受与不确定性数量相关的维数多少的影响，常被用于做决策辅助[7]。

以非洲某S国持有五年风险勘探许可证的区块（产品分成合同）为例。由于油价大幅波动并在低位震荡，投资方的第一反应是采取成本削减政策，压缩勘探钻井投资。对钻井成本参数假设如表3所示。

① 来源：挪威雷斯塔能源公司公开数据。

表3 遵循几何布朗运动的钻井成本参数假设

Table 3 The drilling cost parameter hypothesis follows geometric Brownian motion

参数	赋值
C_d	30百万美元，依据钻井服务商报价
μ	3%
σ	20%

用随机过程描述价格和钻井成本的不确定性，用蒙特卡洛模拟勘探期（n年）内的nX种不确定性。对所生成路径的每个元素进行NPV计算从而得到NPV值的n–X矩阵，矩阵中每个元素都使用一个模拟不确定性的值（油价和钻井成本）进行估算。

经济评价参数如表4所示（部分数据取整），生产剖面如图3所示。

表4 非洲某项目经济评价参数

Table 4 Economic evaluation parameters of an exploration project in Africa

参数	赋值	单位
成本回收上限	45%	
利润油分成比例	20%	
地质成功率	65%	
折旧年限	10	年
地质成功率	20%	
勘探期	5	年
上产期	3	年
稳产期	3	年
递减期	20	年
预计可采储量	100	百万桶
桶油发现成本（类比）	3	美元/桶
桶油开发成本	5	美元/桶
桶油建设成本	50	美元/桶
单位操作成本	15	美元/桶
管输费	4	美元/桶
基准折现率	10%	

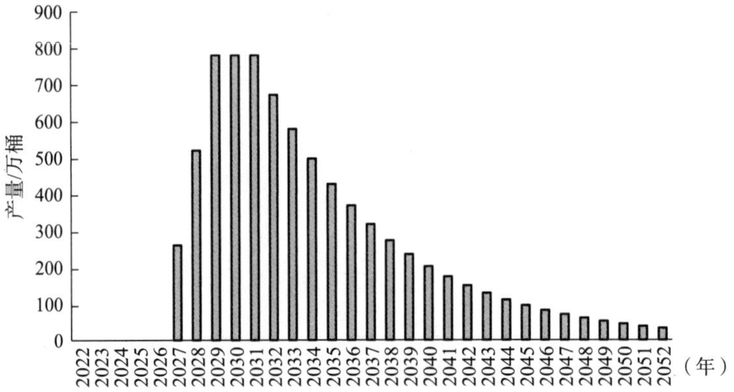

图3　非洲某项目产量剖面

Figure 3　Production profile of an exploration project in Africa

使用公式（2）计算期望经济价值，创建期望经济价值的n–X矩阵。

$$EV=P_s*NPV_s+P_f*NPV_f \tag{2}$$

最小二乘蒙特卡洛模拟法中的动态规划通过对模拟现金流的逆向归纳来估算每个时期的最优决策策略。它开始于勘探许可证的最后一年（$t=n=5$），此时油气投资方必须决定是打探井还是归还区块（实践中几乎不存在），这一决定的做出基于当时的期望经济价值EV5。如果EV5≤0，投资方会放弃打探井。然后算法回溯到第4年（$t=n-1=4$），通过比较当年钻探的EV4与等待的期望经济价值（延期期望经济价值），从而确定每条模拟路径的最优钻井策略。利用t时刻的信息进行最小二乘回归，t时刻的延拓值可以表示成油价和勘探成本的函数，即：

$$CV_t^i=a_1P_t^i+a_2C_{dt}^i+a_3(P_t^i)^2+a_4(C_{dt}^i)^2+a_5(P_t^i)(C_{dt}^i) \tag{3}$$

其中CV_t^i为第t年第i条路径的延拓值，P_t^i为第t年的油价，C_{dt}^i为第t年的勘探成本。$a_{1,2\cdots5}$为回归系数，利用最小二乘回归技术对模拟路径的截面信息进行计算求得。

最小二乘蒙特卡洛模拟法继续计算每条路径的最优决策，方法是将贴现后的延拓值与要钻取探井的经济期望价值进行比较，之后对每条路径进行最优决策。算法移动到前一个周期，并再次重复相同的计算，直到最后每条路径都有其开始钻探的最佳时间，并决定与之相关的最佳收益。例如，其中一条路径的最佳钻探时间是第三年开始，则最优收益为第三年钻井的期望值EV3。整个项目的期望经济价值是所有路径最优收益折现后的平均值。

为了确定更合理的勘探钻井时间以最大化区块期望经济价值，考虑油价波动和钻井成本相关的因素来实现最小二乘蒙特卡洛模拟法。

钻井成本对油价变化的响应有一年的滞后，将第t年的原油短期价格和第t+1年的钻井成本关联起来。不同情景下的最佳勘探钻井时间如图4～图7。预期油价上涨，即第一年年均油价最低，第五年年均油价最高。从模拟结果中易见，当钻井成本与油价之间存在相关性时，低油价时期进行勘探钻井的区块期望经济价值更高。如果勘探钻井成本与区块期望经济价值相比占比较大，则影响更为显著。如图4所示，勘探钻井成本恒定，钻井成本与油价不相关。油价的变化导致在勘探许可证结束前再执行的期望经济价值更高，因此决策者会选择等待和观察油价回升。如图5所示，当勘探成本不确定（体现为概率波动）但与油价不相关时，最佳勘探钻井时间也会发生变化，该算法把在后期钻井的学习价值与前期钻井的较高成本（钻井成本平均增加）进行比较，通过对比发现最佳钻井时间可能是勘探许可证到期前的任何一年。图6所示是实践中最为现实的情况即钻井成本与油价部分相关，相关系数ρ为0.8。更普遍的做法是早钻而不是晚钻，以给后续决策留有调整时间和变化余地。图7所示是当勘探钻井成本与油价完全相关时，在油价较低的早期执行勘探钻井，得到最佳期望经济价值的可能性最大。

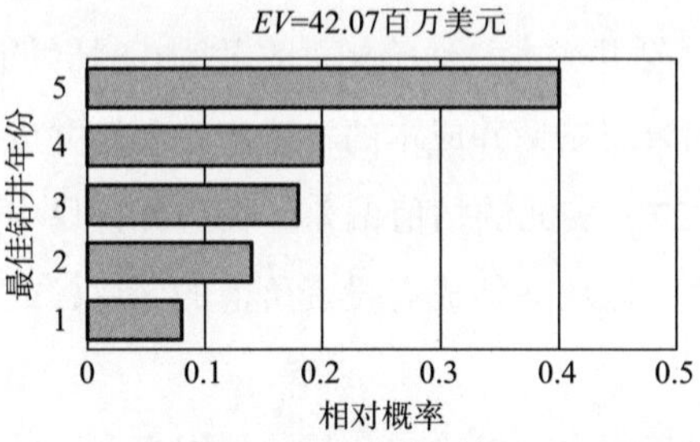

图4　钻井成本恒定的最佳勘探钻井年份

Figure 4　Optimal drilling year under constant drilling cost scenario

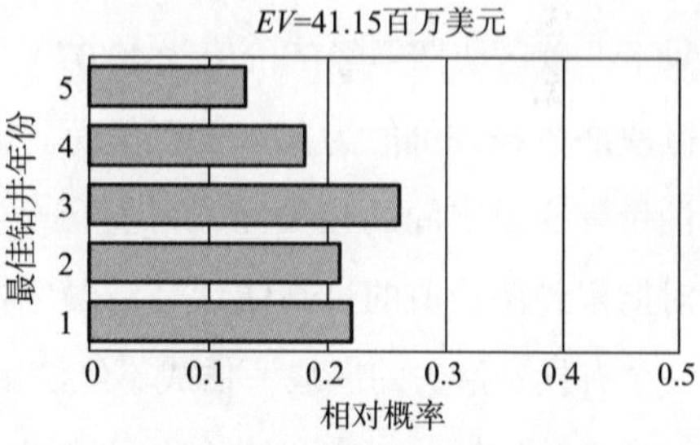

图5　钻井成本与油价完全不相关的最佳勘探钻井年份

Figure 5　Optimal drilling year under drilling cost is unrelated to oil price scenario

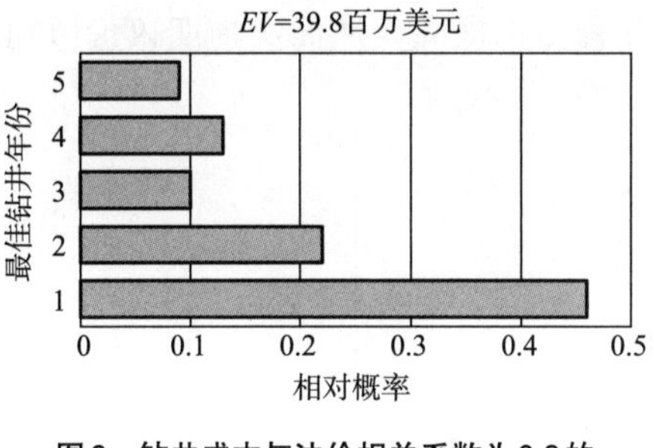

图6　钻井成本与油价相关系数为0.8的最佳勘探钻井年份（ρ=0.8）

Figure 6　Optimal drilling year under drilling cost is related to oil price scenario (ρ=0.8)

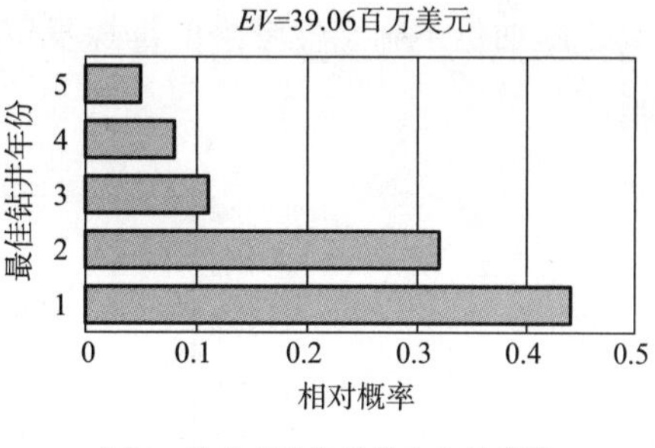

图7　钻井成本与油价完全相关的最佳勘探钻井年份（ρ=1）

Figure 7　Optimal drilling year under drilling cost is related to oil price scenario (ρ=1)

钻井成本与原油价格间的关系性影响到区块的期望经济价值，图8对比了勘探钻井成本不变和钻井成本与油价部分相关（ρ=0.8）时项目期望经济价值的分布。

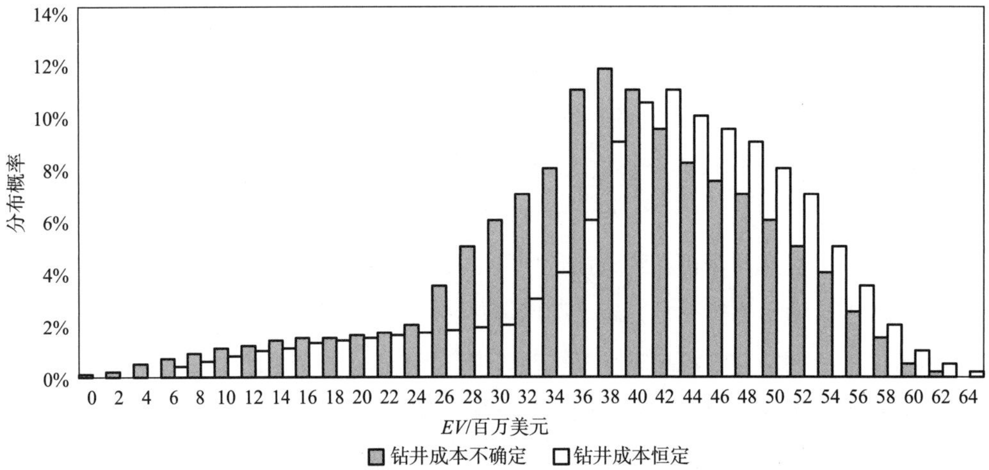

图8　勘探钻井成本恒定与成本不确定两种情景下EV分布概率

Figure 8　EV distribution probability under constant cost and uncertain cost of exploration drilling

对风险勘探项目的投资决策需要在各个决策点进行一致的价值估计。钻井成本恒定情景下，该区块期望经济价值为42.07百万美元；钻井成本与油价相关系数为0.8情景下，该区块期望经济价值为39.8百万美元。因此，如果忽略钻井成本的不确定性和钻井成本与油价等变量之间的相关性，可能会产生高达227万美元的估值偏差。在边际区块中这种对期望经济价值的过高估计会错误地将一个边际区块评估成有投资价值的区块，或者将一个有投资潜力的区块评估成不经济区块。

由于勘探钻井成本和油价之间的相关性取决于很多难以确定和量化的因素，因此对区块期望经济价值对相关系数的敏感性进行分析（图9）。易见，区块期望经济价值随着勘探钻井成本和油价间相关性的上涨而降低，这是因为勘探钻井成本和油价的相关性越高，随油价不确定性带来的勘探投资不确定性程度也提高，从而实物期权价值随之降低。

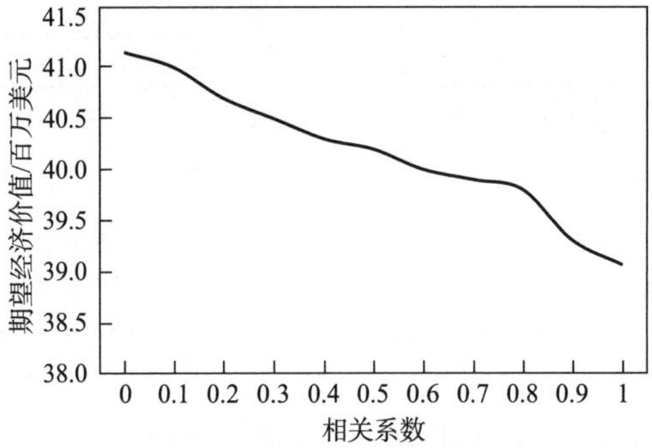

图9　区块期望经济价值对相关系数的敏感性分析

Figure 9　Sensitivity analysis of *EV* to drilling cost-oil price correlation coefficient

需要说明的是，风险勘探项目经济评价参数的估值是由地质和经济专家根据不同的解释来定义的，敏感性分析能够产生更多可能的经济评价结果和投资决策支持建议，如勘探钻井成本的不确定性随机过程中的参数及成本与油价等参数相关性也是基于专家在现有信息基础上的综合判断。因此每一个风险勘探项目，决策支持团队都需要独立评价以提供投资决策建议。

图10展示了勘探许可证有效期的前四年的决策图。相交线代表决策分界线，浅色部分表示钻井，深色部分表示不钻井。勘探钻井成本越高，开始钻井所需的油价也越高。决策边界线的斜率随着勘探许可证期限的延长而降低，因为当油气投资方决定延期等待时，勘探成功后的投产时间也会相应推迟，从而预期油价会更高，销售收入也会更高。

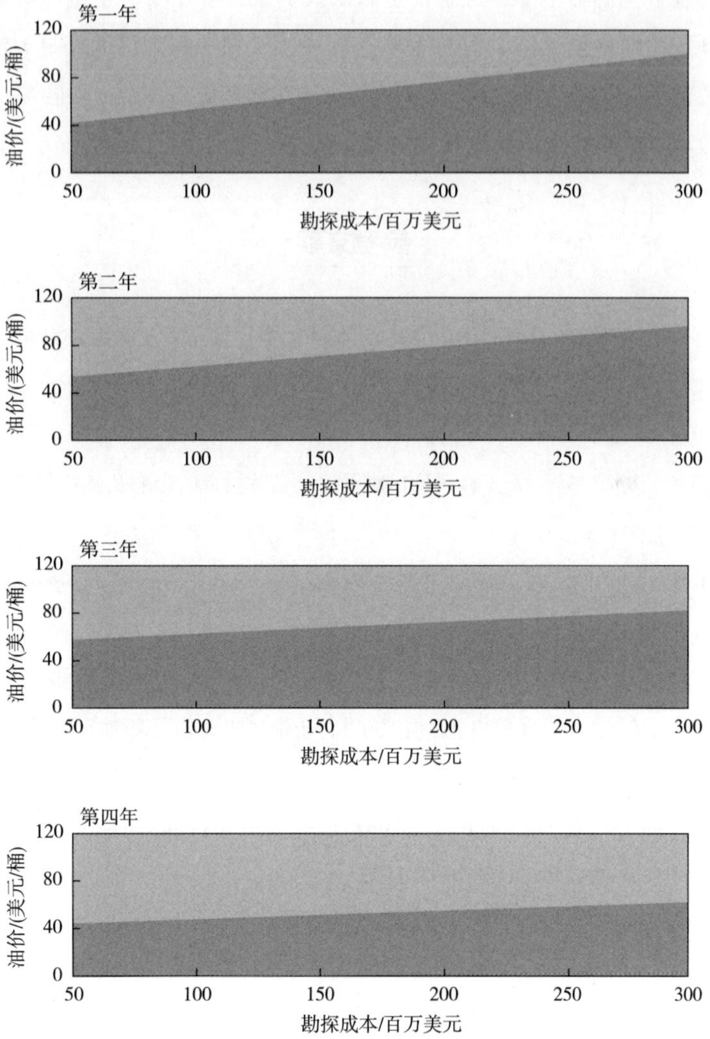

图10　钻井决策图

Figure 10　Drilling decision maps

4 结论

本文研究了勘探钻井成本和油价的相关性，用于评估油价波动对风险勘探项目评估和勘探钻井决策的影响，验证减少或推迟勘探投资是否能够提升期望经济价值的最优决策。风险勘探项目的“高度不确定性”不仅意味着投资可能面临打水漂的巨大风险，也意味着可能产生比预期更好的结果。减少或推迟勘探投资始终是对风险的回避，油气投资方将失去投资具有正期望经济价值区块的机会。

风险勘探项目在每个决策点都面临不同的不确定性，永远无法获得完整有效的信息，因此决策者需要在各个决策点采用一系列概率模型帮助做出相对好的决策。传统折现现金流法不能直接量化不确定性，且忽视了未来投资决策者在项目全生命周期中会根据不确定性的逐渐减少而采取灵活的应对策略；而最小二乘蒙特卡洛（LSM）模拟法最早被使用于预测美国期权持有者在延续中所得到的条件期望收益率[8]，很容易应用在路径依赖和各种不确定因素的情况，具有较好的计算效率。

参考文献

[1] 李峥．国际油价波动对于中国宏观经济的影响分析［D］．上海：上海财经大学，2020.

[2] 萧月，李心丹，陈丽阳，等．多元不确定性冲击下国际油价波动风险研究［J］．国际金融研究，2021(10)：46–55.

[3] 司光，黄伟和，刘海，等．人工材料价格对天然气钻井投资的影响及其控制措施［J］．天然气工业，2012，32(7)：3.

[4] Willigers B, Bratvold R B. Valuing oil and gas options by least squares monte carlo simulation［C］. SPE Annual Technical Conference and Exhibition, 2008.

[5] 安丰军，丁颖辉，安海忠．美国各类钻井总成本变化规律［J］．资源与产业，2013，15(6)：6.

[6] 王君，耿安然．基于最小二乘蒙特卡洛模拟方法评价油气期权［J］．石油石化节能，2009(10)：23.

[7] 吴建祖，宣慧玉．美式期权定价的最小二乘蒙特卡洛模拟方法［J］．统计与决策，2006(1)：3.

[8] Longstaff F A, Schwartz S. The relative valuation of caps and swaptions: theory and empirical evidence［J］. Journal of Finance, 2001, 56(6): 2067–2109.

Drilling Decision-making Methods for Overseas Exploration Projects with Oil Price Fluctuation

Xuqiang DUAN
CNOOC Energy Economics Institute

Abstract: The normalization of international oil price fluctuation and the enlargement of its amplitude pose great challenges to the investment decision of overseas exploration projects. On the basis of studying the impact of oil price fluctuation on drilling cost, establishes a drilling decision-making method with uncertain cost. The dynamic programming in least square Monte Carlo simulation method is used to estimate the optimal drilling decision strategy in each period by backward induction of simulated cash flow. Compared with traditional discounted cash flow method, this method is more suitable for dealing with path dependence and various uncertain factors and has better computational efficiency.

Keywords: Oil price fluctuation; Overseas exploration project; Drilling decision; Least square Monte Carlo simulation

欧盟碳排放交易体系与油气业间溢出效应的实证研究

薛庆*，苏江硕

中国石油大学（北京）

摘要：本文建立VAR模型对碳市场与油气业市场间的均值溢出效应做出了研究。结果为油气能源市场和油气股票市场为碳市场的格兰杰原因，表明油气业市场对碳排放权市场有单向的均值溢出效应；同时脉冲响应图进一步表明这种溢出效应带来的冲击一共持续两期，在滞后一期时达到最大，随后开始衰退，直至滞后二期时消失。通过建立DCC-GARCH模型研究两个市场间的波动溢出效应，通过动态相关系数可以得到：两个市场间的波动溢出大小在会随着欧盟碳排放交易体系（EU-ETS）的逐渐成熟变得更加稳定，并且呈现递增的趋势；当经济环境出现大规模震荡时，波动溢出效应会表现得更加明显。本文的研究结论对于更好认识碳市场具有学术价值和现实意义。

关键词：碳市场；油气能源市场；油气股票市场；溢出效应

0 引言

政府间气候变化专门委员会（Intergovernmental Panel on Climate Change，IPCC）2001年预计，在不制定气候政策干预的情景下，20世纪90年代到21世纪末期，全球气温将会上升1.4～5.8℃，这对全人类甚至所有生物都是一个巨大的挑战。① IPCC（2023）统计结果显示，2011—2020年全球地表温度已比1850—1900年高出1.1℃，全球温室气体排放继续增加。② 为了应对气候变化带来的威胁，许多国家都开始做出努力来限制温室气体的排放。

碳市场是金融减排的一种有效手段。欧洲碳排放权交易体系是目前全世界范围内最大最成熟的碳排放交易市场，使用从上而下的强制手段，通过对参与国的各企业强制规

* 薛庆，女，博士，副教授，主要从事公司金融、能源金融等领域研究工作。E-mail：xueqing@cup.edu.cn

① IPCC, 2001: Climate Change 2001: Synthesis Report. A Contribution of Working Groups I, II, and III to the Third Assessment Report of the Integovernmental Panel on Climate Change [Watson, R.T. and the Core Writing Team (eds.)]. Cambridge University Press, Cambridge, United Kingdom, and New York, NY, USA, 398.

② IPCC, 2023: Summary for policymakers in AR6 Synthesis Report Climate Change 2023.

定碳排放量，达到减排的目的，为全球减少碳排放量做出了巨大贡献。为了碳市场建设过程可以更加平稳，欧盟碳排放交易体系将建设过程划分为递进的几个阶段。首先是实验阶段，从2005年开始，截止到2007年末，在这个阶段，主要是为了对体系的执行进行实验以获得充足的经验，为《京都议定书》正式履行打下一个较坚实的基础。第二阶段始于2008年初，终于2012年末，其时间跨度与《京都议定书》对减排所做出的承诺时间相呼应。第三阶段就是从2013年至2020年，在此阶段内，将排放总量比上一年减少1.74%，来确保到第三阶段结束时温室气体排放相比1990年低至少20%。最后就是第四阶段，目标是将减排比例提至40%。

如今欧盟碳市场的运行已经进入了第四阶段，碳排放量的削减规模越发增大，环境问题的迫在眉睫与经济市场的不容停滞使未来碳排放权交易市场所处宏观环境变得错综复杂，种种条件约束条件下，碳市场有效性如何？碳市场与股票市场、原油和天然气类大宗商品期货市场之间到底有着怎样的联动关系？各市场之间的风险传染遵循怎样的逻辑关系？本文将对这些问题作出解答。

王俊丽（2012）[1]研究国际石油价格变动及收益率的溢出效应，发现国际石油价格与碳价存在长期均衡关系，且国际石油价格对碳市场及收益率存在溢出。吴振信、万埠磊和王书平（2015）[2]发现欧盟EUA、BRENT原油和伦敦股票市场重大事件影响而回馈的反应具有一定的联动性，且存在显著的双向格兰杰因果关系。Kanamura（2016）[3]检验了碳互换交易和能源价格在欧盟和《京都议定书》排放交易计划之间的波动性和价格相关性中的作用，研究表明，在EUA-CER价格高的时期，EUA-CER的高价格相关性源于EUA-CER掉期交易，而在金融动荡期间EUA-CER的高价格相关性来自能源价格的下跌。Chang和Zhang（2018）[4]引入GARCH-copula模型对中国区域碳市场与汽油市场间的联动性进行研究，结果显示，选取的中国区域碳市场与汽油市场之间存在显著的联动性。Lin和Chen（2019）[5]构建基于VAR（1）-DCC-GARCH（1,1）模型和VAR（1）-BEEK-AGARCH（1,1）模型，对北京碳市场、煤炭市场、新能源股票市场间的动态联系和溢出效应展开研究，发现北京碳交易市场与煤炭市场间的波动溢出效应没有数据显著性。邹绍辉、张甜（2020）[6]研究了能源期货市场、能源股票市场和碳市场之间非线性动态关系，研究发现碳市场价格对于自身的冲击都显著强烈于对其他市场的冲击。赵玲娣、范超和王海霞（2021）[7]使用溢出指数模型对中国碳市场和与能源市场的时变溢出效应进行研究，研究结果表明在能源市场震荡时期中国碳市场受到的风险溢出效应显著高于其他时期。陈向阳、何海靖（2021）[8]通过实证研究，发现碳排放权交易试点地区与其区域股市在长期、短期上都存在显著的关联性。

从目前学者的研究内容来看，研究大多集中在不同地区的碳市场之间或者是碳市场与金融市场之间，专门针对某些高碳、重碳行业做出的研究较少，诸如油气业市场与碳市场之间的联系极其密切，研究其间的联动模式和溢出效应将会对油气业的未来发展和碳市场的构建与完善有着极其重要的意义。

1 EU-ETS与油气业之间的溢出效应研究

1.1 研究内容

本文研究欧盟碳市场与油气行业之间的溢出效应，目前欧盟碳市场交易产品主要有两种，基于配额交易的碳排放配额EUA类和基于项目交易的核证减排量CER类。本文将以EUA每日期货合约结算价作为碳市场价格代表变量；将油气市场划分为油气能源市场和油气股票市场，油气能源市场又分为原油市场和天然气市场：原油市场选用目前三大基准油价之一的布伦特（Brent）原油期货价格；将英国NBP天然气期货合约作为天然气市场代表指标；最后将油气行业公司股票作为企业代表，选用欧洲一个指数价格来代表，该指数再将欧洲一些具有代表性的油气公司股价作为计算依据，很大程度上可以代表油气行业的发展现状。鉴于欧盟碳排放权交易体系第一阶段作为初创阶段，受政策与欧盟束缚较多，并不能表现出较为客观的经济现象，所以样本区间选择欧盟碳交易体系踏入第二阶段成立以来所有年限，剔除没有交易数据的节假日及四个市场交易日有所差异的日期，总共得到3144组有效数据，起止时间为2009年6月2日至2021年11月5日。

为了使数据更加平稳，保证模型更加准确，本文将采用对数收益率作为主要研究数据形式。即：

$$R_t=\ln P_t-\ln P_{t-1} \tag{1}$$

对各变量指标做出如下定义，见表1。

表1　变量定义表

Table 1　Variable definition table

变量名称	代表符号	变量定义
每日碳价收益率	EUA	以EUA每日期货收益率代表碳市场状况
原油市场日收益率	Brent	以Brent原油期货日收益率作为代表
天然气市场日收益率	Gas	以英国天然气期货合约日收益率作为代表
油气股价日收益率	Youqi	以油气指数代表油气行业整体状况

各变量收益率的描述性统计如表2所示，我们可以初步得知四个变量分布具有以下几个特征：（1）就平均值来说，碳市场和原油市场的收益率为正，油气股票市场和天然

气市场的收益率为负，且天然气市场收益率最小，油气股票市场次之，碳市场收益率最大。（2）由标准差可以判断，波动程度从大到小依次为碳市场、天然气市场、原油市场和油气股票市场。（3）就偏度统计量来看，碳市场、油气股票市场和原油市场统计量为负，说明这三个市场的收益率呈现左偏分布；天然气市场的偏度统计量为正，表明天然气市场收益率为右偏分布。（4）从峰度统计量来看，四个市场的峰度统计量都较大，表明变量数据符合金融数据特有的尖峰性质。

表2 变量描述性统计分析

Table 2 Descriptive statistical analysis of variables

	EUA	Youqi	Brent	Gas
Mean	0.000413	−0.000035	0.000205	−0.000471
Median	0	0.000434	0.00075	−0.002231
Maximum	0.240515	0.146496	0.2102	0.408809
Minimum	−0.434736	−0.187081	−0.244	−0.346568
Std. Dev.	0.031656	0.015047	0.022022	0.030357
Skewness	−0.851169	−0.673005	−0.295074	1.206555
Kurtosis	19.29503	18.89708	19.09057	25.22499
Jarque–Bera	35163.82	33343.3	33962.36	65470.31
Sum	1.297538	−0.110426	0.6442	−1.482379
Sum Sq. Dev.	3.149649	0.711592	1.524294	2.896387
Observations	3144	3144	3144	3144

1.2 均值溢出效应研究

VAR模型是向量自回归模型的简称，是计量经济学中对时间序列做研究的一种常见模型，最初是由克里斯托弗·西姆斯（Christopher Sims）在1980年提出的。VAR模型是用模型中所有变量当期数据对变量滞后期内数据进行回归[9]。这个模型的主要特点就是可以将模型中的变量全部看作内生变量，将所有变量的滞后值纳入系统中构建模型；根据需求可以把基础的单变量自回归模型扩展成由多列时间序列变量组成向量组进行的“向量”自回归模型。本文研究欧盟碳价及油气业间溢出效应，需要对往期碳市场和油气市场对当期市场进行研究，所以VAR模型比较符合本文研究。

VAR模型的基本形式是：

$$x_t = \sum_{k=1}^{p} \varphi_{t-k} x_{t-k} + \varepsilon_t + c \tag{2}$$

其中ε_t是一组残差向量，其均值为零，符合白噪声序列要求；x_t表示的是（2×1）维的向量，即模型中包含的内生变量（或者称为被解释变量）；k表示的是滞后期数，可取1，2，3，…，p；$\varphi_{t\text{-}k}$则表示模型中估计出来每个滞后期的变量系数矩阵。

单位根检验是时间序列研究中的一个基本检验，单位根的存在将会导致模型估计中出现伪回归现象，如果通过单位根检验，就表明时间序列中不存在单位根，证明该序列为平稳序列，由表3知各变量通过单位根检验。

表3　单位根检验

Table 3　Unit root test

变量	t统计量	1%临界值	5%临界值	10%临界值	P-value
EUA	−64.511	−3.43	−2.86	−2.57	0
Youqi	−58.253	−3.43	−2.86	−2.57	0
Brent	−50.593	−3.43	−2.86	−2.57	0
Gas	−51.792	−3.43	−2.86	−2.57	0

1.2.1　格兰杰因果检验

格兰杰因果检验是金融时间序列研究中一种常用的检验方法，主要检验变量表现的特征在统计时间上出现的先后顺序，并不是字面上的因果关系，所以常被用来检验变量之间是否存在均值溢出效应。如果A市场是B市场的格兰杰原因，则称两个市场间有均值溢出效应，A系统的一些变化特征会传导到B系统中。而是否存在真实的因果关系则需要通过理论、经验、逻辑推理和具体模型等因素综合判断，本文目的在于检验碳排放权交易市场和油气市场之间是否存在溢出效应及溢出方向，所以格兰杰因果检验可以满足研究需求。

使用stata统计软件对本文构造的VAR模型进行格兰杰因果检验，结果见表4。

表4　格兰杰检验结果

Table 4　Granger test results

Equation	Excluded	chi2	Prob>chi2
EUA	Youqi	12.999	0.002
EUA	ALL	12.999	0.002
Youqi	EUA	0.37528	0.829

续表

Equation	Excluded	chi2	Prob>chi2
Youqi	ALL	0.37528	0.829
EUA	Brent	7.5411	0.023
EUA	ALL	7.5411	0.023
Brent	EUA	0.85362	0.653
Brent	ALL	0.85362	0.653
EUA	Gas	16.008	0
EUA	ALL	16.008	0
Gas	EUA	1.0654	0.587
Gas	ALL	1.0654	0.587
原假设		P-value	结果
Youqi不是EUA的格兰杰原因		0.002<0.05	拒绝原假设
EUA不是Youqi的格兰杰原因		0.829>0.05	接受原假设
Brent不是EUA的格兰杰原因		0.023<0.05	拒绝原假设
EUA不是Brent的格兰杰原因		0.653>0.05	接受原假设
Gas不是EUA的格兰杰原因		0<0.05	拒绝原假设
EUA不是Gas的格兰杰原因		0.587>0.05	接受原假设

根据表4展示的格兰杰因果检验可以看出：

（1）在碳市场与油气股票市场系统中，油气股价收益率是碳市场期货收益率的格兰杰原因；而碳市场期货收益率不是油气股价收益率的格兰杰原因。表明在碳市场与油气股票市场之间，存在油气股票市场向碳市场单方向的均值溢出效应。

（2）在碳市场与原油市场系统中，原油市场收益率是碳期货市场期货收益率的格兰杰原因；而碳市场期货价格收益率不是油气股价收益率的格兰杰原因。表明在碳市场与原油市场之间，存在原油市场向碳市场单方向的均值溢出效应。

（3）在碳市场与天然气市场系统中，天然气市场收益率是碳市场期货价格收益率的格兰杰原因；而碳市场期货价格收益率不是天然气市场收益率的格兰杰原因。表明在碳期货市场与天然气市场之间，存在天然气市场向碳市场单方向的均值溢出效应。

1.2.2 脉冲响应分析

脉冲响应分析是分析不同市场间均值溢出效应的另一种方式。如果说格兰杰因果检验是检验系统间是否存在均值溢出效应的有效方法，那么脉冲响应分析则就是衡量均值溢出效应大小及方向的方法（图1）。

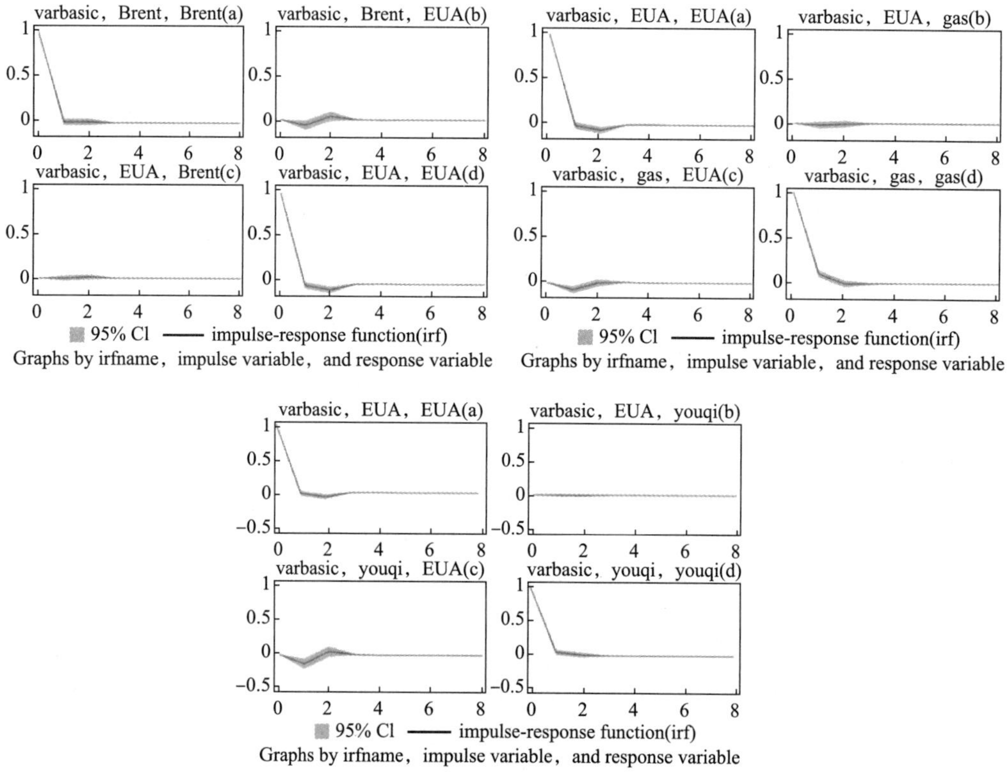

图1　脉冲响应分析

Figure 1　Impulse response analysis

通过脉冲响应分析可以知道：无论是油气股票市场还是碳排放权交易市场，或者是油气能源市场，都是对自身价格变化的冲击响应最显著，并且响应都在一个滞后期之内逐渐收敛然后消失；碳排放权价格对油气市场的冲击非常弱小甚至没有什么影响；而油气市场会对碳排放权价格产生冲击，冲击大约持续两期之后也逐渐消失，呈现出短暂的记忆过程。

1.3　波动溢出效应实证研究

1.3.1　ARCH效应检验

在使用ARCH模型之前，首先需要对变量进行ARCH效应检验，所谓ARCH效应检验，就是检验变量差序列的序列相关性；除此之外，如果证明时间序列存在ARCH效应的话，还可以证明该时间序列中的自相关关系能够与残差自回归吻合，适用于自回归条件异方差模型（表5）。

表5　ARCH效应检验表
Table 5　ARCH effects test table

变量	原假设	F统计量	P值	结果
EUA	EUA不具有ARCH效应	52.09290	0	拒绝原假设
Youqi	Youqi不具有ARCH效应	38.33425	0	拒绝原假设
Brent	Brent不具有ARCH效应	265.9410	0	拒绝原假设
Gas	Gas不具有ARCH效应	23.77191	0	拒绝原假设

本文使用Eviews统计软件做出ARCH效应检验，由表5可知，四个变量的F统计量都远大于临界值，而且P值都为0，表明检验结果落在了拒绝域内，而ARCH检验原假设为序列不具有ARCH效应，所以四个变量都通过了检验，都存在ARCH效应，可以进行后续GARCH建模估计。

1.3.2　DCC-GARCH的估计

假设有k个序列，每个序列都代表一种资产，那么这k种资产将组成一个矩阵，DCC-GARCH模型假设这k种资产的条件收益率都是白噪声序列，且符合均值为0，协方差矩阵为H_t的多元正态分布。即：

$$\begin{aligned} &\gamma_t|\tau_{t-1} \sim N(0,H_t) \\ &H_t = D_t R_t D_t \end{aligned} \tag{3}$$

其中，$\gamma_t|\tau_{t-1}$代表的是序列资产的条件收益率，τ_{t-1}代表的是t-1时刻的信息集；D_t表示单变量GARCH模型估计出的条件标准差取对角元素形成的矩阵，即：$D_t = \mathrm{diag}(\sqrt{h_{it}})$；$h_{it}$代表资产序列第$i$个资产用单元GARCH模型估计出来的方差；$R_t$代表的是动态条件相关系数矩阵，关于$R_t$有如下公式：

$$R_t = Q_t^{*^{-1}} Q_t Q_t^{*^{-1}} \tag{4}$$

$$Q_t = (1-\sum_{m=1}^{M}\alpha_m - \sum_{n=1}^{N}\beta_n)Q' + \sum_{m=1}^{M}\alpha_m \mu_{t-m}^2 + \sum_{n=1}^{N}\beta_n Q_{t-n} \tag{5}$$

$$RHO_t^{12} = \frac{(1-\alpha-\beta)\overline{CV_{12}} + \beta CV_{t-1}^{12} + \alpha\varepsilon_{t-1}^1\varepsilon_{t-1}^2}{\left[(1-\alpha-\beta)\overline{CV_{11}} + \beta CV_{t-1}^{11} + \alpha(\varepsilon_{t-1}^1)^2\right]^{\frac{1}{2}}\left[(1-\alpha-\beta)\overline{CV_{22}} + \beta CV_{t-1}^{22} + \alpha(\varepsilon_{t-1}^2)^2\right]^{\frac{1}{2}}} \tag{6}$$

模型计算出来的动态相关系数。α_m和β_n为DCC-GARCH模型的计算出的系数。

DCC-GARCH模型的估计可以分为两个步骤：

（1）估计每个变量的GARCH模型得到残差μ_t。

（2）使用步骤（1）中残差的无条件方差矩阵Q'计算动态条件相关系数矩阵R_t。

DCC-GARCH模型作为GARCH模型的衍生模型，需要满足系数$\alpha+\beta<1$，且二者皆大于0这个前提才能说明模型稳定，即动态相关关系有效。

借鉴一些学者的相关研究，DCC-GARCH（1,1）模型比较适用不同市场间收益率波动的研究，所以本文直接建立DCC-GARCH（1,1）模型进行后续研究，模型估计过程如表6所示。

表6　DCC-GARCH模型估计结果

Table 6　DCC-GARCH model estimates

		估计值	Z统计量	P值	$\alpha+\beta$
EUA和Youqi系统	α_m	0.008502	3.076739	0.002	0.992616
	β_n	0.984114	172.6213	0	
EUA和Brent系统	α_m	0.051948	3.187358	0.001	0.697207
	β_n	0.645259	6.583092	0	
EUA和Gas系统	α_m	0.030581	3.954156	0	0.970509
	β_n	0.939928	13.8406	0	

表6为碳市场分别与油气股票市场、原油市场和天然气市场组建DCC-GARCH模型估计结果。首先，$\alpha_m+\beta_n<1$成立，表明模型构建比较合适。其次，α_m和β_n显著不为0，说明由GARCH模型计算出来的残差在滞后一期的情况下对动态相关系数的影响是显著的，可以初步证明市场间得动态相关性较强。最后，β_n值比较接近1，说明碳市场价格与油气股价、碳市场价格与原油价格和碳市场价格与天然气价格之间的动态相关性具有较强的持续性特征。

1.3.3　动态相关系数计算

DCC-GARCH模型相对于GARCH簇其他模型的一大优点就是可以计算出来动态相关系数，计算出来的动态相关系数可以很直观地展现出不同市场之间的时变动态关系。

1.3.3.1　碳市场与原油市场之间动态相关系数

图2展示的是碳市场和原油市场之间的动态相关系数时序图。可以得到，最大值为0.560481，最小值为-0.256214，平均值为0.20244，虽然碳市场与原油市场相关系数的极差远大于碳市场与油气股票市场相关系数的极差，但是由于个别极值的干扰，实际上相比碳市场与原油市场之间的相关关系，碳市场与原油市场之间的相关关系则稳定得多，从标准差上也可以得到证明。

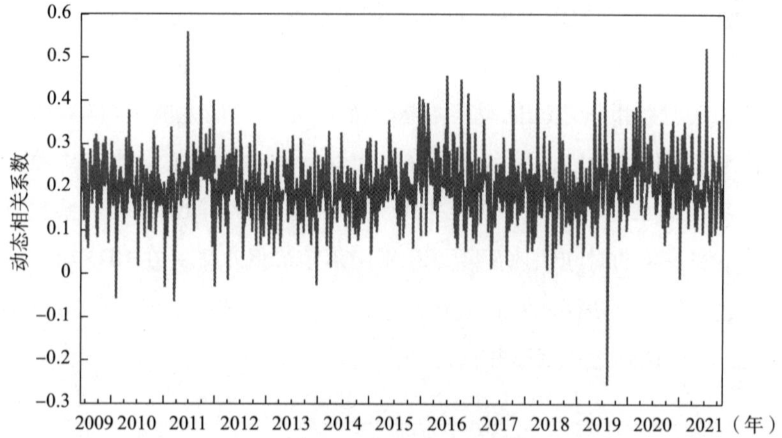

图2 EUA与Brent间动态相关系数时序图

Figure 2 Timing diagram of dynamic correlation coefficients between EUA and Brent

1.3.3.2 碳市场与天然气市场之间动态相关系数

图3展示的是碳市场和天然气市场之间的动态相关系数时序图。由图3可以看出，在三个系统中，碳市场与天然气市场之间的相关系数整体上来说是最高的。在碳市场与天然气市场中，动态相关系数的最大值是0.607633，最小值是−0.09117，平均值是0.241091，从描述性统计分析表来看，这两个市场间的动态相关系数的标准差是最大的，表明其波动程度应该是最高的；但是从时序图上看，以2015—2016年为分界线，将整个时间分为两个区间，可以看出来，在分界线以前的区间内，动态相关系数其实相对来说波动不是很明显，上下限变化不大；在分界线以后的区间内，相关系数处于一个波动上升的趋势，极差变化不大，但是均值却在逐渐上升。

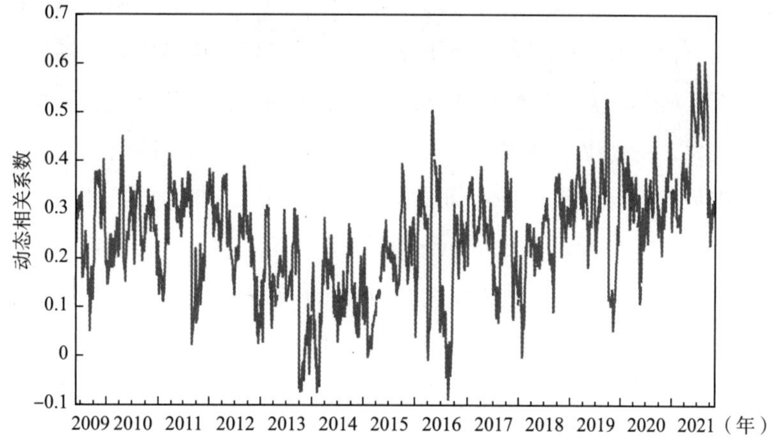

图3 EUA与Gas间动态相关系数时序图

Figure 3 Timing plot of dynamic correlation coefficients between EUA and Gas

1.3.3.3 碳市场与油气股票市场之间动态相关系数

图4表示的是碳市场与油气股票市场之间的动态相关系数时序图。可以明显看出来，碳市场与油气股票市场之间的动态相关系数恒为正，最大值为0.36414，最小值为0.031532，平均值为0.180912，展示出了两个市场间的动态相关系数波动程度还是比较大的：在2010年到2012年之间有一次巨大的飞跃，两个市场间动态相关系数直接跳到最大值，然后在不到一年的时间快速下降，几乎回落至最低水平；在2016年时产生了第二次飞跃，但是此次跳跃只是回归跳跃之前水平，并没有跌破；在2019—2020年之间产生了第三次增长，随后达到稳定状态并且持续至今。

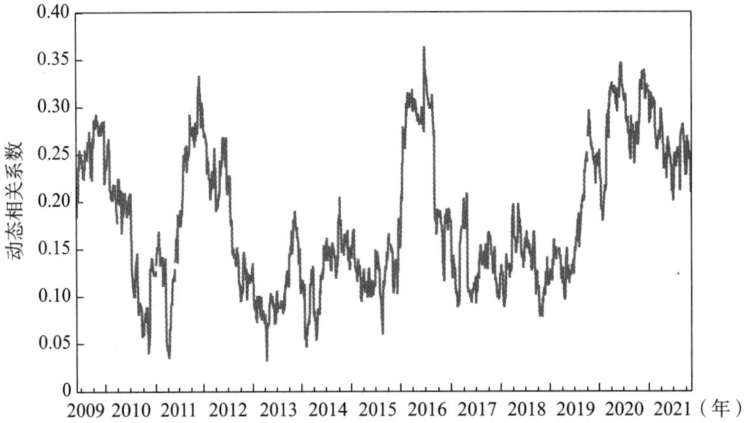

图4 EUA与Youqi间动态相关系数时序图

Figure 4 Timing plot of dynamic correlation coefficients between EUA and Youqi

在EU-ETS第二阶段刚开始，碳排放权交易市场逐渐完善，已经进入快速发展阶段，碳排放权交易市场与油气市场之间的动态相关系数迅速增大，此时两个市场已经表现出来较强的相关性，相关系数达到了整个研究区间的最大值，但是由于市场并未达到完全有效水平，所以市场会产生一些过激反应，所以在2009—2012年之间，两个市场的动态相关系数极差较大，呈现出了很强的波动特征；在EU-ETS第二阶段和第三阶段过渡期间，碳排放权交易市场与油气市场之间的相关系数由第二阶段前期的最大值开始回落，表明市场的过激反应正在逐渐褪去，慢慢地回归真实关系。虽然相关系数在数值上逐渐缩小，但是纵观整个第三阶段，相关系数波动区间开始逐渐缩小，表明两个市场之间的相关关系开始稳定下来，并且在第三阶段末期呈现上涨趋势。2021年起，EU-ETS开始步入第四阶段，此时欧盟碳排放权交易体系已经成为全球范围内最发达的碳排放权交易市场，从碳排放权交易市场与油气市场间动态相关性来看，二者之间的相关关系也是在快速增加，不像第二阶段起始的跳跃式波动增加，第四阶段两个市场间相关关系呈现出了一种稳定增加的趋势。

总的来说，从欧盟碳排放权交易体系成立至今，碳排放权交易市场与油气市场之间都存在着波动溢出效应，随着各个阶段的逐渐推行，两者之间溢出效应逐渐增强，且每相邻两个阶段过渡期间，动态相关系数会产生较大的跳跃。随着市场建设的逐渐成熟，市场越发有效，两个市场之间的动态相关系数也越来越稳定。

2 研究结论

本文以欧盟碳排放权交易体系为碳市场研究对象，将碳配额价格、布伦特原油价格、英国天然气期货价格与油气指数价格作为研究数据，通过向量自回归模型与广义自回归条件异方差动态相关系数模型对碳市场与油气市场之间的溢出效应做出了研究，并得出了相关结论：

（1）使用VAR模型对两个市场间的均值溢出效应做出了研究。研究结果表明，在油气市场与碳排放权交易市场之间存在单向的均值溢出效应：油气市场有向碳排放权交易市场单向的均值溢出效应，油气市场为碳市场的格兰杰原因，表明在受到外界因素冲击下，相比较碳市场，油气市场会在时间上有一个较早的反应，然后传递到碳市场中去；脉冲响应图显示，对于价格的一阶矩，可以从油气市场传递到碳市场，当油气市场受到某种其他因素冲击之后，会反馈到碳市场，并且这种次生冲击会在滞后一期的时候达到最大，在滞后二期时逐渐消去。

（2）使用DCC-GARCH模型对两个市场间的波动溢出效应做出了研究。首先通过GARCH模型检验出两个市场间存在双向的波动溢出效应，这表明，如果其中一个市场中出现较大的波动，另外一个市场也会随后受到影响，这体现了金融市场中风险的“传染性”。同时DCC-GARCH模型计算出两个市场间的动态相关系数，表明市场间存在较为明显的相关关系，随着欧盟碳排放权交易体系的逐渐成长，两个市场间动态相关系数也逐渐增加，并且相比初创时期表现得更加稳定；在相邻阶段过渡期间，动态相关系数有较大的跳跃；同时在经济发生大震荡时期，波动溢出效应表现得更加明显，这体现为波动的非对称性。

参考文献

[1] 王俊丽．国际石油价格波动对碳市场溢出效应研究［J］．经济研究导刊，2012(05)：70-72.
[2] 吴振信，万埠磊，王书平．碳交易市场、原油市场和股票市场的联动关系——基于结构突变

检验和VAR模型的实证研究［J］. 系统工程，2015，33(03)：25-31.
［3］Takashi Kanamura. Role of carbon swap trading and energy prices in price correlations and volatilities between carbon markets［J］. Energy Economics, 2016, 54: 204-212.
［4］Kai Chang, Chao Zhang. Asymmetric dependence structure between emissions allowances and wholesale diesel/Gasoline prices in emerging China's emissions trading scheme pilots［J］. Energy, 2018, 164: 124-136
［5］Boqiang Lin, Yufang Chen. Dynamic linkages and spillover effects between CET market, coal market and stock market of new energy companies: A case of Beijing CET market in China［J］. Energy, 2019, 172: 1198-1210.
［6］邹绍辉，张甜. 能源期货市场、能源股票市场与碳市场非线性关系动态分析［J］. 系统工程，2020，38(05)：1-13.
［7］赵领娣，范超，王海霞. 中国碳市场与能源市场的时变溢出效应——基于溢出指数模型的实证研究［J］. 北京理工大学学报（社会科学版），2021，23(01)：28-40.
［8］陈向阳，何海靖. 我国碳排放权交易市场与股票市场的关联——基于非线性Granger因果检验与非平衡面板模型的实证分析［J］. 技术经济，2021，40(03)：36-46.
［9］陆懋祖著. 高等时间序列经济计量学［M］. 上海：上海人民出版社，1999.

An Empirical Study on the Spillover Effects of the EU ETS and the Oil and Gas Industry

Qing XUE, Jiangshuo SU
China University of Petroleum, Beijing

Abstract: In this paper, a VAR model is established to study the mean spillover effect between the carbon market and the oil and gas market. The result is the Grainger reason why the oil and gas energy market and the oil and gas stock market are carbon markets, indicating that the oil and gas market has a one-way mean spillover effect on the carbon emission rights market. At the same time, the impulse response plot further shows that the impact of this spillover effect lasts for a total of two periods, reaching a maximum in the lag phase 1, and then begins to decline until it disappears at the lag 2. Secondly, the DCC-GARCH model is established to study the volatility spillover effect between the two markets, and the fluctuation spillover between the two markets can be obtained through the dynamic correlation coefficient: the fluctuation spillover between the two markets will become more stable with the gradual maturity of EU–ETS, and show an increasing trend, and at the same time, when the economic environment has large–scale shocks, the volatility spillover effect will be more obvious. The results make sense to know the carbon market well.

Keywords: Carbon market; Oil and gas energy market; Oil and gas stock markets; Spillover effects

基于作业成本法的操作费动因分析与费用预测模型应用研究

刘帅*，邹干红

中海石油（中国）有限公司海南分公司

摘要：在油气田生产运营阶段，管理上要求对直接操作预算编制具有依据性、费用执行具备合理性、财务结算需要准确性。而事件引起的业务经济活动触发财务结算后续的动因分析、量价分析、费用预测等业务模式对油气田生产经营管理具有重大意义。本文介绍了某作业公司结合实际管理与经营业务情况，根据智慧财务理念以及直接操作费管理的特点，对某作业公司的预算编制、费用执行、财务结算、费用预测等费用全过程进行扩展与完善，并同时对业务活动的动因因子科目进行财务核算和预算编制标准化。采用作业成本法对油气田十四大类操作费实现动因分析、量价分析。在费用预测方面，采用线性回归算法构建十四大类操作费每一类费用预测模型，对相关费用进行预测，并配合开发智慧财务管理系统，通过系统实现某作业公司业财一体化、业业融合化。

关键词：智慧财务；作业成本法；动因分析；量价分析；线性回归算法；费用预测

0 引言

近年来，随着我国能源需求的日益增长，海洋油气资源开发蓬勃发展，处在生产阶段的油气田日常管理难度日益加大，其中费用管理又是重中之重，如何针对生产操作费进行，预算编制可依，经济活动可控，费用预测可判，成为公司管理层的管理重点。目前我们将十四大类的生产操作费分为变动费用、固定费用、半变动半固定费用。其中变动费用、半变动半固定费用是我们本次管理、分析、预测的重点。只有解决好了变动费用、半变动半固定费用的全业务过程管理，才能避免费用的翘尾问题、波动问题，从而给公司提供一个可控的、合理的、健康的财务管理基本面。

目前，国内外成熟的财务管理方法主要有：作业成本法用于费用分析，线性回归法用于费用预测模型。基于以上方法与模型，结合某作业公司自身的业务需求，修改完善

* 刘帅，男，本科，高级工程师，主要从事技术研究及管理工作。E-mail:liushuai10@cnooc.com.cn

作业成本法、线性回归法的模型要素，以便更符合生产经营的实际。

本文结合某石油企业作业公司智慧财务的管理实际需求，介绍了对操作费的变动费用、半变动半固定费用的分析与预测，并介绍了基于十四大类操作费的智慧财务管理系统。

1 基于作业成本法的操作费分析

作业成本制度（Activity-Based Costing，简称ABC）是指以生产产品或提供服务所进行的作业为成本归集的中心点，将成本归属到各项作业，再经由作业将成本归属到产品或劳务的会计制度。在此基础上，实现作业成本管理和控制（ABM），通过这种方法的建立和实施，可较准确地掌握在何处发生了何种类型的成本及其高低，提供更详尽准确的成本信息，使企业决策建立在可靠的信息基础之上[1]。

从作业成本角度上看，可以把油气田生产阶段的操作费相关要素做如下理解：油田事件、油田经济活动、经济活动的量价信息模型、生产操作费十四大类科目，以及这些事件的相互影响、制约等条件。作业成本管理的思想精髓就是分解，把复杂问题简单化，从而找出成本动因，通过对动因的控制和管理，实现对成本的控制；并以作业中心为基础设置成本控制责任中心，将作业员工的奖惩与其作业成本控制直接挂钩，充分发挥企业员工的积极性、创造性与合作精神，进而达到全员、动态的对成本进行事前、事中、事后的有效控制[2]。

全面、准确的量价数据模型，完整的油气田工作与事项，油气田工作事项与经济活动的关联，经济活动引起操作费的变动是实施作业成本法的操作费分析的前提和基础。某作业公司建立了十四大类操作费的量价数据模型，并根据实际管理需要，进行了扩展完善，建立了自己的十四大类操作费的量价模型，总体结构如图1所示。该模型涵盖了

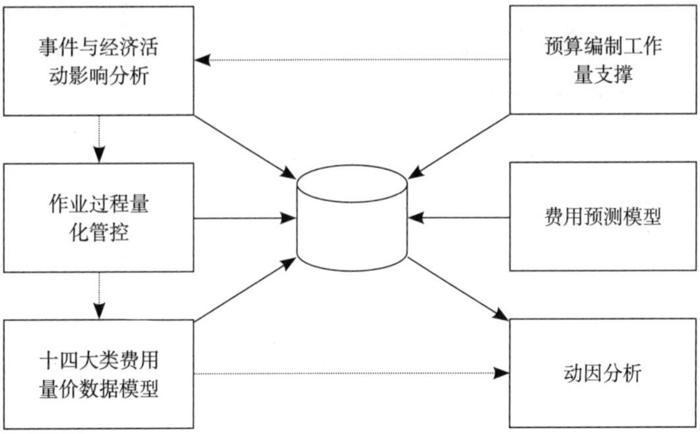

图1 作业成本法的业务全过程

Figure 1 The entire business process of activity-based costing

十四大类操作费下的子类、子子类的全部的量价数据（供应船费：交船时间、柴油用量等）、（直升飞机费：飞行时间、乘坐率）、（维修费：外委计划编号、项目进展百分比、工单编号、工单内容等）、（人员费：工种、人员费率等）等数据。

1.1 活动事项（作业）引发的财务数据变化

活动事项决定了经济活动，从而产生了财务核算的结果，通过对经济活动节点的深入剖析，来体现财务波动原因，实现自动分析财务结果。活动事项的梳理，是个循序渐进的工作，对事项的颗粒度划分、定义，逐步来完善，从类别层次上可以分为大类、小类，小类下设置事项明细。油田的事件活动（作业）分为战略决策事项、日常运营事项、计划外事项，此三类活动引发经济事项，经济事项需要量价明细信息作为支撑，最终引起财务费用的变化。这样当财务费用产生波动、变化、翘尾等情况时，可以进行层层分析与业务钻取，从而实现从费用波动查看经济活动、从经济活动查看量价分析、从量价分析查看油田事件活动（作业），实现业财一体化、业业融合化（图2）。

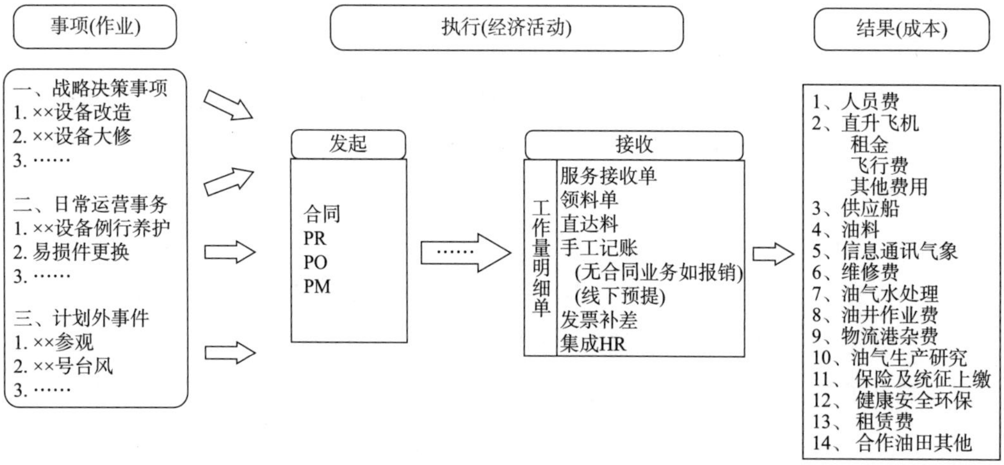

图2　事件（作业）、经济活动、成本的关系

Figure 2　The relationship between events (assignments), economic activities, and costs

数据多跑路，人员少跑腿。加快推进大数据、人工智能等信息技术与生产经营管理的深度融合，推动人工智能模型自学习、自决策、自适应，推广培训以深度学习、知识图谱等更加多元的人工智能技术在工业领域的应用，对中国海油实现“全面感知、智能控制、高效管理、协同优化”的数字化智能发展具有重要意义。推动数据资源转化为数据资产，让数据为生产提供建设经验，为运营管理提供决策依据，将进一步提升企业的核心竞争力，为高质量发展贡献强大创新力量[3]。

1.2 模型确立

模型建立完善后，可以实现横向分析（事项的开展导致了哪些费用的发生）、纵向分析（费用的发生是由哪些事项产生的）；同时实现事项费用的预测，以及预算编制的模型（表1）。

表1 事件（作业）模型与费用科目模型

Table 1 Event (assignment) model and expense account model

事件活动项（作业）							
编号	事项（作业）	事件类型	事件数据模型	出现概率	影响经济活动项	影响概率	影响操作费项
1	透平发电机大修	战略事务	大修编号	15%	服务商大修服务	6%	维修费
			日期		采购相关备件与材料	7%	材料费
			预算金额		直升机飞行服务	12%	直升机费
			供应商		服务人员登录平台	10%	人员费
2	人员倒班事项	日常事务	工种	23%	人员动复员	6%	人员费
			人员配比		飞行计划	7%	直升机费
			工作天数		宾馆、车辆租赁	12%	物流港杂费
			超期天数		安全检查	10%	健康安全环保费
3	XX台风	计划外	台风日期	7%	人员撤台	16%	直升机费
			影响程度				人员费
			人员是否撤台				租赁费
			是否关停生产设施		产量影响	8.7%	销售费

按十四大类科目及明细科目，根据数据来源为每个末级科目制定一个或多个工作量明细单。工作量明细单还需要关联事项。作为后续动因分析的基础数据，同时作为预测影响因素。按重要程度，依次进行梳理每个末级科目的“量价数据模型”（表2，表3，图3）。

表2 十四大类操作费的量价信息

Table 2 Volume and price information of the fourteen major categories of operating fees

海上人员费	飞行记录	设施柴油消耗	药剂按处理量	**仓储**
设施人员定员及费率设置	分摊依据－固定费用	车辆加油记录	药剂按消耗量	原油仓储险
出海补贴费率设置	**供应船**	车辆耗油记录	药剂成本	陆地仓储险
海餐费率设置	供应船档案	润滑油档案	药剂服务	运输箱
海餐费	年度用船计划	介质油档案	分析化验费	**租赁费**
出海补贴	船舶租赁	**信息通讯气象**	**油气生产研究**	FPSO档案
培训项目	分摊依据	总部分摊信息系统	油藏研究	FPSO服务油田
倒班差旅	供应船油耗日报	通信明细服务	工艺研究	FPSO租赁

续表

倒班车	船舶调度月度跟踪	通信服务其他费用	保险及统征上缴	单点档案
住宿费	**油料**	气象	海域	单点租赁
直升飞机	柴油档案	分公司分摊信息系统	矿区	外输软管档案
直升飞机档案	供应船机加油记录	作业公司分摊信息系统	井控险	外输软管租赁
直升机租赁	供应船外供柴油记录	**油气水处理**	财产险－设施	
直升飞机年度需求计划	供应船柴油消耗	药剂档案	财产险－设备	

表 3　量价信息数据模型（健康安全环保费为例）

Table 3　Volume price information data model (health, safety and environmental protection fees as an example)

劳保用品												
属性名称	统计月度	分公司名称	作业公司名称	油田名称	库房	物料号	物料名	单价	数量	费用	备注	
类型参数	文本	文本	文本	文本	文本	文本	文本	数字	数字	数字	文本	
职业健康												
属性名称	统计月度	分公司名称	作业公司名称	油田名称	设施名称	项目名称	费用（元）	法理编号	法理依据	法理依据分类	频次	备注
类型参数	日期	文本	文本	文本	文本	文本	数字	文本	文本	文本	文本	文本
体检												
属性名称	统计月度	分公司名称	作业公司名称	油田名称	设施名称	人次	费用（元）	备注				
类型参数	日期	文本	文本	文本	文本	数字	数字	文本				
海上医生												
属性名称	统计月度	分公司名称	作业公司名称	油田名称	设施名称	费率（元/天·人）	人天	费用（元）	医生人数	备注		
类型参数	日期	文本	文本	文本	文本	数字	数字	数字	数字	文本		
海上医药费												
属性名称	统计月度	分公司名称	作业公司名称	油田名称	设施名称	费率（元/月）	月数	费用（元）	备注			
类型参数	日期	文本	文本	文本	文本	数字	数字	数字	文本			
器材费												
属性名称	统计月度	分公司名称	作业公司名称	油田名称	库房	物料号	物料名	单价	数量	费用	备注	
类型参数	日期	文本	文本	文本	文本	文本	文本	文本	数字	数字	文本	

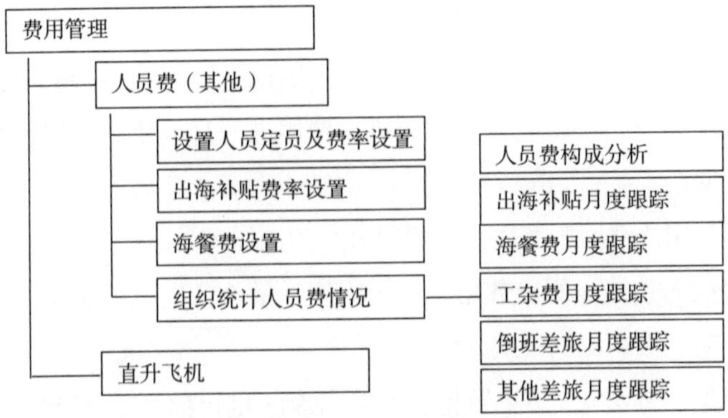

图3 人员费量价信息结构模型

Figure 3 Structure model of personnel cost quantity price information

1.3 作业成本法的动因分析

鉴于“降本增效”压力加大，国内油气田企业的成本管理模式逐步由粗放型向集约型、精细化过渡。成本管理的焦点从量的控制转移到发掘成本发生的实质上来，相应地，作为成本驱动因素的成本动因，受到了油气田成本管理实务界和石油高校成本管理会计研究学者的关注[4]。

依据油气田管理和工作特点，实现基于作业成本法的动因分析、量价分析、事件分析。提供其在预算编制过程中的工作量辅助、事项或经济活动过程中的量化管控、费用后评估的合理性动因分析、费用预测的模型因子的支撑，实现费用全业务模型的覆盖。

通过数据的积累，建立预算模型，建立依据如下：基于科目，历年发生的所有事项的部分金额进入到科目，可以预测科目的正常发生金额。基于事项，历年的事项发生的金额分布在不同的科目，可以按照事项预测到各个科目的金额。优化后期预算编制依据，依据事项编制预算，列举年度需要事项，系统预测事项会影响哪些科目金额预算。

1.4 费用预测模型

应用预测作为一门以科学估计事物未来发展趋势为目的的实用性学科，其适用范围非常大，就经济领域而言，就是相关工作人员结合自身对客观经济规律的了解，对经济领域内所出现的问题以及发生的现象进行未来走势的预测与分析。经济预测工作中使用频度较高的一种方法就是线性回归分析法。这种方法是根据事物以及现象相互间内在因果关系进行预测的，也正因为如此，再加上方法简便所以应用范围也比较大。线性回归方程是利用数学统计中的回归分析，来确定两种或两种以上变数间相互依赖的定量关系的一种统计分析方法之一，应用十分广泛。近年来，随着经济活动的丰富开展，线性回归方程或算法在经济学领域中应用广泛。

由于油气田操作费用额度大，可变因素多，因此给公司领导与财务管理人员带来了管理困惑、资金压力等，如果能对某一类科目费用进行月或年的费用预测，则能给管理人员提供决策依据。

费用预测，采用线性回归算法，对费用进行预测（图4）。

（1）构建模型的数据（历史数据、影响比例、量价信息、影响比例、预算数据、影响比例、预计事项、影响比例…X_n、Y_n）。

（2）构建模型的算法=［历史数据×影响比例+量价信息×影响比例+预算数据×影响比例+预计事项×影响比例+…+$X_n \times Y_n - nXY$］/［历史数据+量价信息+预算数据+预计事项+…+$X_n - nX$］。

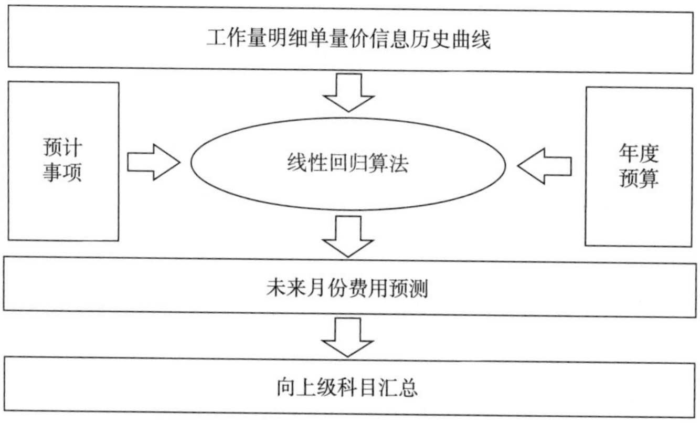

图4　费用预测算法

Figure 4　Cost prediction algorithm

1.5　预算编制

目前十四大类的预算编制，采用的是上一年预算的修正模式，并没有结合上一年费用执行中的事件信息、量价信息以及预测模型的预测信息等。因此之前的预算编制更多的是经验积累方式，不具备量化性、精确性、推广性。因此新的预算编制方式，结合动因分析、量价模型、预算模型等综合因素，合理制定预算。通过数据的积累，建立预算模型，建立依据如下：基于科目，历年发生的所有事项的部分金额进入到科目，那么就可以预测科目的正常发生金额。基于事项，历年的事项发生的金额分布在不同的科目，那么就可以按照事项预测到各个科目的金额。优化后期预算编制依据，依据事项编制预算，列举年度需要事项，系统预测这些事项会影响哪些科目金额预算。从而实现预算编制、作业成本法的费用执行过程、费用预测的全业务过程相互支撑（图5）。

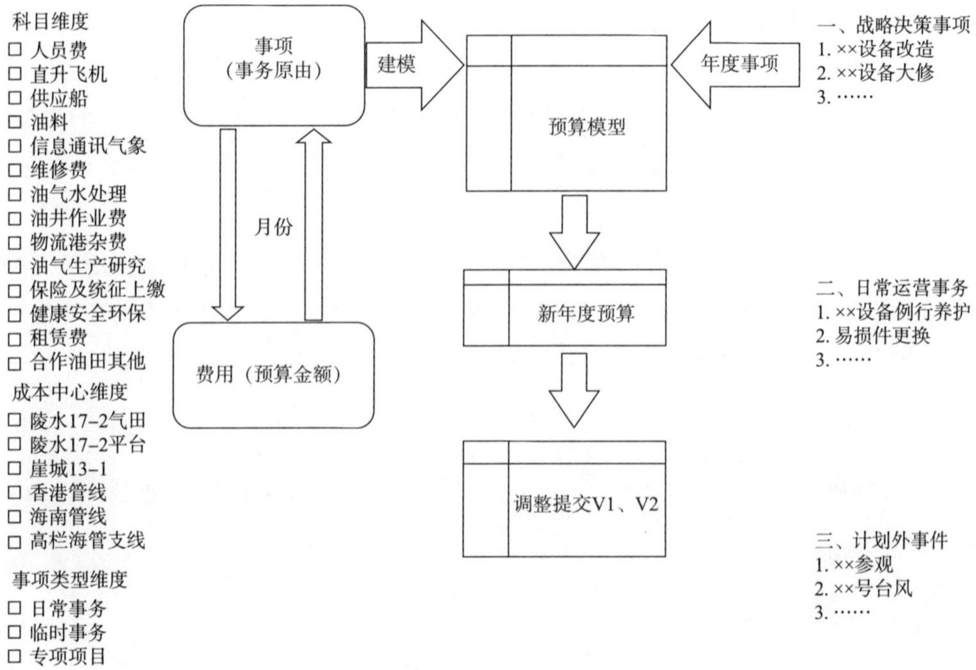

图5　预算编制算法

Figure 5　Budgeting algorithm

在改进的预算编制格式中，根据零基预算的基本思想，设计了基本生产系统预算表相对固定性成本预算表和专项支出预算表等几类预算明细表，这几类预算明细表格可以反映出油气生产企业在基层单位成本投入安排上的层次性和预算编制的不同思路。依据新的成本预算编制思路和格式，油气生产企业就可以按照生产业务预算，相对固定性成本预算和专项支出预算的重要性排队，贯彻零基预算的思想，优化资源配置。改进后的模式中，油气生产成本预算的编制以合理预测实物量（业务量）指标为起点[5]。

2　应用实例

以2023年2月份为例，可以实现如下十四大类操作费的作业成本法相关分析、费用预测、预算编制等（以直升飞机费为例）：

（1）实现费用的同比、环比、本期预算达到、累计预算达成、费用预测等。

（2）本期费用波动产生的原因分析，本期发生/持续的外部事件。比如：5日外部参观、23日避台事件。

（3）飞行时间较上期增加50小时，次数增加15次，影响金额80万，4次计划外飞行，影响金额50万，平均满座率53%，影响金额30万。

（4）给出合理化建议：合理安排飞行次数，提高满座率。

（5）费用预测，因为飞行小时、单价、金额数据差异较大，实际软件以不同的比例尺显示，并且用曲线图显示。针对十四大类科目下的末级科目，用对应的工作明细单模板（量价信息），对历史曲线、预计事项（如有）、本年度预算（如有）等综合因素进行预测，预测完末级客户后逐级汇总到一级科目。

（6）预算编制，直升飞机在编制明年预算时，需要依据三个维度的数据信息支撑。①去年的预算。②明年要执行的事件项的量价信息。③基于费用预测模型的预算修正。预算编制基于以上三种数据信息（图6，图7）。

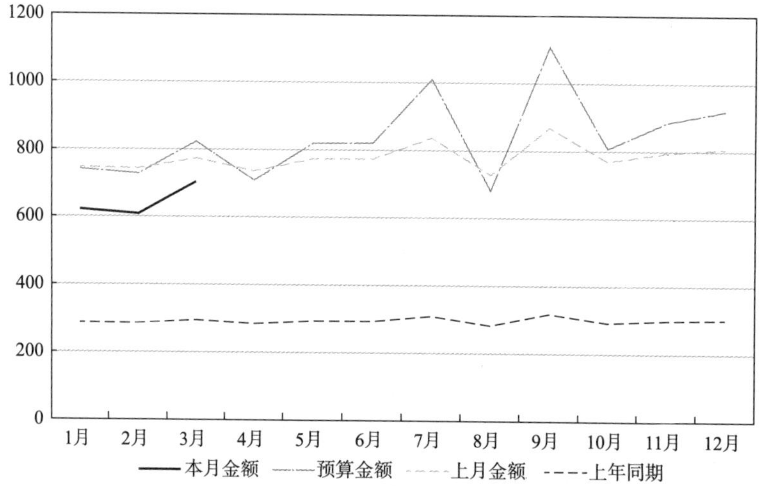

图6　基于直升飞机费作业成本法的分析展示

Figure 6　Analysis and display based on helicopter cost activity-based costing method

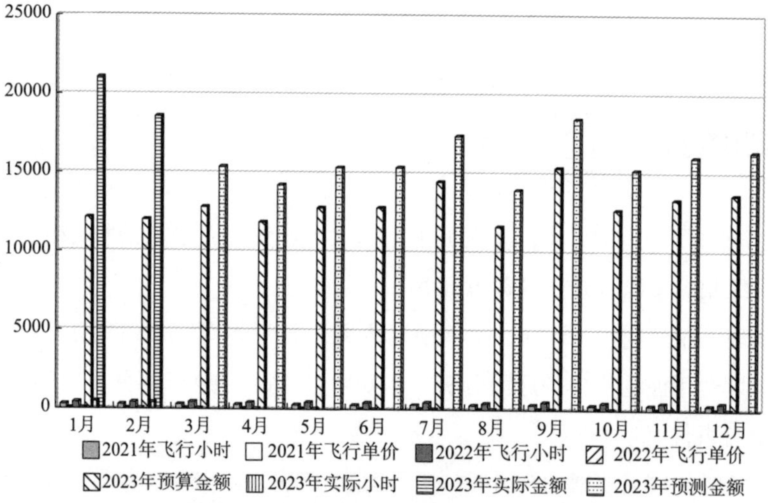

图7　基于直升飞机费费用预测的成果展示

Figure 7　Display of results based on helicopter cost prediction

3 结论和建议

基于作业成本法的操作费动因分析与费用预测模型需要完善的数据模型作为支撑。作业成本法是一个被国际上广泛认可并使用最多的费用分析模型，其科学性、合理性已经被世界上众多公司在生产经营中的实践所证明。但需要结合油气田生产经营的特点和某作业公司的实际情况进行扩展与完善，才能更加符合实际，达到应用效果。本文介绍了某石油企业作业公司结合直接操作费管理特点，在对标准作业成本法进行扩展完善的基础上建立的十四大类操作费量价数据模型，并介绍了以该模型为基础开发智慧财务管理系统，并以直升飞机费为例介绍了其应用效果。总之，随着十四大类操作费管理的不断推广、深入、细化、量化等，十四大类操作费预算编制、量价数据模型和费用预测模型的优越性将更加明显，也将发挥越来越重要的作用，一方面可以促进数据的规范化管理，提高效率，保证数据的完整性、准确性和唯一性；另一方面可以实现数据的有效利用，为业财一体化、业业融合化管理提供高效的数据支持，促进业财一体化、业业融合化管理水平的提升。

参考文献

[1] 潘宝松，张光明，李平. 基于价值链思想的作业成本法研究[J]. 价值工程，2007(12)：66–68.

[2] 王建华，赵振智，刘广生，等. 油气开采企业成本控制及预算管理[M]. 北京：石油工业出版社，2009：306–307.

[3] 张晓，程昊. 让数据成为“金矿”[N]. 中国海洋石油报，2021–12–17（004）.

[4] 张池. 油田企业成本动因分析及其管理应用研究[D]. 青岛：中国石油大学，2015.

Research on the Application of Operating Fee Driver Analysis and Expense Prediction Model Based on Activity Based Costing

Shuai LIU, Ganhong ZOU
Hainan Branch of China National Offshore Oil Corporation

Abstract: During the production and operation stage of oil and gas fields, management requires that the preparation of direct operation budgets be based, that the cost execution be reasonable, and that financial settlements be accurate. Business models such as driver analysis, volume price analysis, and expense prediction that trigger subsequent financial settlements due to business and economic activities caused by events are of great significance to the production, operation, and management of oil and gas fields. This article introduces the expansion and improvement of the entire process of budget preparation, expense execution, financial settlement, and expense prediction for an operating company based on the actual management and business operations of a certain operating company, and the characteristics of intelligent financial concepts and direct operating cost management. At the same time, financial accounting and budgeting standardization are conducted for the driver factor subjects of business activities. The activity-based costing method is used to analyze the drivers and volume price of the fourteen major categories of operating expenses for oil and gas fields. In terms of cost prediction, linear regression algorithms are used to construct cost prediction models for each of the fourteen major categories of operating expenses, predict related expenses, and cooperate with the development of a smart financial management system to achieve industry-financial integration and industry-industry integration for an operating company.

Keywords: Smart finance; Activity based costing; Motivation analysis; Volume price analysis; Linear regression algorithm; Cost forecast